박한제 교수의 중국 역사 기행 3

제국으로 가는 긴 여정

박한제 교수의 中國 역사 기행 3

제국으로 가는 긴 여정

【북조·수·초당 시대】

박한제 지음

사계절

머리말

요즈음도 조금의 틈이나마 생기기만 하면 나는 배낭을 메고 중국으로 답사 여행을 떠난다. 1991년 초 처음 그 땅을 밟기 시작한 이후 1996년 1년간 장기 체류를 포함해서 지금까지 자그마치 30여 차례나 중국을 방문했다.

세상 사람들의 뇌리에서 이미 잊혀진 왕조의 도읍지나 사건의 현장, 잡초 속에 파묻혀 있는 분묘墳墓들을 찾아 그곳에 초라하게 서 있는 안내판 하나라도 만져 보기 위해 하루 종일 시골 버스를 탄 적도 많다. 중국인, 아니 중국의 역사학자들로부터 왜 그런 곳들을 찾아 나서느냐는 핀잔을 들으면서도 줄곧 다녔던 것이다. 동행자가 있기도 했지만 혼자 다닌 경우도 많았다.

나는 삼국三國 시대에서 당대唐代까지, 즉 3세기에서 10세기까지 약 8세기간의 중국 역사를 연구하고 가르치는 것을 생업으로 삼고 있다. 밤낮으로 이 시대 역사만을 생각한 세월이 어언 30여 년이다. 그러다 보니 이제 이 시대가 남긴 것이라면 어떤 하찮은 것이라도 무한히 사랑하게 된 나 자신을 문득 발견하게 된다. 이 시대 사람들이 남긴 흔적들은 나의 사랑하는 이웃들이 이 세상에 남기고 간 자취처럼 나에게 정답게 다가온다. 그래서 그들이 남긴 것들을 찾아 나서는 길은 그들을 만나러 가는 것처럼 마냥 즐겁기만 하다.

사실 중국 역사상 이 시대만큼 다양한 개성을 지닌 인간상을 배출해 낸 시대도 드물 것이다. 초등학생에게도 익숙한 『삼국지』의 조조와 유비, 그리고 제갈량이 이 시대가 낳은 인물들이고, 중국 최고의 전원 시인 도연명, 서성書聖이라 불리는 명필 왕희지등 우리에게 너무도 익숙한 이름들이 바로 이 시대와 더불어 살았던 사람들이다. 이 책에서는 다루지 못하였지만 중국 유일의 여황제 측천무후와 경국지색의 미인 양귀비, 위대한 시인 이백, 두보도 바로 이 시대가 배출한 사람들이다.

이 시대가 나에게 남긴 기억과 생각들을 이 세 권의 책에 모아 실었다. 이 책 서술 내용의 대부분을 차지하는 위진남북조魏晉南北朝 시대는 일반인은 물론 학자들에게도 매우 혼란스럽고 불안정한 시대로 비쳐진다. 그래서 이 시대는 어떤 특징이 없는 과도기이며 정리되지 않은 채로 너무 오랫동안 지속되었다는 평가를 받기도 한다. 이 시대를 다룬 통사通史들도 이 369년간의 기간을 가볍게 지나쳐 버리고 비교적 검토가 쉬운 수隋와 당唐나라의 역사로 넘어가 버리기 일쑤였다. 이 시대는 진한秦漢 시대나 수당隋唐 시대처럼 대제국을 형성한 것도, 통일된 정치 중심이 있었던 것도 아니었다. 그러나 이 혼란은 세계를 호령하던 '대당제국大唐帝國'을 잉태하기 위한 격렬한 산고였을 뿐이다. 또 이 시대는 중국 문화 및 중국 민족의 형성과 발전과정에서 다대한 기여를 한 시대였다는 점에서 중국사 가운데 어느 시대 못지않게 중요하다.

이 글들은 연구실에서 전공 서적을 읽으면서 느끼던 아쉬움과 풀지 못했던 의문의 현장을 찾아 나선 나의 여행 기록들이다. 이 여행을 통해 그동안 책상 앞에서 골몰했던 난제들이 쉽게 이해되기도 했고,

이전에 알고 있던 지식과는 전혀 다른 사실도 많이 발견하게 되었다. 역사 연구에서 현장 학습이 얼마나 중요한가를 깨달은 것도 이 답사여행 덕분이었다. 연구실 창 너머 영종도 공항 쪽으로 눈을 돌릴라치면 불현듯 떠오르는 것은 중국에 두고 온 작고 못난 유적지와 그것을 찾아가는 꼬불꼬불한 길들이다. 그런 회상만으로도 무미하기 짝이 없는 내 연구 생활에 활기를 불어넣는 청량제가 된다.

지금 역사 연구는 대중으로부터 날로 멀어져 가고 있다. 그동안의 내 연구 역시 그러했다. 지금도 나의 연구 결과를 지켜보아 주는 사람이 한 사람이라도 있다면 그것만으로 족하다는 심정으로 공부하고 있지만, 한편 역사와 대중을 보다 가깝게 접근시켜야만 역사라는 학문이 살 수 있다는 생각을 최근 들어 자주 하곤 한다.

이 글들은 『월간중앙』 등의 대중 잡지를 통해 발표했던 것을 바탕으로 대폭 수정·보완한 것이다. 당초 계획으로는 필자가 전공하는 위진남북조와 수당 시대 전부를 포괄하는 역사 기행문을 써보려고 마음먹었다. 몇 편을 쓰다 보니 도중에 욕심이 발동했다. 아직도 우리 손으로 쓴 위진남북조·수당사 개설서 한 권 내놓지 못하고 있는 것이 학계의 현실이다. 나는 평소 이 점에 대해 전공자로서 무거운 부담을 느끼고 있었다. 이 글을 쓰는 동안 조금 방향을 바꾸면 개설서에 버금가는 내용을 담을 수 있지 않을까 하는 생각이 들었다. 그 결과 삼국에서 초당까지 각기 다른 주제의 글 25편이 되었다. 통틀어서 '대당제국 형성사'라 해도 좋을 것이다. 이것으로 이 시대의 역사적 사실을 만족스럽게 개관했다고 할 수는 없지만, 이 시대 역사 흐름의 대강을 나름으로 묘사해 냈다고 자위하고 있다.

특히 위진남북조 시대는 중국사 가운데서 가장 정치적으로 혼란스러웠던 시대의 하나다. 400년 가까운 기간 동안 수십 개의 왕조가 명멸했다. 그래서 왕조의 이름마저 친숙하지 않은 독자들이 아마도 적지 않을 것이다. 집필하는 과정에서 필자가 가장 곤혹스러웠던 것이 바로 이 점이었다. 어떻게 하면 좀더 쉽게 쓸 수 있을까 하는 강박감에 짓눌려 있었다. 또 항상 염두에 두었던 것은 역사적 지식의 전달도 중요하지만 특정 사건이 가지는 의미를 보다 사실적으로 묘사해야 한다는 점이었다. 그러기 위해서는 현장에 대한 생생한 여행 기록이 유효한 방법이라 생각했고, 우리 현실 문제와 연관시켜 보는 것도 나쁘지 않다고 판단했다. 그래서 중간중간 딱히 적절하다 할 수 없는 싱거운 코멘트도 끼워 넣었다. 현장을 답사하면서 보고 느낀 지식과 생각의 일부를 독자에게 충실하게 전하려는 필자 나름의 노력의 일단이라 이해해 주었으면 한다.

기행문과 시대사의 조합이라는 이런 기획은 국내외를 막론하고 아마 이제껏 시도되어 본 적이 별로 없었던 것처럼 여겨진다. 형식은 기행문이지만 이 시대를 보는 필자 나름의 관점과 해석을 각처에 끼워 넣으려고 노력했다. 수십 년간 이 시대를 연구해 왔고, 또 강의한 결과물이지만 아직도 여물지 못한 주장과 억지 논리가 군데군데 발견될 것이다. 하해 같은 사랑으로 양해해 주시고 더 좋은 글을 쓸 수 있도록 끊임없는 관심과 질타를 보내 주시기를 독자 여러분들께 바랄 뿐이다. 독자 여러분에게 또 양해를 구하고자 하는 것은 동일한 내용이 중복되어 나오는 경우가 더러 있다는 점이다. 사실 25개 주제의 글들 하나하나가 각각 독립성을 갖는 것이므로 앞 글에서 이미 언급한 내용이지만 다시 한 번 거론해야 더 잘 이해될 수 있다고 판단했기 때문이다.

이 글들을 통해 이 시대에 대한 역사적 지식이 조금이라도 넓혀지고 역사를 되돌아보는 의미와 재미를 함께 느낄 수 있었으면 하는, 실로 분위의 기대를 갖고 있다. 잘 팔리는 책보다 정성을 듬뿍 쏟아 넣은 책을 만들고자 했던 필자의 소망을 성취시켜 주기 위해 혼신의 힘을 기울인 (주)사계절출판사의 강맑실 사장을 비롯한 인문팀의 류형식 팀

장 등 여러분에게 진정으로 감사를 드리고 싶다. 이 글을 쓰고 또 책을 준비하는 과정에서 서울대학교 동양사학과 최재영 강사에게 많은 신세를 졌다. 치사하는 바이다. 아울러 역마살이 긴 남편의 빈번한 중국행을 양해해 주는 대신 이 글에 대해서는 누구보다 신랄한 비판을 불사하여 이 정도의 내용을 갖추도록 한 아내에게 이 자리를 빌려 고마움을 전하고 싶다.

2003년 4월

박 한 제

차례

序 제국으로 가는 긴 여정

북조·수·초당 시대

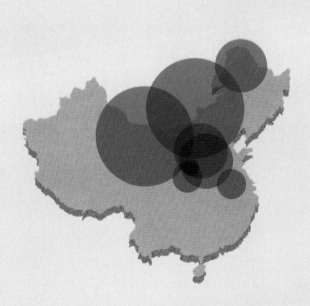

이 책에서는 북위北魏, 386~534에서 수隋·초당初唐까지 230여 년 간의 역사의 흐름을 다루려 한다. 잘 알다시피 북위는 오호십 육국 시대(304~439)에 혼미를 거듭하던 중국 화북 지역을 통일함으로써 북조 시대를 열었던 왕조였다. 또한 대립하는 강남 왕조에 비해 힘의 우위를 점하게 되는, 소위 북강남약北强南弱 국면을 전개시킴으로써 수·당 왕조가 통일 시대를 열게 한 기초를 구축한 왕조였다.

오호십육국 시대 135년간은 정치적 분열과 혼란으로 외형적으로 볼 때 조화와 균형을 잃은 시대인 것만은 분명하다. 그렇다고 이 시대를 단순히 암흑 시대로 부른다면 그것 또한 정확한 표현이라 할 수 없다. 역사의 기록에서 주마등처럼 스치고 지나간 단명 왕조들은 호한胡漢 두 세력이 공존하려면 무엇부터 해결해야 하는가 하는 과제를 뒷왕조에게 분명하게 제시함으로써 그 나름의 소임을 다했다. 메마르고 언 땅에서도 언젠가는 새싹이 돋아나듯이 실망 속에서도 희망은 분명 싹터 나오고 있었던 것이다.

충돌과 갈등의 세월이 지나고 이제 공존의 장을 마련해야겠다는 각오를 다지기 시작한 북위 왕조가 중국 역사에 남긴 자국은 실로 다대했다. 선비鮮卑 탁발씨拓跋氏가 창업한 북위 왕조는 분명 대분열 시대 가운데 나름으로 통치 비전을 가지고 있었고, 상당한 안정을 이룩했던 왕조였다. 황제는 스스로 중화 군주로서 자임하기 시작했고, 북방의 한인들도 이 왕조에 뼈를 묻기로 결심했다. 그들의 혈육들이 강남 땅에 새 둥지를 트기 위해 떠난 지 이미 오랜 세월이 지났다. 남북 분열은 이제 고착 상태로 변하고 있었다. 한족 명문 귀족들도 돌아올 기약이 없는 먼 친척들에 대해 더 이상 재회할 수 있으리라는 기대를 갖지 않기로 했다. 세월은 남북으로 흩어진 이산의 아픔보다는 도리어 각각의 지역적인 자부심을 키워 갔다. 북위는 건국한 지 40여 년 만에 화북 지역을 통일한 왕조로 우뚝 서기에 이르렀다. 호한 간에 공존을 향한 마음가짐이 없었다면 성취될 수 없는 일이었다. 이 왕조에서 호한 융합을 위한 개혁조치들이 계속 반포되고 실시된 것은 당연했다. 북위 왕조가 150년 가까이 지속된 것은 호한 간의 첨예한 갈등 구조 하에서는 기대하기 힘든 일이기 때문이다.

호한 간 습관의 차이는 흑백의 피부 색깔만큼이나 없어지기 어려운 것이었다. 특히 각 민족의 언어 차이가 통일을 가로막고 있었다. 북위가 그만큼이라도 성공할 수 있었던 것은 고도의 복잡한 정치 기술 덕분이 아니었다. 오히려 대처하는 방법이 간단했기 때문이었다. 복잡한 정치판에서는 기본과 원칙에 충실하는 것만큼 효력 있는 것은 없다. 원시적인 것처럼 보이는 것이 되려 가장 힘있는 것이다. 북위는 가장 기본적인 것부터 손대기 시작했다.

북위가 취한 대민 통치 정책은 진한 시대 자작소농민을 개별 인신적으로 지배하는 방식을 그대로 재생시킨 것처럼 보이지만 결코 그것에 집착한 것 같지는 않다. 후한 시대 이후 유력한 집안은 자기살림 챙기기에 열중하였고, 오호십육국 시대를 거치면서 호족 출신들 역시 그 대열에 뛰어들고 있었다. 이런 경향은 정부가 모든 백성을 대상으로 병사를 징발하고 세금을 거두어들이는 것을 방해하고 있었다. 북위 왕조는 이런 고위 특수 계층의 입장보다도 왕조와 황제 개인의 이익을 최우선시했다. 중앙이 튼튼해야 국가에 힘이 생긴다는 원리였다. 자작소농을 기본으로 하는 사회의 창출은 중국의 재통일에 필수불가결한 선행 작업이었기 때문이다. 이를 위해 토지 제도(균전제均田制)와 촌락 제도(삼장제三長制)를 정비했다. 언어와 복색의 통일과 혼인을 통한 혼혈화 작업도 빠뜨릴 수 없는 과업이었다. 북위 왕조의 '기본 충실' 발상은 옛 중국을 본받았다기보다 소박 민족 출신이었기 때문에 나올 수 있었다고 보아야 한다. 그 결과 당초 크게 기대하지 않았던 성과를 얻었고, 이것이 중국을 재통일하는 데 기반이 된 것임은 명백한 사실이다.

북위 왕조의 통일 작업은 이렇게 기본에 충실한 것이었지만 그 반발도 매우 컸다. 한족도, 호족도 손익 계산에 바빴다. 북위 황제는 짚신과 우산을 파는 두 아들을 둔 부모처럼 양쪽을 만족시키려 노심초사했지만 모두를 만족시키는 결과를 낳지 못했다. 사실 유목 민족의 생활 방식이 중국을 통일할 만한 표준을 만들어 낼 수가 없듯이, 한족적인 것만으로도 표준이 될 수 없는 상황에 이미 이르렀다. 아니 자식을 키우는 데도 황금 분할은 지난한 일인데, 모든 것이 상이한 호한 모두를 만족시키는 것은 애당초 불가능한 일이었는지도 모른다. 그 불만은 북방에서 먼저 터져 나왔다. 건국 초부터 기득권을 누려 왔던 북위의 병사들은 이런 평준화 현상을 더 이상 참지 못하고 일어섰다. 특히 음산산맥 너머 또 다른 북방 유목 민족인 유연柔然을 방어하던 육진의 병사이 나날이 대접이 소홀해져 가는 현실에 분기탱천하여 궐기했던 것이다. 그들은 북위 정권을 창업한 영광스런 전사였을 뿐만 아니라 북위정권의 근간이었다. 북위 왕조의 재분열은 이런 호족측의 불만에서 비롯된 것이었다. 그 결과 6세기 중반 북위는 동서 두 나라로 분열되었다. 동위東魏와 서위西魏가 그것이다. 두 왕조는 명목상 북위 황통을 이었지만 정치의 주체는 탁발씨가 아니었다. 새로운 분열 왕조를 준비하기 위한 과도 정권에 불과하였다. 곧 동쪽은 고씨高氏의 북제北齊, 서쪽은 우문씨宇文氏의 북주北周 정권이 들어섰다.

역사의 변화와 진전이라는 면에서 볼 때 분열이 반드시 정체를 의미하지는 않는다. 그것은 새로운 생명이 탄생하기 위한 진통인 것이다. 아픈 역사가 없다면 성숙된 새로운 문화는 결코 탄생할 수 없기 때문이다. 북제와 북주 정권은 모두 북위가 탄생시킨 쌍둥이 왕조였지만 그들이 처한 인문적·물질적 환경은 결코 같지 않았다. 이들 두 정권에서도 한족과 호족의 통합 작업은 중단되지 않았다. 그것은 당시 최대의 화두였기 때문이다. 승부에서의 거듭된 반전은 역사 공부를 더욱 흥미롭게 한다. 동서 분열 시기가 열리고 나서 한동안 대세가 동쪽의 북제에 크게 기울고 있었다. 그러나 그들은 대세론大勢論에 너무 도취해 있었다. 역사의 신은 자만하는 자에게 항상 가혹한 응징을 준비하고 있었다. 반면 살아남으려 부단히 노력하는 자에게는 따뜻한 눈길을 주게 마련이다. 그들의 투쟁이 흥미롭게 그리고 가상하게 느껴지기 시작했던 것이다. 결국 그들의 손을 들어 주었다. 서위-북주 정권이 기울인 노력은 다름 아닌 호한 통합이었다. 작은 국토, 적은 백성이 큰 국토, 많은 백성을 가진 나라를 이기기 위해서는 사회 통합이 불가결하였던 것이다. 강역 내로 모여든 모든 호한 백성을 적극적으로 국정에 동참시키는 정책을 펴나갈 수밖에 없었다. 내 나라라는 애국심이 무엇보다 중요한 일이었기 때문이었다.

동서 분열을 종식시킨 북주 왕조의 힘은 사실 서위의 실력자 우문태의 정책에서 비롯된 것이었다. 그는 절충주의자였다. 그가 골몰한 것은 호와 한, 모두를 어떻게 하면 만족시킬 수 있느냐 하는 것이었다. 그가 주창한 호성재행胡姓再行과 주례관제周禮官制 채용은 여러 가지 다른 효용성도 있었지만 우선 호족과 한족의 자존심을 회복시켜 주는 것을 특색으로 하는 정책이었다. 그가 만들어 낸 정치 집단은 당시 망국적인 민족 차별의 틀을 넘은 것이었다. 호한의 절묘한 절충이 그가 추진한 정책의 기조였다. 어떤 정치 환경이라도 극단주의가 성공한 예는 역사상 있어 본 적이 없다. 절충주의는 본의 아니게 비판받기도 하지만 이것보다 나은 정책 노선은 사실 없는 법이다. 그래서 최고 정치 지도자는 극좌도 극우도 아닌 백성의 중심에 설 수 있어야 실패가 없다. 자신의 중심마저 상한 자가 옳은 통치자가 되기는 어려운 것이다.

북주 왕조는 강남 양나라를 멸망시킴으로써 남조 왕조를 빈사직전까지 몰고 갔다. 북주 왕조의 황실 우문씨가 외척 양씨楊氏에게 허무하게 정권을 넘겨주지 않았다면 아마 얼마 되지 않아 북주 왕조 스스로가 400년 가까운 기간 동안 지속된 분열시대를 종결하고 남북통일을 성취했을 것이다. 왕조의 조명祚命은 하늘이 부여한 것이지 인력으로 결정하는 것이 아니었다.

통일 제국 수隋 왕조를 세운 문제文帝 양견楊堅은 한족과 호족의 혼혈이었다. 그의 이종 동생이었던 당唐의 창업자 이연李淵도 그 점에선 마찬가지였다. 이들이 창업한 수·당 왕조는 중국 역사상 이전의 옛 왕조와는 다른 새로운 중국이었다. 외형적인 면에서뿐만 아니라 질적으로도 전혀 다른 왕조였다. 흔히 한漢과 당을 동일시하지만, 한나라에 들어왔던 이국인들은 그 목적을 달성하기만 하면 고향행 보따리를 싸기에 바빴다. 그러나 수당 시대는 그것과 판이하게 달랐다. 세계 각처의 사람들은 이 나라를 향해 발길을 재촉하였고, 들어오면 나가지 않으려 하였다. 그곳에는 자기 나라에서 얻을 수 없는 물건들을 얻을 수 있고, 간직했던 꿈을 이룰 수 있을 것으로 생각되었기 때문이다. 이 나라를 일러 수당 세계 제국隋唐世界帝國이라 하고, 수도 장안長安은 세계의 중심, 물류의 심장으로 우뚝 선 것이다.

수당 세계 제국 수도 장안의 화려한 봄은 오호족의 북중국 침입이후 중국의 남과 북에서 각각 성장시켜 온 무수한 문화의 갈래들을 절충하여 한데 묶은 결과로 탄생한 문화였다. 특히 북중국에서 진행된호와 한, 두 이질 문화의 길고 험난한 통합의 노정이 비로소 결실을 맺은 결과였다. 물론 모란꽃이 온 시가를 뒤덮던 화려한 장안의 봄은 그리 길지 않았다. 그러나 이후 중국의 역사는 그 화려했던 '장안의 봄'을 재현하려는 몸부림의 역사였다는 점에서 그 짧았던 봄날은 실로 위대했다. 그 찬란한 봄을 엮어 낸 원동력이 무엇인가를 후세 중국인들은 잊지 않고 있었기 때문이다.

이 책은 수당 세계 제국이 탄생하는 과정을 살피는 데 목적을 두었다. 그래서 책이름을 『제국으로 가는 긴 여정』이라 하였다. 아래에서 이 책에서 다루려는 아홉 편의 내용을 간략하게 소개하고자 한다.

첫 번째 글, '선비족 발상의 비밀을 간직한 천년 동굴의 신비'는 북위를 건국한 선비 탁발족이 발원한 흥안령산맥 동록의 알선동嘎仙洞을 찾아간 기록이다. 원래 수렵 민족이었던 그들이 유목 민족으로, 다시 남진을 계속하여 흉노고지匈奴故地에 이르고, 끝내는 중국의 중심 낙양에 이르는 전 과정을 살폈다. 선비족의 발상지 및 남진 경로는 천여 년 동안 신비 속에 파묻혀 있었다. 중국의 중원을 차지한 여러 북방 민족 가운데 그 발상지를 가장 극적으로 드러낸 선비 탁발족! 그들이 중국 역사에 남긴 족적이 막대했던 만큼 그 발상지와 그들의 남진 경로는 더욱 우리의 주목을 끌 수밖에 없다.

두 번째 글, '석굴 속에 새겨진 중생들의 끝없는 욕망'은 위진남북조 시대 역사에서 빼버릴 수 없는 불교 신앙과 그 유적을 살핀 글이다. 중국에는 가는 곳마다 거대한 불상군을 만나게 된다. 이것들은 언제 어떤 목적으로 만들어진 것일까? 물론 인간에겐 생로병사 어느 것 하나 실로 막중하지 않은 것이 없지만, 불교만큼 이 문제를 적절하게 설명하고 있는 종교도 아마 드물 것이다. 중생은 이런 일이 있을 때마다 부처님을 찾았고, 거기에 뭔가를 남겼다. 여느 종교가 다 그러하듯 불교도 세속 정권과 항상 지근의 거리에 있었고, 대형 불사도 현실 정치와 무관하다고 볼 수는 없다. 불교가 중국인에게 종교로서 신앙되기 시작했던 위진남북조 시대의 고뇌하는 중생과 정치적 동기가 함께 어우러져 남겨진 불교 유산, 석굴 사원에 얽힌 사연들을 이 글에서 풀어보려했다.

세 번째 글, '문명태후文明太后의 치마폭과 효문제孝文帝의 낙양 천도'는 북위 시대의 천도 문제를 당시 정치계에 군림한 여성 파워와 함께 다루어 보려 한 글이다. 한 시대의 남녀 양성 간 권력의 높고 낮음은 당시 그들이 가진 경제력에 의해 좌우된다는 것이 통설이다. 그런 면에서 유목사회에서 여권은 남성에 조금도 뒤지지 않았다. 소위 한화 개혁의 주도자로 평가되는 효문제가 단행한 낙양 천도의 이면에는 할머니 문명태후의 치마폭에서 벗어나려는 속내가 있었다는 것이 이 글의 개요다.

네 번째 글, '영화 「뮬란」의 주인공 목란木蘭, 그녀는 과연 누구인가'는 월트디즈니에서 제작한 애니메이션 영화 「뮬란」의 주인공 목란이 과연 어느 시대 어느 곳에서 나고 자랐으며, 어느 전쟁에 아버지를 대신해서 종군했던가 하는 문제를 논증한 글이다. 시란 잘 알다시피 현실과 상상이라는 두 측면을 두루 갖춘 문학 작품이다. 시인도, 시 속의 주인공도 그 시대의 산물임에 틀림이 없다. 짧은 시어 속에서 목란이 살았던 시대를 찾아가는 것은 고증을 생명으로 하는 역사에서는 어쩌면 무모한 시도일지도 모른다. 필자는 목란이 북위 효문제 시대 북방 유목 민족의 국가 유연과의 전쟁에 종군했던 유목민 출신의 여인이었다는 결론을 얻었다. 이런 결론을 도출하는 과정에서 북위 시대의 관제, 군제, 여성의 사회 참여 문제 등도 아울러 살펴보는 기회를 가지려 했다.

다섯 번째 글, '비단길 가에 흩어져 있는 균전제의 작은 흔적들'은 중국 토지 제도 가운데 가장 오랜 기간, 그리고 가장 큰 영향을 미쳤던 균전제의 실시 배경과 의미를 생각해 본 글이다. 그 실시의 흔적은 비단이 실려 갔던 '비단길' 가에 흩어져 있는 문서들에서 발견되고 있다. 필자는 당시 가장 돈 되는 물건인 '비단'의 생산 목적이 균전제 창안의 중요한 원인의 하나였다는 점을 밝히려 하였다. 그리고 인민의 생산 활동에서 유목민이 만든 왕조가 갖는 특수한 인민의 구사와 조직화 문제도 아울러 살폈다.

여섯 번째 글, '어느 권력자의 모정의 세월'은 북주北周의 최고 권력자 우문호宇文護와 적국 북제北齊에 남아 있던 어머니 염희閻姬와의 생이별에 얽힌 사연, 그리고 이산가족 문제를 정치적으로 이용하려는 양국 간의 책략 등을 살펴보았다. 예나 지금이나 혈육의 이산에는 드라마보다 더 극적인 사연이 있게 마련이다. 또 그 상봉 문제가 인도적인 차원에서 처리되기보다 정치적 흥정거리라는 점은 시대를 초월해서 동일한 것이다. 그런 면에서 정치는 인간이 만든 가장 비인도적 게임인 점을 우문호 모자의 상봉 이야기를 통해 살펴보고자 했다.

일곱 번째 글, '화려한 대당제국의 조촐한 태동'은 북주의 실질적인 창업자 우문태宇文泰가 창설한 정치 집단인 소위 '관롱집단關隴集團'의 형성 과정과 그 민족사적 의미, 그리고 세계 제국 수당 왕조의 지배층 성격 문제를 살폈다. 아울러 정치판에서 항상 문제되는 지역주의의 의미와 정치 집단의 효율적인 조직화 문제를 함께 생각해 보려 했다. 권부權富를 향유하는 자는 숱한 세월 신고辛苦를 무릅쓴 창업자보다 대개 그 후손들이다. 수당 세계 제국 출현의 실질적인 주도자였던 우문태는 그 역사적 역할에도 불구하고 제대로 대접을 받지 못하고 있다. 그가 잠들어 있는 무덤의 모습을 통해 세상의 인심이란 도대체 어떤 것인가를 살펴보려 했다.

여덟 번째 글, '수隋 양제煬帝 이발관과 수 양제 스낵'은 인간사에서 어떤 자는 승자로, 어떤 자는 패자로 엇갈리게 하는 것은 무엇이며, 또 승자에게 주어지는 찬사와 패자에게 퍼부어지는 후세의 비판이 과연 정당성을 갖는 것인가를 살펴보려 했다. 당나라 태종이라는 승자와 수나라 양제라는 패자, 산만큼 높은 황릉과 촌로의 그것과 다를 바 없는 무덤이 후세, 아니 오늘날까지의 그들에 대한 '평가'를 말해 주고 있다. 대통령이 되어서 실패한 사람들도, 대통령이 되려다 실패한 사람들은 많지만, 성공한 사람은 그리 많지 않다. 그들이 진정 실패한 것인지, 아니면 사람들의 높은 기대치 때문인지 쉽게 결론이 나지 않는 문제다. 우리도 지금 진정으로 성공한 대통령, 사랑받는 지도자를 대망待望하고 있다. 이 글에서 필자는 승자와 패자 두 사람의 족적을 통해 진정한 승자에 대한 대망론을 펴고자 하였다.

아홉 번째 글, '세계 제국의 심장 장안과 낙양의 빛과 그늘'은 모란꽃 피는 장안의 봄을 연출한 수당 세계 제국의 참모습을 그려 보려 한 글이다. 전대미문의 번영을 구가했던 장안, 화려한 겉모습과는 달리 보이지 않는 고삐를 쥐고 조종하고 있는 공룡 같은 황제, 그가 만든 시간표와 감옥과 같은 공간 속에 갇힌 세계인. 그런 속내와 달리 수당 제국은 그래도 위대함이 있었다. 민족을 넘어 평등주의가 구현되고 있었고, 당시로서는 보기 드물게 능력에 따른 취업의 길이 열려 있었다. 필자는 오늘날 다민족 국가 중국의 탄생 원리가 어디에서 발원하고 있는가를 이 글에서 찾고자 하였다.

이상이 이 책에서 다루고자 했던 내용들이다. 수당 제국은 서양의 로마 제국에 해당되는 세계 제국이었다. 로마 제국의 유산이 현재의 이탈리아에게 무엇을 가져다 주었는지 알 수 없지만, 수당 세계 제국이 남긴 유산은 지금도 여전히 중국에서 살아 움직이고 있다. 중국을 진정으로 이해하려면 지구상에서 한 번도 단절 없이 그들만의 역사를 꾸려 온 중국인의 긴 역사를 되돌아보지 않으면 안 될 것이다. 현재 중국인의 마음을 진정으로 사로잡으려 한다면 그들 중화민족이 어떻게 형성되었는지를 곰곰이 따져 볼 일이다.

선비족 발상의 비밀을
간직한 천년 동굴의 신비

● 탁발선비 초기 활동 지역도

옛날 옛적 중국 동북방에 남북으로 길게 뻗어 있는 흥안령산맥 동록東麓의 한 커다란 동굴에서 산돼지와 순록 등 야생 동물을 잡아서 생계를 유지하던 가난한 수렵민들이 있었다. 그 동굴이 유명한 알선동이다. 산맥 너머 끝없이 펼쳐진 초원은 기마 전사들의 말굽 소리로 항상 시장 바닥처럼 시끌벅적하였지만 그곳은 뒤뜰(後院)처럼 조용하고 안락했다. 그곳의 생활에 별다른 불만을 갖지 않았기 때문에 그들은 적은 백성, 작은 국가를 유지하면서 오랫동안 살았다. 그들은 스스로를 '탁발拓跋'이라 불렀다.

세월과 더불어 영내의 주민이 늘어났다. 새로 편입된 사람들을 통하여 서남방 초원과 농경 지역의 소식이 들려 오고 화려한 물자들이 들어왔다. 그들은 정든 고향, 동굴을 떠나기로 마음먹었다. 먼저 큰 호수와 초원이 있는 호륜패이 지역으로 삶의 터전을 정했다. 일단 정든 고향을 떠난 이상 중소 도시에 주저앉아 있을 수만은 없듯이, 보다 큰물에서 그 기량을 발휘하기로 마음먹었다. 여러 난관이 그들이 가는 길을 가로막았지만 굴하지 않았다. 남천南遷을 계속하여 오랫동안 초원의 맹주로 유목 민족을 호령하던 흉노가 떠나 버린 땅〔匈奴故地〕에까지 도달하였다. 남천 과정에서 수많은 유목 민족들을 흡수하였다. 어느덧 대유목 민족 선비라는 명칭이 그들에게 붙여져 있었다.

그들은 오호五胡가 중화 세계를 뒤흔든 십육국十六國 시대 말미에 북위北魏라는 나라를 세우면서 중국 중원 지역을 통치하기 시작하더니 얼마 지나지 않아 화북을 통일함으로써 중국 역사에 커다란 족적을 남기게 되었다. 그들은 동굴을 떠난 이후 자기 종족, 자기 문화에 집착하지 않았다. 새로운 피를 수혈받고, 새로운 문화를 획득함으로써 자기를 혁신해 갔다. 수혈 없는 문화는 부패하게 마련이다. 그들은 수도를 한족들의 오랜 중심 낙양洛陽으로 옮겼다. 당시 세계의 모든 길은 낙양을 향해 뚫리기 시작했다. 북위는 대당제국大唐帝國의 전신이다. 북위 낙양은 바로 화려한 장안長安을 준비하고 있었던 것이다.

지난 2001년 여름 선비 탁발족의 잊혀진 고향 알선동을 찾았다. 자기 것에만 집착하는 제국의 황혼의 유적을 살피는 여행보다 제국을 잉태했던 현장이 우리에게 또 다른 의미를 던져 줄 것 같았기 때문이다.

호륜패이呼倫貝爾 평원과 알선동嘎仙洞 선비 석실 기행

20여 차례 중국을 드나들었지만 이번처럼 유쾌하고 신나는 여행을 다녀온 적이 없었다. 지금도 그 여행을 생각할라치면 괜히 설렌다. 독자 여러분 가운데는 이 사람 또 어디 갔다 왔길래 저렇게 흥분할까 의아해할 분이 적지 않으리라 생각한다. 결론부터 말하자면 한 동굴을 찾아갔던 것이다. 동굴 이름은 알선동嘎仙洞 : 까셴둥이다. 현재 내몽고 자치구 호륜패이呼倫貝爾 : 호륜베이얼맹盟 아리하阿里河 : 아리허진鎭 서북 9km 지점의 높이 70m의 화강암 산 중턱지상으로부터 24m에 파인 알선동이 선비족의 일파인 탁발씨拓跋氏의 발상지라는 사실이 확인된 것은 지금으로부터 20년 전의 일이다. 그 지방 신문사에서 기자로 일생을 보내다 정년 퇴직한 후 본격적으로 이 동굴을 찾아 나섰던 미문평米文平씨에 의해 평범한 하나의 자연 동굴이 중국의 유구한 역사의 큰 강물 색깔을 바꿔 버린 지류의 발원지로 다시 태어난 것이다. 여러 해 동안의 문헌 조사와 2년여에 걸친 답사 끝에 알선동 입구에 음각陰刻된 축문祝文을 미 선생이 발견해 냄으로써 1천여 년 동안 미궁에 빠져 있던 역사의 현장이 백일하에 그 모습을 드러내게 되었다. 미 선생에 의해 탁발선비拓跋鮮卑의 발상지로 확인된 이 동굴의 재발견은 인민 중국 성립 후 중국 고고학상 가장 위대한 발견 중 하나로 높이 평가받고 있다. 미 선생은 이 동굴의 발견으로 일약 유명한 고고학자로 이름을 날리게 되었다.

내가 이 동굴에 관심을 갖게 된 것은 박사학위 논문을 준비하던 1980년대 초반의 일이었다. 북위 3대 황제 세조世祖 태무제太武帝가 443년太平眞君 4년 중서시랑中書侍郎 이창李敞 등을 그곳으로 보내 천지 신명과 조상들에게 제사를 지내고 그 축문을 동굴 벽면에 새기게 했다는 사실은 『위서魏書』「예지禮志」 등에 기록되어 있다. 그런데 그곳이 정확히 어디였는지는 알려져 있지 않았다. 그러나 그 축문의 소재지가 정확하게 드러난 것이다. 그 축문을 흔히 '선비석실축문鮮卑石室祝

알선동. 중국 소수민족 가운데 가장 적은 인구를 가진 악륜춘 자치기 아리하진 서북 9km에 위치하고 있다.
화강암에 파진 큰 동굴로 선비족의 발상지로 알려져 있다.

文'이라 부르지만 이 축문의 발견이 중국사에 던진 파문은 매우 큰 것
이었다. 무엇보다 선비족의 발원 지점이 명명백백하게 확인된 것이
다. 뿐만 아니라 새겨진 문구도 『위서』에 없는 글자들이 있어 새로운
사실을 알려주고 있다. 나 또한 박사 논문을 쓰는 과정에서 축문에 나
오는 문구 하나를 논지를 전개시키는 데 결정적인 증거로 활용했다.

　　중국에서 발행되는 고고 및 문물 관계 잡지를 통해서 그 축문의
전문도 확인했고 사진도 보았지만, 그것만으로 나의 목마름은 쉽게
해갈되지 않았다. 미 선생이 1980년 7월 30일 오후 3시 30분, 축문의
글자 중 한 글자인 '四'자를 발견하고는 "찾았다! 글자를 찾았다[找到了!
字找到了]!"라고 외친 지 21년 4일이 지난 2001년 8월 3일 오전 9시 30
분에 비로소 나는 그 축문을 직접 손으로 만지며 글자 하나하나를 확

학술 교류. 알선동의 선비석실 축문 발견자 미문평 선생을 비롯한 호륜패이 학원 교수들과
축문 문제를 두고 이야기를 나누고 있다.

인할 수 있었던 것이다. 반 달 가까운 기간 섬서·사천·호북성 일대를
답사하고 북경으로 돌아온 다음날인 7월 29일 오후 4시 후배·제자 등
일곱 명과 함께 북경 공항을 출발했다. 한 시간 50분 정도의 비행 끝
에 호륜패이맹의 수도 해랍이[海拉爾：하이라얼] 공항에 도착했다. 이 도시
의 이름은 몽골어로 '산 마늘[茖葱：야생 부추]'이라 한다. 흥안령산맥 서
록에서 발원하여 도시 북쪽으로 흘러가는 해랍이하[河] 양안에 펼쳐진
목장에 수많은 산 마늘이 자라고 있기 때문이다. 미 선생은 '복사꽃이
떠 있는 3월의 강물[桃花三月之水]'의 뜻이라는 설도 있다고 했다.

호륜패이 초원 지역은 지질 시대에는 망망대해였다고 한다. 그래
서 지구과학자들은 이 지역을 '몽고해조[蒙古海槽]'라 부른다. 그 중심에
위치한 해랍이는 '초원 속의 빛나는 구슬[草原明珠]'이라는 애칭을 얻을

만큼 그 풍광이 빼어나다. 하늘에 폭신한 구름의 백원白原이 있다면 땅에는 그보다 더 포근한 무애無涯의 초록빛 초원이 펼쳐져 있다. 그 사이로 어디서 시작되어 어디로 가는지도 모를 가느다란 강이 뱀처럼 이리저리 똬리를 틀고 있다. 집들이 그 초원 위에 진주처럼 박혀 있다. 초원에 있는 것은 무엇이든 아름답지 않은 것이 없다. 하늘에서 내려다본 활주로마저 그렇게 예쁠 수가 없다. 하느님이 이런 절경을 선물했다는 것은 분명 인류를 그만큼 사랑했기 때문일 것이다.

이미 76세의 미 선생이 공항까지 직접 나와 우리를 반갑게 맞아주었다. 초면이지만 정다운 얼굴이다. 알선동 축문을 직접 보기 위해 20년 가까운 세월을 기다려 온 내가 그의 얼굴에서 특별한 친근감을 느끼는 것은 어쩌면 당연한 일인지도 모른다. 북위 49°06′ ~ 49°32′, 동경 119°32′ ~ 120°35′에 위치한 해랍이의 여름 해는 잔뜩 게으름을 피우면서 초원 속으로 기어 들어가고 있었다. 미 선생이 준비한 저녁을 먹고 밖으로 나오니 금방 보이던 빌딩은 가뭇없이 사라지고 온통 하늘만이 보일 뿐이다. 무수한 별들이 떠 있는 바다와 풀을 뜯는 양과 말 등이 유랑하는 초원의 바다가 일직선으로 맞닿아 있었다.

초원은 역시 유목민의 것이어야 한다. 도시의 유목민이 그러하듯 유목 지역의 도시인은 제격이 아니었다. 초원에서의 유목민 간의 싸움은 그래도 낭만적이다. 도시인들이 개입된 전쟁은 온갖 음모와 치졸한 술수가 난무한다. 그래서일까, 이곳에 도시가 세워지면서 수천 년 동안 계속되어 오던 평화는 산산조각이 나 버렸다. 이 광막한 초원 가운데 도시가 세워진 것은 1734년淸. 雍正 12년의 일이었다. 건설 당시 이곳 해랍이는 호륜패이성城이라고 불렸다. 1903년 동청철도東淸鐵道가 부설됨으로써 이 성은 이 지역 교통의 중심지로 부각되었다. 만주국滿洲國 시대에는 흥안북성興安北省의 성도가 되었다가, 1940년 정식으로 해랍이시로 불렸다. 1905년 러일전쟁을 승리로 이끈 일본은 점

알선동 평면도. 1000여 명을 수용할 수 있는 이 거대한 동굴은 한때 선비 탁발부의 묘당으로 알려져 있었으나 최근 선비인들이 살았던 '옛터(구허)'였음이 확인되었다. 이곳에서 그들이 사용하던 각종 생활 용구가 대량 출토되었다.

차 만주 지역으로 그 세력을 뻗어 나가다 결국 1932년 12월 15일 해랍이를 점령하게 된다. 13년간의 일본 점령 기간에 갖가지 만행이 자행되었다. 이곳은 러시아 세력을 상대하는 공격과 방어의 군사기지로 선택되었다. 일본 제국주의는 1만 명을 헤아리는 다수의 인력과 대량의 물자를 투입하여 영구적인 지하 군사 시설벙커을 만들고는 그 공사에 투입된 자들을 살해하여 묻어 버렸다. 비밀이 샐까 두려워서였다. 그 무덤이 바로 '만인갱萬人坑'이다. 그런가 하면 1940년 12월 이 지역에 주둔한 소위 '731세균부대 543지대支隊'가 저지른 만행은 유사 이래 이곳에서 행해진 가장 잔인했던 참사였다. 일제의 만행은 중국인에게만 가해진 것이 아니었다. 이곳 해랍이와 중−러 국경에 있는 만주리滿洲里시에는 수많은 조선족들이 아직도 힘겹게 살고 있다. 해랍이

어느 거리에 보이는 초라한 조선 식당 '설악산雪嶽山'과 만주리의 '국문國門:중·러 국경의 관문' 근처 거리 양편에 줄이어 있는 '진달래 식당' 등은 우리 이웃 부모 형제들의 애달팠던 유랑의 세월을 극명하게 말해 주고 있었다.

우리는 도시인에 의해 저질러진 최근의 아픈 역사를 접어 두고 이제 진짜 오랫동안 이곳의 주인이었던 유목민의 역사로 눈을 돌려야 할 것 같다. 옛날 옛날 한옛날에 중국 동북부에 남북으로 길게 뻗어 내린 흥안령 시베리아어로 '夏恩阿林'의 음변으로 '白嶺'의 의미산맥 울창한 산림 속에 있는 한 동굴에 산돼지와 순록 등 야생 동물의 수렵으로 생계를 유지하던 한 무리의 사람들이 살고 있었다. 근처에서 가장 높은 산이 항상 눈으로 덮여 있는 대선비산大鮮卑山이었으므로 나라 이름을 '선비'라 하였다고 사서에 기록되어 있다. 그들은 '황색 덕을 지닌 지배자〔土爲托 后爲跋〕'란 의미에서 그 성씨를 탁발托跋:拓跋이라 했다. 그들의 풍속은 순박하기 이를 데 없었다. 최소한의 사회 생활을 위해 나무에 서로의 약속 사항을 새겼을 정도로 단출한 생활을 했기 때문에 문자도 굳이 만들어 사용하지 않았다. 하夏·은殷·주周 삼대三代 이래 진秦·한漢 시대까지 그들의 이웃 나라들〔獫狁·獫狁·山戎·匈奴〕은 자주 남방 중원 땅에 침입하여 중국인들을 괴롭혔지만, 그들은 그곳 생활에 만족하여 중원 지역 사람들과 교류하지 않았다〔不交南夏〕. 그동안 이들에게 무슨 일이 일어났는지를 알려주는 기록은 어디에서도 찾을 길 없다. 그곳에서 그런 생활을 보내다 보니 엄청난 세월이 흘러 어언 67대 손에 이르게 되었다. 성황제成皇帝 모毛에 이르니 사방의 여러 세력들, 즉 36국國과 99성姓이 그를 연맹의 장으로 추대하였다. 이때 북방〔幽都〕 지역에서는 그에게 굴복하지 않는 자가 없었다고 한다. 이 시기가 바로 이들의 후손이 항상 선망해 마지않던 유토피아, 바로 탁발부의 '요순堯舜 시대'였던 것이다. 이들 후손이 세운 북위가 망하고 새로운 선비 제국을 부흥시키려 할 때 우문태字文泰 등 영웅들이 내건 표어가 바로 '36국 99성 시대'의 부활이었다. 후손들은 당시의 영광을 그렇게 오래 기억하고 있었던 것이다.

그러나 남방 호륜패이 초원은 흉노와 동호東胡의 각축장이었다. 호륜패이 초원은 예로부터 지금까지 줄곧 내몽고뿐만 아니라 세계에서 가장 좋은 유목 지역의 하나였다. 그래서 이 초원은 줄곧 유목 민족의 요람이 되어 왔다. 중국 역사상 출현한 대부분의 유목 민족, 흉노·선비·거란·여진·몽고인들이 모두 이곳을 요람으로 삼아 성장했고, 또 이곳에서 꿈 많은 청춘 시대를 보냈다. 호륜패이 초원은 이렇게 유목 민족의 요람이었을 뿐만 아니라 무기고였고, 곡식 창고였으며, 연병장이었다. 이곳의 우월한 자연조건을 이용하여 자기 종족을 번식시키고, 자기 군대를 무장한 후 이곳을 출발하여 동으로 서로 정복에 나섰던 것이다. 선비인이 그랬고, 거란인이 그랬고, 몽고인·여진인이 그랬다.

중국의 저명한 사학자가 설파했듯이 호륜패이 초원이 중국 역사에서 일개 번화한 시장이었다면, 흥안령산맥 속은 중국 역사상 깊고 조용한[幽靜] 한 뒤뜰[後院]이었다. 첩첩한 고개, 이 고개를 덮고 있는 만고상청의 원시 산림이 천연적인 장벽을 이루고 있었기 때문이다. 아이를 낳을 때에는 떠들썩한 시장 바닥에서 낳을 수 없는 것 아닌가? 호륜패이 초원에서 지리적으로 격절된 이곳은 그 자신의 것을 보호하고자 하는 자들에게는 다시없는 적지다. 지금도 악륜춘鄂倫春:어룬춘 혹은 악온극鄂溫克:어원커이라 불리는 종족들이 문명 세계와는 다른 생활을 유지할 수 있는 것도 이런 자연조건 때문이다.

흥안령산맥 속, 고요한 뒷마당에서 평화를 만끽하던 그들에게 끝없이 펼쳐진 남방의 초원과 농경의 땅 중원에서부터 가끔 들려 오는 소식들과 흘러들어오는 물자들은 점차 그들을 유혹하기 시작했다. 통할 지역이 넓어지니 포괄 인구도 전통적인 수렵민보다 목축민의 비중이 날로 커졌다. 남방 몽고 초원의 정세도 크게 변하기 시작했다. 오랫동안 초원 지역을 장악했던 흉노가 한漢 무제武帝 이후 중원 지역 통치자들의 집요하고도 적극적인 군사 정책으로 약화되더니, 그들 사이에서 일어난 계승 분쟁으로 기원전 57~51년 마침내 남북 양부로 분열되었다. 그 결과 남흉노는 한나라에 복속하고 북흉노는 중앙아시아 쪽으로 서천西遷함에 따라 몽고 동부 고원은 완전 무주無主의 상태가 되었다. 모 이후 5대손인 선황제宣皇帝 추인推寅은 이런 상황의 변화를 목도하고 오랫동안 살아왔던 정든 동굴을 떠나기로 마음먹게 되었다. 이는 후한 전기인 대략 22~55년경의 일로 추정된다.

추인은 '대택大澤'으로 남천을 감행했다. 대택은 현재 호륜호呼倫湖로 불리는 엄청난 크기의 호수다. 그 남쪽에 패이호貝爾湖라는 또 다른 호수가 있다. 호륜패이라는 지명도 두 호수 이름에서 따온 것이지만, 두 호숫가에 펼쳐진 초원은 이 시기의 역사를 기록한 『위서』권1 「서기序紀」에 따르면 "사방 천여 리[方千餘里]"나 되었다고 한다. 이로써 탁발씨는 수렵 경제 위주에서 목축 위주의 경제로 전환하게 되었다. 즉, 수렵민에서 유목민으로 전환한 것이다. 이 지역에는 호륜호로 흘러드는 해랍이하·이민하伊敏河·근하根河 등 크고 작은 하천이 많아 어로漁撈도 주요한 경제 활동의 하나가 되었다. 그러나 추인은 그곳을 그렇게 선호하지 않았던 모양이다. 아마도 남방 문물[南貨]의 유혹이 그들의 눈과 귀, 입을 버려 놓았기 때문일지도 모른다. 아니면 이미 정든 고향을 떠난 이상 더 큰물에서 놀아야겠다는 결심이 선 것인지도 모른다. 추인은 "운무가 많이 끼고 저습한[厥土昏冥沮洳]" 소택지라 살기에 부적당하다는 등, 불만을 토로하기 시작했다. 다시 남방으로의 이동[南徙]을 계획했으나, 추인은 그 계획을 감행하지 못하고 죽고 말았다.

다시 7대가 흘렀다. 헌황제獻皇帝 인隣:이자를 '제2의 추인'이라 한다이 들어섰다. 그때 신인神人이 나타나 "이곳은 황폐하고 문명의 땅으로부터 멀리 떨어져 도읍으로 정할 만한 곳이 못 되니 마땅히 옮겨야 한다"고 또다시 그들을 꾀었다. 그러나 인도 이미 나이가 많아 근거지 옮기는 것을 단행하지 못하고 그 아들 성무황제聖武皇帝 힐분詰汾에게 이 임무를 맡겼다. 그러나 그들의 남향 길은 산이 높고 골짜기가 깊어 〔山谷高深〕 "아홉 가지 난관과 여덟 가지 장애물〔九難八阻〕"이 가로막고 있었다. 낙망하고 있는 힐분에게 신령스러운 동물〔神獸〕이 나타났다. 모습은 말이나 소의 울음소리를 내는〔馬形牛聲〕 신수는 탁발부를 선도해 나갔다. 그들은 몇 년에 걸친 행군 끝에 흉노 묵특〔冒頓〕 선우의 옛 터전〔匈奴故地〕인 음산산맥陰山山脈 근처로 이동하게 되었다.

힐분이 이곳에서 천녀天女를 만나 동침한 후 아이를 낳으니 이자가 바로 북위 황제들에 의해 '시조始祖 신원황제神元皇帝'로 불리는 역미力微다. 탁발부의 역사 가운데 정확한 연대를 재생할 수 있는 것이 바로 역미 이후의 시대다. 역미 56년은 서진西晉의 무제武帝 함녕咸寧 원년275에 해당한다. 역미가 아들 사막한沙莫汗을 서진에 보낸 사실과 연대가 『위서』와 『진서』 두 책에 모두 동일하게 기록되어 있기 때문이다.

이상은 탁발부의 전설 시대 기록인 『위서』「서기」의 전반부를 소개한 것이다. 이 기록이 조작된 허구라는 학설이 한때 일본 학계를 중심으로 제기되었다. 그러나 「서기」의 기록을 액면 그대로 믿을 수는 없지만, 상당 부분이 역사적 사실을 반영하고 있다는 것이 최근의 고고학적인 발견으로 다시 확인되고 있다. 알선동에서 발견된 도기陶器와 호륜패이 초원의 완공完工과 찰뇌락이扎賚諾爾 : 짜라이노얼에 소재한 선비 고묘에서 발굴된 도기가 그 형체로 볼 때 동일한 계통의 것이라는 사실은 탁발부의 이동 경로를 정확하게 확인해 주고 있기 때문이다.

따라서 그들의 이동에 대한 『위서』의 기술은 별반 잘못된 것이 없

호륜패이 초원 목지. 지질 시대 망망대해였던 것으로 짐작되는 호륜패이 초원은 세계에서 가장 좋은 목지로 알려져 있다.
선비·몽고족을 비롯한 소위 '동호' 족의 초기 활동 지역이었다.

다. 또 흉노 고지인 음산산맥 근방으로 이동한 수령 힐분과 천녀와의 결합은 탁발부가 흉노의 남은 무리를 흡수했다는 역사적 사실의 표현인 것이다. 흔히 탁발부를 '선비부호鮮卑父胡母'의 혼혈로 보고 있는 것도 이상의 사실과 연관된 것이다. 잘 알다시피 85년 선비·정령丁零·남흉노·서역 각국이 연합해 북흉노를 사방에서 공격함으로써 89~91년 사이 북흉노는 몽고고원에서 종적을 감추게 되었다. 당시 잔여 10여만 부락이 선비로 자처했다고 한다. 이들 잔여 세력이 동북쪽에서 이동해 온 탁발부와 결합한 사실이 바로 이런 전설을 낳게 한 것이다.

사실 '선비'란 용어는 『국어國語』「진어晉語」에 최초로 나오지만, 정작 『사기』나 『한서』에는 보이지 않는다. 당시의 북방 민족을 대신 동호東胡·산융山戎으로 표기했다. 선비는 후한 시기 이후를 다룬 사서에 주로 등장한다. 『삼국지』에 "오환과 선비는 곧 옛날 이른바 동호다〔烏丸鮮卑 卽古所謂東胡也〕"라고 한 것으로 보아 선비가 동호의 일부임은 분명하다. 흉노가 망한 이후 2세기 중엽부터 240년대까지 80여 년간 북방 몽고 초원에는 계속해서 선비 부락이 위주가 된 군사 대연맹이 출현했다. 2세기 중엽 선비 역사상 최고의 영웅 단석괴檀石槐가 등장하여 강력한 군사연맹체를 형성한 것이다. 그는 휘하의 선비를 동부·중부·서부 등 3부로 나누고 대인大人에게 각각 "땅을 나누어 다스리게 하고 각각의 분계를 획정해 주었다〔割地統御 各有分界〕." 2세기 말엽 단석괴가 죽자, 선비는 내전에 휘말려 결국 분열했다. 다시 3세기 초 중부 선비에서 가비능軻比能이란 영웅이 등장하여 동부선비를 장악함으로써 서부선비를 제외한 선비 세력은 통일되었다. 그러나 가비능이 조위曹魏에서 보낸 자객에게 암살됨으로써 선비 세력은 다시 사분오열되고 말았다.

그러면 탁발부는 원래부터 선비였던가? 소위 '탁발선비'가 세운 북위를 남조인들은 '색두로索(頭)虜'라 낮추어 불렀다. 잘 알다시피 변발辮髮이 이들 종족의 특징으로 이것은 후세 중원에 진입한 후에도 지속된 탁발부 특유의 습속이다. 찰뢰락이 고묘에서 출토된 여자묘에서 변발을 한 여인의 시체가 발굴됨으로써 이 점이 확인되었다. 이 변발의 습속은 모용부慕容部 등의 동부선비에게는 보이지 않는 습속이다. 따라서 탁발부가 처음부터 선비에 속했던 것이 아니었다는 이야기가 된다. 중국의 유명한 사가 마장수馬長壽도 『오환과 선비[烏桓與鮮卑]』라는 책에서 "몽고 동북부 지역에 분포하는 두 가지 선비 문화 유적에 대한 고고 발견의 중요성"을 지적하면서, 동쪽 요서遼西 일대의 동부선비와 북쪽 호륜패이 일대의 탁발선비는 하나의 문화 형태를 가진 것이 아님을 명백히 했다. 탁발부는 몽고 초원으로 남천하는 과정에서 인근에 거주하는 무수한 선비 부락을 흡수·통합했고, 이 과정에서 '탁발선비'라는 명칭을 획득하게 된 것이라는 해석이다.

탁발부의 핵심 조직은 원래 부계 혈연 관계에 의해 형성된 8족八族:八姓 혹은 八氏라 칭하기도 함으로 구성되었다고 기록되어 있다. 즉, 제실帝室인 탁발씨를 비롯하여 홀골씨紇骨氏·보씨普氏·발발씨拔拔氏 등 8개가 그것이다. 헌제 인은 그의 형제들을 분파시켜 자기를 맹주로 하는 연맹체에 가맹한 각 부락들을 각각 통합하게 하였다. 그 후 2족이 합쳐져 10족으로 불어났다. 이들은 제실 탁발씨와 "백세 동안 통혼하지 않았다[百世不通婚]." 북위 효문제 이전 시기에 국가의 소위 '상장사례喪葬祠禮'에 이들 외에는 참여하지 못하게 하였으니 10족이 바로 북위 창업의 핵심 세력인 셈이다. 이들 10족은 동일 부락의 씨족처럼 보이지만 사실 그렇지 않다. 예컨대 홀골씨 등은 철륵鐵勒 혹은 고차高車족의 대표적인 성이다. 따라서 남천 과정에서 새로 편입된 세력을 헌제 인은 그의 형제들로 하여금 통솔하게 했을 뿐이다. 즉, 8족은 소위 "국인을 일곱으로 재편하는[七分國人]" 과정에서 생겨난 것이라고 보아

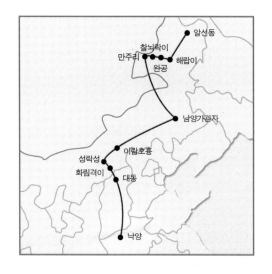

탁발선비 남천도

야 한다.

　시조 역미 시기에 들어 탁발선비의 결합체는 중대한 변화를 겪게 된다. 북위 시대의 씨족과 관료 조직을 서술한 『위서』「관씨지官氏志」를 보면 소위 '내입칠십오성內入七十五姓'과 '사방삼십오성四方三十五姓'이 탁발선비 성장 과정에서 등장하는데, 이들은 탁발씨 중심의 부락 연맹에 새로 가입한 세력들이다. 이 가운데 내입칠십오성은 그 성씨 명칭으로 볼 때 흉노·정령·고차·유연柔然·오환 및 동부선비의 족성族姓 등 복잡한 종족 성분을 보여 주고 있다. 물론 각각의 부락 내부 구성원도 혈연에 의한 순수 집단이 아니었다. 이러한 부락 내부 족속의 혼잡함은 각 부락 간 군사적 이합집산의 결과인 동시에 탁발부의 남방으로의 긴 이동 결과와도 관련이 깊다. 유목 민족은 농경 민족과 달리 자기 것에 집착하지 않는 특징이 있다. 자기 이름이나 성은 물론 혈연의 순수성 확보 혹은 자기의 독특한 문화 지키기에 급급해하지 않는다. 탁발부가 탁발선비로, 다시 선비로 성장한 것은 이런 유연성에 기인한 것이다.

그러면 선비인의 영웅 단석괴와 탁발부는 어떤 관계가 있을까? 『자치통감』에 음주音注를 단 원나라 대학자 호삼성胡三省은 호륜호로의 남천을 주도한 탁발족의 추인을 서부 대인인 추연推演과 동일인으로 보아 탁발 추인이 단석괴의 서부 대인이었다는 학설을 개창했다. 그러나 그 활동 연대가 맞지 않기 때문에 두 사람은 전혀 관계가 없다. 단지 탁발부가 주도하는 부락연맹체의 역량이 증대되는 과정에서 이전 단석괴의 부락을 흡수하여 그것을 기초로 발전해 갔던 현실을 반영하고 있다 할 것이다.

흥안령산맥 속의 한 동굴에서 출발한 탁발부는 시조 역미 단계에 들어 크게 도약하는 모습을 보여 준다. 즉, 결합한 부락들을 연맹적 관계로서가 아니라 종속적인 관계로 변화시키고 있는 것이다. 예컨대 역미는 재위 39년째 되는 해에 정양定襄의 성락盛樂:현재 내몽고 수도 호화호특 남방으로 천도하고 바로 제천 행사를 행하였다. 제천이란 흉노 묵특 선우 이래 북방 유목민 세계에서는 왕권신수王權神授의 관념에 기반한 가장 중요한 행사 중 하나였다. 이때 대부분의 부락 군장들이 와서 제사를 도왔지만 오직 백부白部 대인만이 사태를 관망하면서 오지 않았다. 이에 역미는 그를 정벌하여 살육해 버리니 그 후 주위의 부락에서 그를 따르지 않는 자가 없었다고 한다. 이 기사는 당시 역미의 위상이 어떠하였는가를 짐작하게 해준다.

역미로부터 북위 태조 도무제道武帝의 조부인 십익건什翼犍에 이르기까지 156년 동안 탁발부의 수령으로 재위한 자는 모두 14명인데, 그 통치권이 그리 공고하다고는 할 수 없어도 왕위를 한 계통의 집안에서 계속 이어가고 있다. 뿐만 아니라 각부 대인의 형제나 자식들을 인질〔質任〕 형식으로 탁발부 수령 아래에 와 있게 하여, 각부를 교묘히 통제했다. 군사 역량도 크게 증대되어 역미 시기에 '공현상마控弦上馬 20만 중衆', 의로猗盧 시기에 '공현기사控弦騎士 40여만', 욱율郁律 시기에 '공현상마 100만' 식으로 셀 수 있을 정도로 수적으로 증가를 거듭하고 있다. 만약 강력한 왕권이 성립하지 않았더라면 이 정도 규모의 군사 역량을 가진 세력의 출현은 상상할 수 없을 것이다. 물론 이후 남방 중원 세력의 조종과 개입에 의해 탁발부를 중심으로 하는 정치구조는 동요하기도 하고, 중절中絶되는 시련을 겪기도 하지만 결국 386년 도무제 탁발규拓跋珪에 의해 북위가 건국된다. 알선동에서 출발한 탁발씨가 '선비 탁발부'로, 다시 북위를 건국하고부터는 당당히 '선비'를 대표하는 부족으로 성장해 간 것이다.

선비 탁발부를 모르는 사람은 많아도 북위 왕조를 모르는 사람은 아마 적을 것이다. 북위를 모르는 사람은 간혹 있어도 수나라와 당나라를 모르는 사람은 별로 없을 것이다. 중국 역사상 가장 휘황한 한 페이지를 장식했던 대당세계제국大唐世界帝國의 원류를 따져 올라가다 보면, 그들의 먼 조상은 동굴을 집으로 삼고 살았던 초라한 수렵민에 지나지 않았다. 대당제국의 잉태는 이렇게 의외로 조촐한 곳에서 진행되고 있었다. 그들은 중국 북방 흥안령산맥 동쪽 산록의 울창한 산림속에 위치한 동굴에서 바깥의 살인적인 추위를 피해 그 긴 겨울을 보냈던 것이다. 원래 수렵민이었던 이들은 남방의 초원 지역으로 이동하여 유목민이 되었고, 마침내 농경 지역으로 진출하여 중국 고래의 문명의 땅인 중원을 정복하였다. 그들이 세운 북위 왕조는 드디어 중국인들이 오랫동안 세계의 중심으로 여겼던 낙양으로 도읍을 옮기고 중화中華의 맹주로서 세계를 호령하기에 이르렀다. 당시 세계 각국인이 낙양을 향해 줄기차게 모여들었다.

148년이라는 짧지 않은 기간 동안 존속하다 역사의 무대로부터 홀연히 사라진 북위 왕조. 중국 역사상 수없이 명멸했던 뭇 왕조들 가운데 북위 왕조가 역사에 남긴 족적은 작지 않다. 그들이 남긴 유산은 고스란히 대당제국에 인수되어 활짝 꽃피웠고, 현재 흔히 말하는 '중국적인 것들'을 형성하는 데 크게 기여했던 것이다. 이후 그들 일부가 한인漢人 세력과 연합하여 서위西魏-북주北周 왕조, 그리고 수나라를 연이어 창업했다. 다시 이들은 남조의 진陳을 멸망시킴으로써 명실공히 통일 제국의 주체로 등장했다. 선비인이 주축이 되어 형성된 이들 정치 세력을 흔히 '관롱집단關隴集團'이라 지칭하는데, 이들이 바로 7세기 이후 세계를 호령하기 시작한 대당제국의 '킹'이 되거나 혹은 '킹메이커' 집단으로 활약했다. 이후 선비라는 종족의 이름은 사라졌지만 대당제국의 힘은 바로 이 선비인이 추구했던 정치 이념에 기반한 것이었다. 민족적 차별을 초월하는 대담한 포용성과 자기 민족 고유의 것만을 고집하지 않고 이민족들이 가진 장점들을 기꺼이 수용하는 개방성이 대당세계제국 형성의 기틀이 되었다면 그 공로는 바로 위에서 본 바와 같은 선비인이라는 유목민이 가진 특징에 기반했다고 할 것이다.

따라서 북위에서 당에 이르는 왕조들은 그 권력의 실체, 연속성, 공통성에 근거하여 보면 일괄적으로 '탁발 왕조'로 취급되어야 한다. 그 점은 5세기경부터 9세기까지의 중국을 서방인들이 '탁발'의 음역인 '타브가츄Tabgachi'라 불렀던 것에서도 확인되고 있다.

현재 중국의 특징을 세계 어느 나라보다도 크고 또 많은 인구를 포괄하는 국가라고 한다면, 그런 중국 형성의 원동력은 대당제국에서 그 근원을 찾을 수 있을 것이다. 대당제국은 바로 북위 왕조의 유산을 밑천으로 일궈 낸 대제국이었다. 현재 중국인의 92%를 차지하는 한족漢族도 사실 사서에 나타났다 사라진 선비 등 90여 개 민족이 혼합된 결과이고, 55개의 소수민족도 언젠가는 한족의 일부가 될 가능성이 많다는 가정이라면, 어찌 이 초라한 시작과 달리 위대한 끝맺음을 한 탁발부의 역사를 홀시할 수 있을 것인가?

소위 '중국'이 형성된 데는 진·한 제국의 통일이 하나의 큰 전환점이 되었다. 그러나 그것은 중원 지역에 여러 구역으로 나누어 살던 여러 농경 민족의 통일에 불과한 것이었다. 반면 대당제국의 통일은 농경민과 유목민의 융합이요 통합이었다. 인류가 생산해 낸 가장 대립적인 두 가지 문화 유형을 하나로 혼일시켰던 것이다. 세계의 모든 길은 대당의 수도 장안으로 향하고 있었다. 영국과 미국의 역사학계를 선도했던 당대 사가 데니스 트위체트Denis Twichett 교수는 중국사에서 당대 역사가 갖는 의미를 다음과 같이 정의하고 있다.

중화제국 수천 년의 역사 가운데 당대(618~907)는 위대했던 시대 중 하나였다. 당대는 역사상 전례없는 물질적 풍요, 제도적 발전, 사상과 종교의 새로운 도약, 그리고 모든 예술 부문에서의 창조성으로 특징지어지는 시기였다. 이러한 엄청난 활력의 내원을 무엇으로 설명할 수 있을 것인가. 첫째는 당 왕조의 절충주의로, 이것이 바로 당이 이전 4백 년의 혼란스런 역사로부터 다양한 문화의 흐름들을 한데 끌어모은 방식이었다. 둘째는 당의 국제성, 즉 모든 종류의 외국의 영향을 받아들이는 개방성이었다. 이러한 특성들로 인하여 당나라 문명은 보편적인 호소력을 갖게 되었다. 인접한 주변 민족들은 늘상 그들 자신의 고유한 문화를 변형시킨 요인들을 당조로부터 수용하였다. 그리고 아시아 도처의 사람들이 당으로 몰려들었다. 당의 수도였던 장안은 단순히 거대한 제국의 수도로서만 기능했던 것이 아니었다. 장안은 세계에서 가장 큰 국제 도시였을 뿐 아니라 동아시아 전역에 전파하는 문명의 중심지였다. 그곳으로부터 최신의 불교 교리, 최신의 시(詩) 형식, 각종 제도들의 권위 있는 전범(典範)뿐만 아니라 심지어는 가장 새로운 복식과 헤어 스타일까지 세계 각처로 퍼져 나갔던 것이다.

찰뇌락이 선비묘군. 이곳에서 나온 도기가 알선동의 것과 동일한 계통의 것으로 판명되어 선비 탁발부의 이동 경로를 알려주고 있다.
이곳에서 발견된 여인이 변발을 하고 있어 이후 남조인들이 북위를 '색로'라 부른 연유도 밝혀졌다.
억새풀 밑이 아직 발굴되지 않은 선비묘들이다.

다시 말하면 대당제국의 형성은 탁발씨가 알선동을 출발하여 중
원인 낙양에 이르는 동안 보여 준 특유의 문화적 흡수성과 다른 세력,
다른 종족에 대한 포용성과 개방성이 그 기반이 되었으며, '거대한 다
민족 국가'라는 현 중국의 특징도 거슬러 올라가면 이런 중국적인 특
징에 기원을 두고 있다는 것이다.

이제까지 정말 딱딱한 이야기만 해온 것 같아 독자 여러분에게
그저 미안할 뿐이다. 그러나 이런 역사적 흐름을 알아야 여행에서 얻
는 것이 있고, 왜 비싼 돈 주고 비행기를 타고 타국까지 가서 알토란
같은 방학 기간을 온통 소비해 가면서 여행했는지 이해할 수 있기 때
문이다. 이제 알선동이 갖고 있는 의미를 알아보고 필자와 함께 가벼
운 마음으로 떠나 봄이 어떨지?

우리 답사반 일행은 해랍이에 도착한 후 시내 지역 답사와 호륜패이 학원에서 '학술 교류'라는 형식으로 하루를 보내고 그 다음날 답사 코스를 호륜호 일대와 만주리로 잡았다. 이 지역이 탁발부의 활동 지역이었던 것은 1950~1960년대 고고학적 발견으로 확인되었다. 1959~1963년에 걸쳐 호륜호 북방 찰뇌락이에서 300여 좌座의 선비 고묘군古墓群이 발굴되었고, 이곳에서 40km 떨어진 호륜호 동면의 완공 지역에서 4좌의 선비 고묘군이 발굴되었다. 이 지역이 바로 탁발씨의 선조들이 살았던 '대택' 지역이다. 이들 묘군에서 기마선사騎馬善射의 용맹한 기마병의 모습을 상상할 수 있는 유물들이 다량 출토되었다. 철모鐵矛와 환수철도環首鐵刀·목궁木弓·화피궁낭樺皮弓囊·철골전족鐵骨箭鏃 등 무기와 공구가 그것들이다. 뿐만 아니라 남방의 후한 왕조와 교류하여 얻은 사주絲綢·동경銅鏡·직금織錦·칠기漆器·옥기玉器 등 장식품도 나왔다.

광활한 초원 위에 처진 철조망만이 국경선이라는 것을 알리는 중-러 국경 도시 만주리의 '국문'을 둘러보고 바로 호륜호로 향하였다. 중국의 전도全圖를 보면 마치 닭 모양을 하고 있다는 것을 금세 알 수가 있다. 닭 머리 뒤로 처져 있는 벼슬 부분에 보이는 파란 반점 모양이 바로 호륜호와 패이호다. 영토에 관한 한 욕심 많기로 유명한 중국 사람들이 이 지점을 확보하려 했던 노력의 흔적이 금방 드러난다. 호륜호의 둘레가 400km, 서울에서 부산까지와 비슷한 거리이니 한 바퀴 돌려면 자동차로 하루는 족히 잡아야 한다. 그것은 호수가 아니라 바다였다. 거기서 산출되는 각종 어류의 종류뿐만 아니라 떠 있는 것들도 모두 바다에서만 볼 수 있는 풍력용 요트형 배들이다. 사진으로만 보면서 가보지 못해 안타까워했던 호륜호에서도 오래 지체할 시간이 없었다. 우리는 찰뇌락이의 고묘군으로 길을 재촉하지 않으면 안 되었다. 아직 발굴되지 않은 고묘가 수백 좌라 하지만, 유목 민족의

호륜호. 호륜패이 초원 한가운데 위치한 호륜호는 『위서』에서는 대택大澤으로 표기되어 있다. 둘레 400km인
이 호수는 선비족에게 어로의 장소를 제공했다. 호수 동북방에 찰뇌락이 및 완공 선비묘군이 분포해 있다.

묘장墓葬답게 봉분이 없기 때문에 어느 것이 무덤인지 알 수가 없다. 동행했던 호륜패이 학원의 L교수는 군데군데 억새풀이 무성한 곳이 바로 무덤이라고 설명했다. 억새풀은 몇천 년 전에 죽은 사람들의 시체를 영양 삼아 지금도 자라고 있단 말인가?

아침 일찍 출발했건만 해는 어느 새 서쪽으로 기울고 있었다. 그곳에서 해랍이까지는 300km로 세 시간은 잡아야 했다. 길을 재촉해야 했다. 가는 길가 담벼락에 "남아를 낳든 여아를 낳든 매일반이다[生男生女都一樣]"라는 표어가 눈에 들어온다. 사실 유목 경제는 강한 근력筋力이 필요한 농경 지역과 달리, 젖 짜고 털깎기 등 노동에서 남녀의 차별이 없다. 담벼락의 표어 덕분인지, 아니면 아직도 유목 인구가 많은 이곳 사정 때문인지 1998년 인구 통계에 의하면 해랍이 인구 중 남녀 비율은 공교롭게도 117,787 : 117,514로 극히 균형을 이루고 있다.

이제 우리는 가장 중요한 목표인 알선동으로 가보아야 할 것 같다. 태초에 사람들은 동굴에서 살았다. 중국인의 조상의 근원을 어디에서 찾을 것인가는 논자에 따라 다르지만, 우리는 어릴 때부터 누차들어 왔던 북경 남쪽 주구점周口店이라는 동굴에서 살았던 북경원인北京猿人을 문득 떠올리게 된다. 동굴은 그런 대로 지낼 만하다. 나도 한때 동굴에서 생활한 적이 있다. 6·25사변 때 우리 가족은 고향집 뒤 대밭[竹林] 속에 파놓은 동굴에서 상당 기간을 보내야만 했다. 우리는 그곳을 방공호라 불렀다. 공습을 피하기 위한 동굴[防空壕]인지, 공산군을 방어하기 위한 동굴[防共壕]이었는지 아직도 잘 구별되지 않지만 우리는 그곳에서 살았다. 그곳의 생활이 그렇게 불편했다는 기억이 없는 것을 보니 그런 대로 지낼 만한 곳이었던 것은 분명하다. 돌로 만든 집이 여름에는 시원하고 겨울에는 따뜻하다는 것은 잘 아는 사실이고, 석굴을 파 부처님을 그곳에 모신 것은 부처님을 위한다기보다 수행하는 스님들의 편의를 위한 것이라는 지적도 맞는 이야기다. 전

(상) 선비석실축문. 알선동 입구 화강암 벽 앞에 새겨진 '선비석실축문'. 그 옆에 있는 것은 모조 축문이다.
철조망과 철판으로 덮여 있는 곳이 미문평씨에 의해 새로 발견된 축문이다.
(중) 선비석실축문을 한 자 한 자 검토하고 있는 필자.
(하) 선비석실축문 전문 탁본. 『위서』「예지」 등에 기록된 문장과 차이가 난다.
그 차이야말로 귀중한 역사적 사실을 알리고 있다.

쟁이 끝난 후 우리 집 동굴의 역할은 크게 바뀌게 되었다. 1950~
1960년대 시도 때도 없이 나오는 밀주密酒 단속을 피하기 위해 동네에
단속원이 '떴다'는 호각 소리만 나면 식구 누구든 작은방에 있던 밀주
도가니를 들고 그곳으로 마구 뛰었던 것이다.

후대의 선비인들, 북위를 건국한 직후의 탁발 선비인들마저 그들
의 조상이 동굴에 살았다는 사실을 까마득하게 잊고 살아가고 있었
다. 아파트 생활에만 익숙한 나의 두 딸이 아빠가 어릴 때 어떤 집에
살았다는 것에 별 관심이 없는 게 분명하고, 더욱이 동굴에서 살았던
적이 있다는 사실을 까마득히 모르고 있는 것과 마찬가지다. 이렇게
된 데에는 그 지역이 정치의 중심인 중원 지역으로부터 멀리 떨어져
있는데다 이후 소수민족 지구로 오랫동안 남아 있었기 때문이다. 동
굴은 천고의 세월 동안 숱한 비바람에도 변함이 없건만 그들의 후손,
그들이 세운 왕조는 중국의 거대한 역사의 소용돌이 속으로 매몰되어
갔던 것이다.

북위 건국 후 58년이 지난 태무제 태평진군太平眞君 4년443 3월 어
느 날, 문득 수도 평성平城으로부터 4500여 리 떨어진 흥안령 동록 일
대에 위치한 오락후국烏洛侯國에서 조공사를 파견해 왔다. 탁발씨가 알
선동을 떠난 것이 22~55년경이므로 북위 건국까지 350년 정도의 세
월이 흐른 후의 일이었다. 그 사신은 그 나라의 서북에 북위 황제의 선
조가 살던 옛터가 있다는 사실을 태무제에게 알렸다. 이 보고를 받은
태무제는 중서시랑 이창 등을 보내 제사를 지내게 했다. 이창은 제사
를 지내고는 축문을 그 석실 벽에다 새기고 돌아왔다. 그 축문의 내용
이 『위서』권 108-1 「예지禮志」에 실려 있다.

『위서』에서 이 사실을 전하는 곳은 모두 두 곳이다. 그러나 『위
서』의 찬자인 위수魏收는 같은 사실을 약간 다르게 표현하고 있다. 먼
저 「오락후국전」에는 "그 나라오락후국 서북에 '국가 선제의 구허[國家先

帝舊墟'가 있으며 그것은 남북 90보, 동서 40보, 높이 90척의 '석실石室'로 석실 안에는 신령神靈이 있어 백성들이 자주 그곳에 가서 기청祈請하고 있다'고 서술되어 있다. 한편 같은 책「예지禮志」에도 같은 내용을 기술하면서 "위나라 선조들이 북방에 살면서 돌을 파서[鑿石] 조종의 묘당[祖宗之廟]을 만들었는데, 지금도 그 석묘石廟가 옛 그대로 있으며 백성들이 항상 기청을 하니 효험이 있다"고 기술하고 있다. 이들 기록으로 볼 때 석실이 구허, 즉 옛 거주지인지, 아니면 조종의 묘당인지가 확실하지 않다. 송대 사마광이 쓴 『자치통감』에는 「예지」의 기술에 따라 "돌을 파서 묘당을 만들었고[鑿石爲廟], 그리고 '석묘'가 그대로 있다"고 쓰고 있다. 이런 기술의 영향 때문인지 후세에는 대체로 위나라 조상들이 북방 지역幽都, 北荒에 살면서 "동굴을 파 묘당으로 삼았다"는 것으로 정리해 왔다. 즉, 거주지가 아니라 천지신명과 조상에게 제사 지내는 사당이라는 것이다.

선비 석실의 용도 여하를 불문하고 이것이 정확하게 어디에 존재하는지가 문제였다. 그것을 찾으려면 먼저 오락후국의 위치부터 확인해야 한다. 『위서』「오락후국전」에는 오락후국에 대하여 "그 땅은 지두우地豆于의 북방에 있고, …… 그 나라의 서북에 완수完水가 있어 동북으로 흘러 난수難水와 합해지며, 그 나라의 작은 강들은 난수로 흘러 들어가 동쪽 바다로 들어간다. 또 서북으로 20일을 가면 우사니于巳尼라는 큰 강이 있으니 소위 북해北海다'라고 되어 있다. 그러나 지두우라는 나라의 정확한 위치도, 완수·난수 그리고 우사니 등도 구체적으로 어느 강을 가리키는 것인지 최근까지도 정설이 없는 실정이었다.

알선동의 발견자 미문평은 흥안령산맥 어느 지점엔가 있을 이 동굴을 찾아 나섰다. 미 선생은 문헌을 검토한 결과 흥안령 일대라는 심증을 굳혔다. 내몽고 호륜패이맹은 자연지리 환경에 의해 지금도 세 부분으로 나뉜다. 흥안령 서록의 호륜패이 초원은 유목민의 요람이

알선 동상. 악륜춘족의 영웅 알선의 동상이 아리하진 악륜촌 민속박물관 앞에 세워져 있다. 그 앞은 필자.

고, 대흥안령의 산림 지구는 수렵민을 위한 천혜의 왕국이며, 동록의 눈강嫩江 평원은 농경에 적합한 지역이다. 따라서 그 지점이 흥안령 산림 지구라는 것은 누구나 대강 짐작할 수 있는 부분이다. 이미 중국의 저명한 학자들은 이 지역이 탁발선비의 원주지일 것이라는 견해를 제시한 바 있다. 예컨대 전백찬翦伯贊은 『중국역사강요中國歷史綱要』에서 일찍이 "선비탁발부 선세는 눈강 서북의 대흥안령 지구에 살았고" 운운한 바 있다. 미문평은 말을 타고 흥안령산맥 일대에 있는 동굴을 모조리 답사하기로 마음먹었다. 알선동이 제1후보로 떠올랐다. 문제는 석실 벽에 새겨진 축문을 찾아내야만 그곳이라 확인되는 것이다. 알선동은 1000명 정도의 사람을 수용할 수 있을 정도로 매우 큰 동굴이다. 벽면을 샅샅이 뒤졌으나 글자의 흔적은 찾을 수 없었다.

알선동의 '알선'은 고향이란 뜻이라고 한다. 알선동은 중국 55개 소수민족 가운데 가장 인구수가 적은 악륜춘족 자치기自治旗의 중심

도시 아리하진에 속해 있다. 악륜촌족의 설화에 의하면 머리가 아홉 개인 만개滿蓋라는 악마가 이 산동山洞:알선동에 살고 있었는데, 사람을 잡아먹고 방화를 하는 등 악독한 일을 자주 저질렀다. 악륜촌족은 이로 인해 편안할 날이 없었다. 총명하고 용감한 영웅인 알선이 궁전弓箭을 들고 동굴로 들어가 만개를 불러 싸워 결판을 내기로 결심했다. 알선이 "너는 무엇을 믿고 대흥안령의 주인이 되었느냐? 내가 문제를 하나 낼 것이니 이것에 제대로 답을 하지 못하면 너를 대흥안령의 주인으로 인정할 수 없다"며 도전장을 던졌다. "좋다! 말해 봐. 내가 만약 답을 못하면 산동을 너에게 주마"라고 만개가 대답했다. 알선은 "대흥안령이 얼마나 많은 산봉을 가지고 있으며, 얼마나 많은 하천이 있느냐?" 하고 물었다. 만개는 "900개의 산봉과 450개의 하천이 있다"고 대답했다. 알선은 웃으며 "틀렸다. 악륜춘 사람들은 다섯 살만 되면 대흥안령에는 100개의 산봉과 50개의 하류가 있다는 것을 안다. 그런데 너는 뇌가 아홉 개라서 하나를 아홉 개로 셈해서 틀린 것이다"고 반박하였다. 또 둘은 동굴 앞에 서서 전면 앞산 꼭대기 위의 돌에 화살 세 발을 쏘아 많이 맞히는 자가 동굴의 주인이 되기로 하였다. 먼저 쏜 만개는 하나도 적중하지 못했지만, 알선은 세 발 모두를 맞혔다. 그리하여 만개는 하는 수 없이 산동을 알선에게 돌려주고 그곳을 떠났다. 이후 이 동굴을 알선동이라 했다고 한다. 아리하진의 악륜촌 민속박물관 앞에는 알선이 말을 타고 달리는 동상이 서 있다. 이 자그만한 도시는 온통 '알선'으로 먹고 살고 있었다. 제1급 여관도 '알선빈관'이고, 술 이름도 '알선백嘎仙白'이다.

미문평은 혼자 힘으로 그 일을 감당하기 힘들었다. 원래 전공이 아니었기 때문에 혼자 괜한 일을 하고 있다는 자책도 들었다. 고고학 및 역사학 관계 학회에 참석하여 의견을 발표하고 자문을 구하기도 했으나, 별다른 관심을 일으키지 못했고 호응도 얻지 못했다. 북경에서 애써 모셔 온 유명한 원로 학자는 알선동 앞까지 자동차로 왔다가 당시 동굴로 오르는 길이 정비되지 않았다는 이유로 20m 위의 동굴에 올라가 보지도 않고 돌아갔다. 미문평은 이렇게 외로운 발굴 작업을 진행했던 것이다. 미문평은 4차의 탐방 만에 동남으로 향한 알선동 입구 북면에 잔뜩 끼여 있는 이끼를 걷어 내는 순간 글자 하나를 찾았다. 바로 '四'자였다. 이 발견은 그를 세계 각국으로부터 여러 차례 초청을 받는 저명한 고고학자로 다시 서게 했다.

이창이 새긴 축문은 「예지」의 그것과 약간 다른 것이 있었다. 다른 부분이야말로 역사학계에 새로운 사실을 제공한 것이다. 축문의 전문을 전재해 본다.

태평진군 4년 계미 7월 25일 천자 신 (탁발)도는 알자복야 고유관과 중서시랑 이창과 부토를 시켜 마·우·양을 희생물로 하여 감히 황천의 신에게 명백하게 고하노라.

維太平眞君四年癸未歲七月廿日/天子臣燾. 使謁者僕射庫六官·中書侍郎李敞·傅菟/用駿足·一元大武·柔毛之牲/敢昭告于皇天之神.

개벽 초기에 우리 (탁발) 황조를 그 토전(알선동 지역 일대)에서 도우셨고, 억년을 거친 후에 마침내 (대택, 즉 호륜호로) 남천했다. 많은 복을 받은 덕분에 중원을 널리 안정시킬 수 있었다. 오직 우리 할아버지, 우리 아버지만이 사변을 개척하여 안정시켰던 것이다.

啓辟之初, 祐我皇祖. 于彼土田/歷載億年, 聿來南遷/應受多福, 光宅中原/惟祖惟父, 拓定四邊.

경사로움이 후대에까지 흘러내려 어리석은 저에게 미치게 되어 현풍(도교)을 천양하고 높은 묘당을 더욱 구축하게 되었다. 흉악한 무리들을 이겨 없애니 그 위세가 사방에까지 미쳤다. 유인(즉 오락후국인)이 멀기를 마다않고 머리를 조아리고 내조하여 칭왕해 옴으로써 (조상의) 구허가 그곳에 있다는 것을 처음으로 듣게 되었다. 오랫동안의 역사에 더욱 광명이 있기를 우러러 바라노라.

慶流後胤,延及沖人/闡揚玄風,增構崇堂/剋憝凶醜,威曁四荒/幽人忘遐﹔稽首來王/始聞舊墟﹔爰在彼方/悠悠之懷, 希仰除光.

왕업이 일어남이 황조로부터 시작되어 면면이 이어지기가 오이 덩굴과 같게 되었던 것은 적시에 많은 도움이 있었기 때문이다. 돌아가 감사하는 마음으로 베풀고, (그런 마음을) 밀어서 하늘에 바치는 제사 음식을 차렸다. 자자손손에게 복록이 영원히 이어지기를 바라노라.

王業之興, 起自皇祖/緜緜瓜瓞, 時惟多祜/歸以謝施, 推以配天/子子孫孫, 福祿永延.

위대한 하느님과 위대한 지신에게 (제품을) 진헌한다. 황조 선가한과 황비 선가돈께서는 차린 제사 음식을 맛보기 바라노라.

薦于皇皇帝天, 皇皇后土/以皇祖先可寒配, 皇妣先可敦配/尙饗.

동작수사 염이 팠다.

東作帥使念鑿.

이상과 같은 축문의 내용은 탁발부의 남천로와 그 과정을 정확하게 기록하고 있다는 점에서 매우 중요한 문자 기록이다. 『위서』「예지」의 기술과 몇 군데 차이가 나는데, 이것 또한 중요한 역사적 사실을 알리고 있다. 우선 "현풍을 천양하고" 운운한 부분은 「예지」에는 없는데, 이는 태무제가 불교를 탄압하고[廢佛] 도교를 국교화한 시기의 분위기를 반영하고 있다. 복불 이후에 쓰여진 「예지」에는 "어리석은 저가 외람되게 왕업을 이었으나 덕성이 드러나지 않고[沖人纂業 德聲弗彰]"라 씌어 있다. 또 "구허가 그곳에 있다는 것을 처음으로 듣게 되었다"는 것을 「예지」에는 "구묘가 훼손되거나 없어지지 않고 있다는 것을 소상히 알렸다[具知舊廟 弗毀弗亡]"고 되어 있다. 즉 「예지」는 "구허"가 아니라 "구묘"라고 표현하고 있는 것이다. 이것은 이창 등이 제사를 지낸 것 때문에 이후 『위서』 찬술 때 사실을 오해한 부분이다. 후세에 사마광 등이 구허 대신 구묘로 오해한 것도 『위서』의 찬자 위수의 오해에서 비롯된 것이다.

　내가 가장 중요하게 여기는 부분은 「예지」에 없는 "선가한"·"선가돈"이라는 대목인데, 이 문구는 두 가지 중요한 사실을 암시하고 있다. 첫째, 종래 북방 유목 국가 가운데 가한이라는 칭호를 처음 사용한 자는 402년 유연柔然 구두벌가한丘豆伐可汗인 것으로 알려져 왔다. 이 축문의 발견으로 가한 칭호는 탁발부에서 시작되어 유연·돌궐·회흘·몽고 등 민족으로 이어졌다는 것으로 수정되었다. 둘째, 북위 황제의 조상이 가한 칭호를 썼다면, 그 황제들도 스스로 가한이라는 의식을 여전히 가지고 있었다는 점이 전제된다. 잘 알다시피 당 태종이 농경 지역과 유목 지역을 아우르는 '천가한天可汗'을 칭한 것은 유명한 사실이며, 북위 황제의 선조뿐만 아니라 이후 동·서위, 북주·북제·수·당으로 이어지는 북조 계열 황제들의 호한 융합적 세계관은 바로 유목 군주, 즉 가한이라는 의식에 기반하고 있다는 사실이 확인되는 것이다.

　이런 의미를 갖고 있는 알선동과 이 축문의 현장을 보기 위해 새벽 6시 45분, 우리는 완행 열차에 올랐다. 미 선생은 호륜패이 학원의 지리학과 여교수 두 분敎·杜氏에게 우리의 안내를 맡겼다. 차창 밖으로 펼쳐지는 풍경은 도대체 나를 가만히 침대에서 쉬도록 놓아 두지 않았다. 해랍이 지역은 해발 603~776.6m로 동쪽이 높고 서쪽이 약간 낮은 고원 지대에 위치해 있었다. 기차는 해랍이 동교東郊에서 북쪽으로 90도 방향을 틀고는 계속해서 달렸다. 노란 유채꽃이 온 벌판을 덮고 철로변을 따라 보이는 인가는 어느 집을 막론하고 방목되는 가축의 침입을 막기 위해 높은 목책을 두른 채전을 곁에 두고 있었다. 채전에는 싱싱한 채소들이 비옥한 토양 위에 무성하게 자라고 있었다. 마을이 있는 곳에는 역사驛舍가 있는데, 기차는 한 곳도 빠짐없이 정차했다. 그때마다 아쉬운 배웅과 반가운 만남의 모습이 펼쳐졌다. 뿐만 아니라 느림뱅이 열차 속에서는 청춘남녀의 티없는 사랑이 무르익어 가고 있었다. 그곳에도 역시 사람이 살고 있었고, 사람이 사는 곳에는 애틋한 사랑이 영글어 가고 있다는 사실이 목하 시들어 가는 내 가슴을 새삼 두드렸다. 승객의 눈을 피해 사랑 놀음에 열중하던 악륜춘 아가씨가 그곳의 특산인 도시 都柿 : 산포도 일종 와 송과자 松果籽 : 잣 종류 를 맛보라며 살며시 건넨다. 뺨에 난 보조개가 예쁘다. 대학 시절 영동선을 타고 태백산맥을 넘을 때 어느 산마루 역에서 맛보았던 머루·달래·딸기가 불현듯 생각났다. 그때 동행했던 깊은 보조개의 그녀도 지금 나처럼 이렇게 늙어 가고 있을까?

　오후가 되니 기차는 다시 머리를 동쪽으로 틀었다. 흥안령산맥을 넘으려는 것이다. 그러나 흥안령은 산맥이란 이름값을 전혀 하지 못하고 있었다. 기찻길에 터널 하나 없는 산맥이었다. 산맥 속으로 들어왔으나 산은 보이지 않고 대신 크고 작은 강들이 철로를 가로질러 흘러가고 있었다. 『위서』「오락후국전」에는 "그 땅이 하습 下濕 하고 겨울에는 안개가 끼고 추워서 백성들은 겨울이면 땅을 파서 방으로 삼고, 여름이면 언덕 原阜 위에 목축하는데 돼지 豕 가 많고, 곡식으로 맥麥이 생산된다"고 쓰여 있다. 1천여 년이 지난 지금도 그 말은 하나도 틀림이 없다. 저녁 무렵이 되니 강에 물안개가 자욱하게 끼기 시작했다. 물안개는 강가의 울창한 산림 속으로 서서히 퍼져 가고 있었다. 가수 현미의 '밤안개'가 문득 생각났다. 산맥 속의 강, 이 전혀 어울리지 않는 것들이 양존하는 것이 바로 흥안령산맥의 모습이다. 『위서』에 의하면 제사를 지내기 위해 알선동으로 찾아간 이창 등은 제사가 끝나자 화목 樺木 을 베어 동굴 앞에 세우고는 제사에 썼던 희생물을 걸어 두고 돌아갔는데, 이후 세운 나무가 자라 숲을 이루었다고 한다. 지금도 당시 세웠다는 백화수 白樺樹 가 흥안령산맥을 덮고 있고 악륜춘족은 그 나무를 이용하여 그들 특유의 삼각형 집인 촬라자 撮羅子 를 지어 살고

있다. 열다섯 시간의 긴 열차 여행 끝에 우리는 흥안령산맥 동록 아리
하진역에서 내렸다. 그리고 알선빈관에 여장을 풀었다. 열차 속에서
사랑 놀음 하던 젊은 남녀도 같은 빈관에 들었다. 그들이 마냥 부러웠
지만 우리는 사랑 여행을 온 것이 아니다.

이튿날 9시 알선동에 가기로 계획되었다. 아침식사 후 갑자기 축
문을 보호하기 위해 만든 철책 열쇠를 가진 직원 둘이 대동大同과 호화
호특呼和浩特으로 출장갔다는 통보를 받았다. 눈앞이 캄캄해졌다. 그
축문을 보기 위해 20년을 기다렸고, 또 수천 리를 멀다 않고 왔는데
그것을 직접 볼 수 없다는 것은 참으로 난처한 일이었다. 알선동에 들
어서니 축문 부분에는 넓은 철판이 가로막고 있었고 그 바깥으로는
무심한 철책이 사람들로 하여금 천고의 신비에 접근하는 것을 허락하
지 않았다. 그 옆에 모조한 축문석만이 을씨년스럽게 우리를 맞이했
다. 다리에 힘이 쫙 빠져 주저앉고 말았다. 이것을 보기 위해 후배와
제자를 꾀어 이 먼 곳까지 왔는데, 정작 칼은 보지 못하고 칼집만 보고
가는 꼴이다. 오후 일정은 민속박물관 관람이었지만 눈에는 적갈색
철판만 어른거렸다. 견딜 수가 없었다. 동행한 중국사회과학원 L연구
원에게 "열쇠를 가진 자가 출장을 가다니 말이 안 되는 소리다. 무슨
딴 이유가 있을 것 같으니 중국인인 네가 적극적으로 교섭해 보라. 관
람료가 필요하다면 얼마든지 내겠다"고 부탁했다. L씨가 안내를 맡은
문화국 직원과 숙의를 거듭한 끝에 마침내 저녁식사 때 아리하진 진
장鎭長과 문화체육국 국장 등 그곳 행정 간부들이 합석하겠다는 통보
를 받았다. 다음날 9시에 개문하겠다는 약속을 얻어 낸 것이다. 문제
의 '열쇠'에 대해서는 한마디 해명도 듣지 못한 채 우리는 "세계적인
문화유산의 보호 차원" 운운하는 일장 연설을 장시간 들어야만 했다.
또 취기가 오르자 악륜춘족 민가를 열창하던 문화국 백白:바이 국장에
게 나는 그저 "쉐쉐[謝謝]"를 연발했을 뿐이다. 후배 K교수도 백 국장의

손을 잡고 덩실덩실 춤을 춘다. 순진무구한 L씨는 나를 "중국 여행의 전문가[專家]"라고 간혹 놀린다. 열차표 구입, 싼 여관 잡기 등 여행 과정에서 일어나는 일들을 여행사의 주선 없이도 제법 잘 처리하는 것을 보고 하는 말이다.

8월 3일 9시 30분 알선동의 선비 축문은 우리 앞에 그 모습을 드러냈다. 우리는 그곳을 쉽게 떠날 수가 없었다. 한 시간 가량 만지고 또 만지고를 거듭했다. 그러는 동안 일본 여행단이 도착했다. 그들은 뜻하지 않게 축문 실물을 관람하게 된 것이다. '무임승차'도 유만분수지……. 허탈했지만 우리가 이곳까지 온 목적은 달성했으니 더 이상 무엇을 바라랴! 그날 저녁 그곳에서 50여km 떨어진 가격달기加格達奇 :자거다치에서 출발하는 북경행 열차에 몸을 실었다. 이틀 밤을 열차 속에서 보내야 하는 33시간의 긴 여행이었지만, 그렇게 즐거울 수가 없었다. 만약 축문을 보지 못했더라면 안중근 의사의 의거 터인 합이빈哈爾濱 :하얼빈 역도 내려 보지 않고 침대에 누워 그냥 지나쳤을지 모른다.

석굴 속에 새겨진
중생들의 끝없는 욕망

● 석굴 위치도

인생이란 '산다는 것이 무엇인가'라는 질문에 답하기 위한 여정이다. 우리는 대개 허세와 위선으로 모든 것을 잃고서야 비로소 부처님 앞에 서게 된다. 부처님과 마주하는 우리의 모습은 너무도 초라하다. 한때 그렇게 가슴속에 넘치던 소유욕도 모두 부질없게만 느껴진다. 지나치게 자신에게 집착하는 것은 어리석은 일이다. 중국에는 수많은 석굴이 있고, 그 속에는 각종 불상이 즐비하다. 이것들은 마음속에 타고 있는 탐욕을 억제하지 못하며 살았던 중생衆生들이 만들어 낸 작품들일지 모른다. 예술적으로 그렇게 위대하다는 운강·용문 석굴도 예외는 아니었다.

종교가 세속과 손잡으면 타락한다. 위진남북조, 특히 북조 시대 불교가 그러했다. 타락한 불교가 만들어 낸 작품들이 오늘날 많은 사람을 불러모으고 돈을 쏟아 내도록 강요하니 아이러니가 아닐 수 없다. 나는 석굴을 찾을 때마다 작고 못난 불상과 만나기를 오히려 기꺼이 해왔다. 그곳에서 내 나름으로 부처님의 참가르침을 얻을 수 있었고, 그 앞에 서면 마음이 편해지기 때문이었다.

불상 조성, 사원 건립, 범종 주조를 불사佛事로 생각하는 것은 잘못이다. 불사란 부처가 중생을 구제하려고 베푸는 자비 활동이다. 사찰이나 불상 세우기만으로 굳어져 버린 불사 문화는 분명 문제가 있다는 지적이다. "한국 불교사에서 요즈음처럼 대형 불사가 난립한 적은 없었을 것이다"란 혹자의 지적처럼 우리도 뭔가 잘못되어 가고 있다. 해인사 청동대불靑銅大佛 건립 논란도 같은 차원의 문제다.

값진 물건을 훔쳐 달아난 여인을 찾는 일보다 자기 자신을 찾는 것이 훨씬 중요하다고 했는데, 우리 중생은 그 점을 망각하고 있는 듯하다. 살아 있는 것은 모두 서로 먹고 먹히며 괴로운 삶을 이어가는 이 사바세계娑婆世界에서 마음과 몸은 쾌락에 맡겨 두고 탐욕과 집착에 얽매여 있는 나를 바라볼 때마다 느끼는 감정이다.

중국 여행 때마다 거의 빠지지 않고 만나는 것이 불교 유적이다. 그 가운데서도 가장 위압적으로 다가오는 것은 수많은 불상이 새겨진 석굴군이다. 석굴암 같은 단일 석굴이 눈에 익은 나로서는 솔직히 어안이벙벙하다. 저 수많은 조각들을 누가 무엇을 위해 만들었으며, 그런 것들이 왜 필요했단 말인가? 사실 이 석굴들이 출현하게 된 연유를 살펴보면 그것은 부처님의 뜻이라기보다 중생의 끝없는 욕망과 집착의 결과라는 생각이 뇌리를 쉽게 떠나지 않는다.

생로병사라는 인간 고뇌의 실상을 보고 그것을 해결하고자 사랑하는 처자와 왕자의 지위도 내던지고 출가하여 인생의 봄을 등진 싯다르타. 그는 '모든 일이 다 이루어지리라'는 뜻의 그 이름으로서가 아니라 '길을 가리키는 사람'인 부처님으로 우리 앞에 다시 섰던 것이다. 생명과 존재의 실체를 깨닫고 지혜와 자비의 길을 열어 보인 구도자 석가모니 부처님은 결코 신앙의 대상이나 예배의 대상이 아니었다. 원래 '여래如來'란 '진리의 세계에 도달한 사람', 혹은 '진리의 세계에서 설법하러 온 사람'이란 의미이기 때문이다.

석가모니 부처님이 이 세상에 살았던 기간은 80년에 불과하지만 그가 이 세상에 끼친 영향은 실로 다대했다. 불교라는 한 종교의 창시자이기 이전에 그는 인간의 무한한 가능성을 몸소 체험하고 그 자각을 선언한 최초의 인간이었다. 그는 신비의 장막에 가려진 신이 아니라 인류의 역사 안에서 살았던 인간이었다. 그가 일찍이 우리와 같은 인간으로 살았다는 사실은 우리 모든 중생에게 커다란 위안인 것이다. 그의 법음法音의 소리를 듣는 데 이런 화려한 석굴들이 왜 그렇게 많이 필요했다는 말인가?

인간이 태어나서 죽는 날까지의 전과정을 '인생'이라 할진대, 이 인생에서 일어나는 일들 가운데 덧없지 않은 것이 얼마나 될까? 여행 중 어느 버스 터미널에서 얼굴이 온통 화상 자국으로 얼룩져 있는 젊

운강석굴 전경.
대부분의 석굴이 북위 문성제 초년인 460년경부터 효문제가 낙양으로 천도하는 490년대까지 조영된 것이다.

은 여인을 문득 발견하였을 때, 누구나 불현듯 저려 오는 아픔으로 전
율할 수밖에 없을 것이다. '인생'이란 도대체 무엇이며, 이 인생이란
열차를 타고 가는 우리는 과연 어디로부터 왔다가 어디를 향해 가는
것일까?

　　오로지 살아온 세월만을 반추하는 것으로 삶의 의미를 찾는 나이
에 접어들게 되었을 때 엄습해 오는 것은 뭔지 모를 불안감이다. 젊고
아름다운 사람을 볼 때마다 그가 늙었을 때의 추한 모습이 문득 떠오
른다. 병자에게서 앓다가 죽어 가는 모습을 보게 된다. 인간은 이렇게
괴로움을 짊어지고 시시각각 죽음을 향해 걸어가고 있는 것이다. 그
들의 모습은 다름아닌 나의 그것인 것이다.

　　지난 2001년 여름 중국 삼협三峽 일대를 여행하면서 중경重慶의

풍도豐都라는 장강변 작은 도시에 있는 귀성鬼城이란 곳을 우연히 들르게 되었다. 살아서 가보는 저승 유람인 셈이다. 당 태종太宗이 잠시 유람했던 유명幽冥 세계가 생생하게 꾸며져 있었다. 망자가 이승에 두고 온 고향 산천을 마지막으로 본다는 망향대望鄕臺 위에 서니 황토색의 장강은 황천黃泉이 되고 강 건너의 풍경은 전생의 그것처럼 아득하게 다가왔다. 망향대를 넘으면 저승이다. 전생에서 쌓았던 행위業 하나하나에 대한 평가에 따라 후생이 결정되고 있었다. 귀한 혹은 천한 존재로 환생하기도 하고, 환생의 고리를 끊고 열반에 들기도 한다. "귀신의 눈은 번개와 같다神目如電"는 문자가 문 위에 덩그렇게 걸려 있다. 염라대왕 앞에 서면 이승에서는 그렇게 잘하던 거짓말마저 통하지 않는다는 엄포 아닌 진실이리라. 갑자기 두려움에 오싹해진다.

삶과 죽음이라는 인생의 문제를 근본적으로 해결해 줄 명쾌한 이론이 어디 있겠는가마는 그래도 연약한 우리 중생들은 옛 선각자의 가르침에 기댈 수밖에 딴 도리가 없다. 우리에게 종교가 필요한 이유가 거기에 있다. 어쩌면 인류가 만들어 낸 문화라는 것도 죽음을 축으로 한 인생관에 의해 만들어진 현상이라 해도 과언이 아닐 것이다.

나는 어릴 때부터 불교와 비교적 가깝게 지내 왔다. 나와 불교와의 만남은 그렇게 의도된 것도, 특별한 계기가 있었던 것도 아니었다. 그것이 가까이 있었고, 부모님의 생활의 일부로 불교가 이미 자리하고 있었기 때문이었다. 우리 고향 면에는 '절골'이라 이름 붙여진 마을이 두서너 곳이나 된다. 집안에 대소사가 있을 때마다 어머니는 그곳 가운데 한 곳을 찾곤 했다. 그리고 돌아가신 큰형님에게는 15년간 병마와 힘겹게 싸우면서 불교만이 유일한 위안이었다. 아내는 독실한 불교 신자다. 우리에게 부처님이란 기쁨을 같이하는 존재라기보다 우리가 안고 있는 고민을 무한히 이해할 뿐 아니라 두려움을 덜어 주고 아픔을 위무해 주는 수호자였다. 내가 인생에서 가장 참담한 실패로

용문석굴 전경. 북위 효문제가 낙양으로 천도한 후 개착되기 시작한 용문석굴은 동위·북제·수·당·송 등
여러 왕조를 거치면서 끊임없이 조영되었다.

안절부절못하던 시절, 영혼의 안식처를 찾아 나섰던 곳이 다름아닌
법당이었다. 그 법당은 우리 고향 마을에서 20여 리 떨어진 깊은 산골
에 위치해 있었다. 대웅전 하나 변변하게 마련하지 못한 작은 암자에
불과했지만, 그래도 그곳에 모셔진 작은 부처님의 얼굴에서 무한한
자비의 미소를 발견할 수 있었다.

　　나는 요즈음도 틈만 나면 아내와 같이 서울 자하문 너머 한 초라
한 법당을 찾는다. 특히 수능 시험이 치러진 날에는 거의 온종일 부처
님께 애원한다. 나의 딸이 시험장에서 실수 없이 제 실력을 발휘할 수
있기를 간절히 바라는 마음에서…….

　　우리가 역사상 최초로 불교를 접하게 된 것은 고구려 시대 중국
전진前秦 왕조를 통해서였다. 중국의 불교 전래에 대해서는 서주西周

목왕穆王 시기에 전래되었다는 설이 제기된 이래 수많은 설이 있지만, 후한 명제明帝 시기의 전래설이 가장 잘 알려져 있다.『불조통기佛祖統紀』등 여러 저작을 종합하면 영평永平 10년67경 후한 명제는 꿈을 통해 서방에 불교가 있음을 알고 18인을 서역에 파견하였다. 그들은 중도에 백마白馬에 불상과 불경을 싣고 동쪽으로 향하던 승려 2인을 만나 중국으로 모셔 왔다. 명제가 기뻐하여 다음해 수도 낙양에 백마사白馬寺를 지어 그곳에 거주하게 했다고 한다. 현재의 백마사가 그것이다. 그 후 후한 말~ 위·진 시대에 와서야 비로소 불법이 크게 행해졌다는 기록『高僧傳』권1을 보면, 불교가 중국인에게 보편적 종교로서 신앙되는 데는 오랜 잠복기를 거친 셈이다.

　이런 긴 잠복기를 거친 이후 불교가 갑자기 널리 믿어지게 된 데는 여러 가지 이유가 있다. 첫째, 도교의 영향이다. 잘 알다시피 중국에서는 고래로 화이華夷 사상이 강하게 중국인들의 의식 구조에 작용해 왔다. 불교는 말할 것도 없이 외래 종교다. 이질성을 가진 종교가 수용되어 신앙의 대상이 되기 위해서는 충분한 이유가 있어야 한다. 중국인의 불교 수용에 기여한 것은 도가의 도교화와 깊은 관계가 있었다. 전한 말~ 후한 초엽은 황제黃帝나 노자老子, 즉 '황노'가 신격화 혹은 신선화되어 사람들의 신앙의 대상이 되기 시작한 시기였다. 이 시기에 불교가 중국에 뿌리를 내리기 시작했던 것은 우연이 아니다. 중국 최초의 불교 신자로 알려진 명제의 이모제異母弟 초왕楚王 영英이 "만년에 이르러 황노의 학을 좋아하는 동시에 부도, 즉 불교의 재계나 제사를 행하였다"『後漢書』권72 楚王 英傳고 하며, 환제桓帝가 궁중에서 황노와 부처를 함께 제사 지냈다고 한다. 또『후한서』「서역전」논찬에는 불교 경전과 도교 경전이 같은 부류로 정리되어 있다. 즉, 후한 시대 사람들은 부처를 황제나 노자처럼 자유롭게 날아다닐 수 있는 금색의 신선으로 수용했고, 불교를 도교 혹은 신선 방술적인 가르침으로 여겼던 것이다. 즉, 외국의 성자나 그 가르침을 자신들이 기존에 갖고 있던 사유의 틀에 맞추어 해석했던 것이다. 이러한 단계의 불교를 '격의불교格義佛教'라 한다. 이와 같은 '불교와 도교의 동원론同源論'은 소위 '노자화호설老子化胡說'에 근거하고 있다. "노자가 주나라가 쇠퇴한 것을 보고 서쪽 관문[函谷關] 밖으로 가다가 관문지기 윤희尹喜의 청에 따라 오천여언五千餘言: 道德經을 지어 주고는 어디론가 사라진 후 죽은 곳을 모른다"는 『사기』권63 「노자한비열전」의 대목이 그 근거가 된 것이다. 노자가 곧바로 죽은 것이 아니라 오랑캐[胡] 지방에 가서 석가 — 혹은 석가의 제자 —가 되어 호인胡人들을 교화했으며, 따라서 불교는 중국인 노자가 개창한 것이라는 취지다.

후세 이민족 종교가 중국에 들어와서 포교하고 전파되는 과정을 보면 역시 불교측의 작위에 의한 것이라는 설이 더 설득력 있어 보인다. 즉 마니교摩尼教는 중국에 전래될 당시 불교의 일파처럼 치장하며 포교하였고, 당시 중국인들도 그렇게 받아들였다. 송나라 사람들은 마니를 노자의 화신으로 여겼다. 반면 조로아스터교는 선과 악이 대립하는 이원론을 그 근본 교리로 하여 중국의 음양설에 비견되기 때문에 중국인에게 어느 정도 수용될 좋은 요소를 갖추고 있었음에도 불구하고 그다지 큰 교세를 얻지 못한 것은 중국인의 이런 특성에 적응하지 못했기 때문이다. 명나라 말 중국의 지식인들이 수용한 가톨릭도 서양의 그것이 아니라 마테오 리치[利馬竇]가 유교에 부회하여 중국화한 천주교였다. 미지의 것이거나 친숙하지 않은 것을 이해하고 인식하는 경우 이미 알고 있는 것 혹은 친숙한 것과 연결하여 설명하면 의외로 쉽게 납득할 수 있기 때문이라는 일면이 있기도 하지만, 중국인이 갖고 있는 화이 의식을 완화시키려는 노력의 한 표현이라 할 것이다.

불교 수용의 두 번째 요인은 당시 이민족 정권이 중원 지역에 성

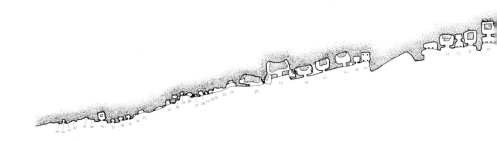

립하게 되었기 때문이다. 후한 말부터 이민족들의 중원 지역으로의 이주가 크게 늘어났다. 특히 오호십육국의 이민족 군주들은 여러 가지 이유로 불교에 점차 관심을 갖게 되었다. 먼저, 중앙아시아에서 온 헌신적인 포교승들은 군주들에게 신이神異한 것을 보여 줌으로써 불교가 그들이 전통적으로 행해 온 무속巫俗：샤머니즘보다 훨씬 더 강력한 종교임을 확신시켰다. 다음으로, 불교는 유교처럼 한족을 정통으로 하고 이민족을 야만시하는 것이 아니기 때문에 이민족 출신의 통치자들에게 별로 문제될 것이 없었다. 끝으로, 불교의 보편적인 교리는 당시 인종적으로 혼합된 인구를 통일시킬 수 있는 기반을 제공했던 것이다.

    세 번째 요인은 분열 시대의 전개다. 불교가 분열 시대에 살고 있

운강석굴 입면·평면도. 대동시 서쪽 16km지점 무주산 남록 동서 1km에 걸쳐 만들어진 1100여 개의 대소 불감에 5만 1000여 개의 대소 조상이 장엄되어 있다.

는 중국인의 마음을 끌고 그들에게 상당한 영향력을 행사했던 것은 무엇보다 고통과 죽음의 문제들을 중국의 고유 전통과는 비교할 수 없을 만큼 직접적으로 다루고 있기 때문이었다. 불교는 사후 세계에 대해 체계적인 시각과 구원의 소망을 제공했고, 모든 피조물은 언젠가 고통으로부터 해방되리라 약속했던 것이다. 또한 사찰로의 은둔은 세상사에 지친 사람들에게 새로운 대안으로 다가갔다. 서진 말엽부터 중국 상류 사회 성원들은 이미 불교에 매료되기 시작했다. 불교는 인간을 현실적인 속박으로부터 초월시키는 이데올로기를 내포하고 있었기 때문이다. 불교는 특히 여성들에게 더 매력적이었다. 특히 남편과 사별한 여인들에게 위안이 되었던 것은 물론, 중국 전통 사상들과는 다른 특징인 양성적兩性的 상징물들을 제시했기 때문이다. 보살은

용문석굴 개념도. 낙양시 남쪽 13km 지점 이수가에 조성된 용문석굴. 석굴수 1352개, 석감 785개, 총 2137개의 석굴이 있다. 고양동·빈양동·위자동 등은 북위 시대에, 봉선사 등은 당대에 만들어졌다.

남성도 여성도 아닌 존재로 표현되었고, 계층과 인종의 차이는 물론 성의 차이도 초월하였다. 불교는 계급의 차이를 초월하는 데도 도움을 주었다. 불교의 조상造像과 사찰에 새겨진 글들은 종종 한족 및 비한족 관리, 지방 유력자, 평민, 그리고 승려가 모두 하나의 불사를 위해 재산을 기부하고 함께 일했음을 보여 준다. 이러한 연유로 불교가 크게 유포됨으로써 당시 황금黃金의 대량 수요가 발생했다. 한대에 대단히 풍부했던 황금이 황동불의 출현, 소상塑像의 도금, 혹은 니금泥金으로 경전을 필사하는 등의 용도로 엄청난 황금이 소모되어 날로 금값이 등귀하는 결과가 나타난 것에서도 알 수 있다.

이제 나는 여행 가이드가 되어 여러분과 함께 중국 역사상 위대한 불교 미술을 생산해 낸 북위 시대 불교와 그 대표적 산물인 운강 및 용문 석굴로의 여행을 떠나 보려 한다. 그러나 미숙한 가이드라는 질타를 받을까 내심 걱정이 태산 같다. 여러 차례 중국 여행길에 올랐고, 그 가운데 가장 많이 가본 곳이 석굴이지만, 참관 때마다 느끼는 것은 그 규모와 화려함에 그저 멍할 뿐이다. 이 방면에 대한 지식이 천박하다 보니 이 책에 실린 25편의 글 가운데 이 석굴 여행 안내만은 이리저리 핑계를 대면서 피해 오다가 거의 마지막에 썼던 것이다. 중국 중세, 그것도 위진남북조 시대의 역사 유적지를 안내해 온 여행에서 불교를 뺀다면 정말 말이 안 된다. 최근 나온『중국 - 문명의 땅*Chine-Terre de Civilisations*』Bordas S. A., Paris, 1996이라는 책에는 위진남북조 시대 부분의 제목을 '불교의 개화La Floraison du Bouddhisme'라 규정하고 있으니 이 시대야말로 불교가 빠지면 단팥 없는 찐빵이다. 벌써부터 여행객으로부터 '왕초보'라는 이야기가 들려 오는 듯하니 이 글을 쓰는 순간에도 이마에 땀이 흘러내린다. "울어도 시집은 가야 한다"면 별수 없이 떠나는 수밖에……. 다만 여행객 여러분의 하해 같은 혜량이 있기를 바랄 뿐이다.

'석굴' 혹은 '석굴사원'는 말 그대로 바위를 뚫어 만든 사원이다. 바위 속이 집이 되고 방이 되며, 또한 법당이 되는 셈이다. 사원 자체가 암석이고 그 암석 위에 조각하고 그림을 그렸기 때문에 일반 사원보다 그 모습이 장려할 뿐만 아니라 영구적일 수 있었다. 1천 년 이상의 풍화에도 그 위용을 잃지 않고 있는 세계 각처의 석굴 사원은 그것이 석굴이라는 특징을 가지고 있기 때문이다. 석굴 사원의 조영은 원래 불교 발상지인 인도에서 시작되어 최근 아프가니스탄 탈레반 정권의 최고지도자였던 모하메드 오마르의 명령에 의해 다이너마이트로 파괴된 바미얀 석굴을 거쳐 실크로드를 타고 중국으로 퍼져 갔다. 초기 인도의 불교도들은 지금처럼 일정한 곳에 사원을 짓고 수도하지는 않았다. 마을에서 떨어진 조용한 곳이나 숲 속에 모여 설법을 듣고 마

운강석굴 중심 탑주. 제39굴에 세워져 있는 중심 탑주는
북위 후반기인 494~525년 사이에 세워진 것으로 알려져 있다.

음을 닦았다. 당시 지어진 최초의 사원은 나무와 짚으로 만든 건물이
었다. 이후 불교도들은 동굴을 수도장으로 즐겨 이용하기 시작했다.
동굴은 찌는 듯한 더위, 오랫동안 계속되는 장마몬순 기간, 맹수들의 습
격이나 세속의 소란을 피해 안거安居하면서 수도에 정진할 수 있는 훌
륭한 장소였기 때문이다.

석굴사의 구조는 두 가지 유형이 있다. 하나는 차이티야caitya : 塔廟
窟 굴로 대체로 장방형으로 길고 안쪽 끝이 둥근 말발굽 형태[馬蹄形]이
며, 내부의 깊숙한 곳에 탑을 봉안하는 형식이다. 내부의 둥근 천장은
나무들을 엮어 둥근 모양의 서까래를 만들고 그 위에 짚을 덮은 것으
로 목조 건물의 둥근 천장을 모방한 것이다. 불상을 만들어 예배하기
이전 초기 불교의 예배 대상은 탑이었기 때문에 차이티야는 예배당 성

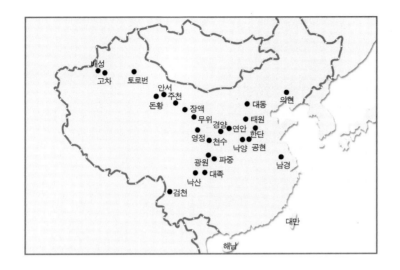

중국 석굴 사원 분포도

격의 사원이다. 또 하나의 형식은 비하라vihara : 毗訶羅窟, 僧房窟 굴로서
커다란 방형의 홀을 중심으로 각 면에 작은 방들을 마련한 형식이다.
중앙의 큰 홀은 강의나 집회 장소로 이용하고 각 면에 뚫린 작은 방은
침실이나 식당으로 사용되었다. 승려들이 기거하면서 수행하던 수도
원 성격의 사원이다. 후세에 승방굴 승원굴인 비하라에 불당을 마련하
고 불상을 안치함으로써 승방과 강당·불상이 함께 구비된 하나의 가
람을 형성하게 되었는데, 이는 비하라와 차이티야가 결합된 형식으로
변모한 것이다. 즉 이런 복합 형식을 띰에 따라 하나의 굴이 하나의 사
원이 된 것이다. 벽면에 다양한 조각과 벽화를 가진 석굴 사원은 불교
의 동진東進과 함께 실크로드를 거쳐 중국에 전해지게 된 것이다.
　　중국에서는 수많은 곳에 대규모 석굴이 조영되었다. 이 많은 석

굴 가운데 대동의 운강雲岡, 낙양의 용문龍門, 돈황의 막고굴莫高窟을 3대 석굴로 친다. 이 세 석굴 모두 위진남북조 시대부터 개착되기 시작했다. 위진남북조 시대 일기 시작한 석굴 개착의 열풍은 당나라 중엽 '안사安史의 난' 이후 크게 쇠락하게 된다. 그래서 "불상만들기는 북위에서 시작되어 당 중엽에 이르러 끝났다造像始於北魏 迄於唐之中葉"는 말이 생겨나게 된 것이다. 석굴 조영과 같은 대규모 불사가 행해지려면 재부와 평화가 전제되어야 한다. 만당晩唐에서 송나라 말까지 근 400년간 큰 석굴이 개착되지 않았던 것은 북방에 전쟁이 이어졌기 때문이다. 반면 사천은 "촉 지방에 큰 전쟁이 없었기 때문에蜀中無大戰" 만당 시기에도 마애摩崖 조상의 석굴 조영 사업이 이어질 수 있었다. 광원廣元·파중巴中·낙산樂山·안악安岳·대족大足 등 대석굴은 당나라 후반기 이후의 걸작품들이다. 운강·용문 등의 석굴이 중국 석굴 조상사상 조·중기의 대표작이라면, 대족은 만기의 대표작이라는 평가를 얻고 있다.

중국의 석굴 조영은 북방이 남방에 비해 흥했다. 황하 유역에는 석굴이 많고, 장강과 연해 지방에는 자연 암벽의 표면에 조상하는 마애가 많다. 그래서 북방의 것은 '석굴'로, 남방의 것은 '마애'로 명명되는 것이 일반적이다. 북방에 석굴 조영이 흥했던 이유는 남방인들이 인간 사회를 초월하려는 철학적인 자세를 갖고 있었던 데 비해 북방인들은 현세의 이득과 사후死後의 안락을 기진祈進으로 구할 수 있다고 생각하였기 때문이다. "불상을 만드는 것이 곧 불도佛道를 성취하는 것"이라는 『묘법연화경妙法蓮華經』 구절이 근거가 된 것이다.

석굴은 석질石質과 깊은 관계가 있다. 석굴은 너무 딱딱해도 안 되고 너무 연해도 곤란하다. 바미얀 석굴이 강 북안 암벽에 조영되었듯이, 대개 석굴은 하반河畔에 건설되었다. 그곳은 석질이 연하여 조각하기 쉬운 사암砂岩으로 되어 있기 때문이다. 우리나라의 석굴이 딱딱

용문석굴 봉선사 천왕·역사·보살상. 용문석굴 봉선사 주불 왼편에 있는 천왕·역사·보살상이다. 당대의 무신 형상을 하고 있다는 평가를 받고 있다. 한편 주불 오른쪽에 있는 제자는 당대의 문신, 보살은 궁중 비빈의 형상을 하고 있다고 한다.

한 화강암으로 되어 있기 때문에 선을 표시하는 데 급급했던 반면, 중국 석굴의 경우 미세한 형상까지 묘사해 낼 수 있었던 것은 바로 석질의 차이에서 온 것이다. 반면 돈황 명사산鳴沙山에 있는 돌은 깨지기 쉬워 석불을 만들 수가 없었다. 그리하여 대신 벽면에 벽화를 그리고 나무나 짚으로 심을 만든 후 그 위에 진흙을 발라 소조塑造 불상을 만들었다. 운강·용문이 중국 조각의 보고라면 돈황은 중국 회화의 보고라고 하는 것도 석질 때문에 생긴 차이였다.

이 글에서 주로 다루는 운강·용문 두 석굴은 북위 시대의 양대 석굴로서 당시에는 운강을 '북석굴사', 용문을 '남석굴사'라 부르기도 하였다. 운강석굴은 현재 산서성 대동시 서쪽 16km 지점에 위치한 무주산武周山 혹은 武州山 남록武周川 : 十里河 北岸에 동서 약 1km에 걸쳐 만들어진 대소 불감佛龕 : 예배상을 봉안하기 위한 공간군이다. 현존 주요 석굴은 53개新編號가 붙은 것은 45개이며, 총 1100여 개의 소감小龕으로 구성되어 있다. 여기에 대소 조상造像 : 최대 17m, 최소 2mm 5만 1000여 개가 조각되어 있으며, 석조石彫 면적만도 1800m²나 된다. 운강석굴은 편의상 동구東區 : 1-4굴, 중구5-13굴, 서구14-20굴 및 21-53굴의 小窟群區 세 지역으로 나누고 있다. 운강석굴의 개착 개시 연대는 문성제文成帝 화평和平 초년460설이 가장 유력하며, 이후 북위 왕조가 평성에서 낙양으로 천도하는 490년대까지 조영의 대부분이 이루어졌다. 북위 시대에는 이곳을 '무주산 석굴사' 혹은 '영암 석굴사靈巖石窟寺'라 불렀다. 이후 명나라 시기 북방 민족의 침입이 빈번해지자 장성을 쌓고 이곳에 군보軍堡를 설치했는데, 당시 무주천 남안의 산에서 멀리 북쪽을 바라보니 무주산이 면면이 이어져 있어 마치 파란 하늘에 뭉게뭉게 '구름이 피어나는 듯한 모습의 언덕'이라는 데서 '운강'이란 아름다운 이름을 얻게 되었다고 한다.

그러나 지금은 말라 버린 무주천과 나무 한 그루 없는 민둥산이

용문석굴 일부. 중국의 석굴은 거의 대부분 하반에 건설되었다. 그곳은 석질이 연하여 조각하기 쉬운 사암으로 되어 있기 때문이다.

을씨년스럽게 우리를 맞는다. 지난 2001년 여름 여섯 번째 운강을 찾았을 때, 따가운 8월의 햇살 아래 주위에 산재한 탄광에서 날아오는 석탄 가루로 숨이 막힐 지경이었다. 땟국으로 얼룩진 탄광촌 애들은 관광객들이 마시고 버린 비닐 물통을 줍기 위해 싸우고, 운강촌 마을의 한 아낙은 내가 나무 그늘에서 먹고 있는 점심에서 눈을 떼지 못한다. 석굴 밖은 이렇게 아비규환인데 석굴 속은 어떠할까? 운강석굴 박물관 L관장의 특별한 배려로 난간을 열고 일반인에게 통제되고 있는 석굴 후면에까지 들어갈 수 있어 하루 종일 불상들을 샅샅이 감상할 기회를 가졌다. 석굴 안에는 휘날리는 석탄 가루도, 작열하는 태양도 없는 고요 그것이었다. 어찌 고행을 거듭한 부처님이 이런 안락한 장소에 앉아 있기를 바랐겠는가? 이 여름, 그곳은 오히려 수도자의 극락이었다.

용문석굴은 낙양시 남쪽 13km 지점에 북류北流하는 이수伊水를 사이에 두고 서쪽의 용문산과 동쪽의 향산香山 암벽 위에 1km 정도 밀포되어 있다. 이수가 양쪽 산에 끼여 흐르기 때문에 멀리서 바라보면 문궐門闕 같다고 하여 이곳을 '이궐伊闕'이라 불렀다. '용문龍門'이라는 이름을 얻게 된 것은 수나라 낙양성 궁성의 성문이 이 이궐과 마주보고 있었기 때문이다. 석굴은 효문제가 평성에서 낙양으로 천도한 이후부터 개착되기 시작하여 동위·서위·북제·수·당·송 등 여러 왕조를 거치면서 끊임없이 개착되었다. 굴감窟龕이 2345개, 비각제기碑刻題記가 2800여 편, 불탑이 40여 좌座, 조상이 10만 존尊이나 된다. 이 가운데 북위 시대의 것이 30%, 수·당대의 것이 60%, 기타가 10%를 차지하고 있다. 용문석굴의 성격도 운강석굴의 속편인 셈이다.

북위 시대 불교는 그 어느 시대보다 영락을 거듭했다. 중국 4대 법난法難:廢佛의 단초를 열었을 뿐만 아니라, 왕조로부터 최상의 대우를 받고 융성했던 시대도 바로 북위였다. 중국의 정사 24사 가운데 유일하게 도교와 함께 불교에 대한 전란專欄인 『석노지釋老志』가 마련될 수밖에 없었던 시대도 바로 북위였다. 불교가 중국인의 정신 세계를 본격적으로 장악한 시대도 바로 이때였다. 북위를 포함한 북조 시대에 두 차례446~452, 574~579에 걸쳐 법난이 일어나 승원을 폐쇄하고 비구와 비구니를 환속시켰던 것은 주지의 사실이다. 그러나 후세[唐과 後周]에 일어난 두 차례의 법난처럼 개인의 불교 신앙을 억압하려는 시도가 전혀 없었던 것은 이 시대 불교가 그만큼 민중 속으로 파급되었다는 것을 말해 준다.

남조인과 북조인의 불교 이해는 달랐다. 남조 불교는 귀족 불교이고, 북조 불교는 국가 불교라 크게 규정할 수 있다. 오호십육국 시대여러 군주들 사이에서는 학식이 깊거나 신이神異를 보이거나 예견 능력을 가진 승려를 군국軍國의 참모로 삼는 경우가 많았다. 후조後趙의 석륵石勒·석호石虎 하의 불도징佛圖澄, 전진前秦 부견 하의 도안道安, 후진後秦 요흥姚興 하의 구마라집鳩摩羅什, 북량北凉 저거몽손沮渠蒙遜 하의 담무참曇無懺 등이 그 대표적인 예다.

선비 탁발부가 하북 지역 패자로서의 길을 걷기 시작한 것은 386년 탁발규拓跋珪가 대왕代王에 즉위했을 때부터였다. 그는 중원으로의 진출 의지를 분명히 하여 398년 후연後燕의 수도 중산中山을 공략하고 황하 이북의 여러 지방을 지배했다. 같은 해 북위의 도읍을 평성平城: 大同으로 옮기고 이듬해 황제의 위에 오르니 그가 태조 도무제道武帝다. 도무제가 친정親征한 지역은 바로 불도징 이래 불교 교화의 중심지로, 그는 신정복지 조군趙郡에서 법과法果라는 명승을 얻었다. 당시 하북은 불교가 널리 보급된 지역이었고 유력한 승려가 수십·수백의 문하를 거느린데다 일부 호족豪族은 일족을 이끌고 그들에게 귀의했기 때문에 승도의 향배가 그 지역 민심을 좌우하고 있었다. 북위 왕조는 이들을 하루 속히 왕조 편으로 끌어들이지 않으면 안 되었다. 따라서 불교에 대한 보호를 지시한 것은 당연한 조치였다.

　이처럼 정복지에서의 불교 세력의 강대함을 인식한 북위는 조정 기구 안에 불교를 중심으로 하는 종교기구 설치의 필요성을 인정하고 법과를 불교 교단을 감독하는 1대 도인통道人統에 임명하였다. 즉, 도 인통이라는 관직에 임명된 이상 법과는 천자에게 경배할 수밖에 없는 상황이 된 것이다. 이로써 불교 교단이 군주권에 예속되는 형태가 되 었다. 원래 불전에서는 사문이 부모나 왕자에게 경배하지 않는 것이 라 되어 있지만, 법과는 천자를 "당금當今의 여래如來"라며 군주권에 예 속되는 것을 정당화하는 태도를 보였다. 법과만이 아니라 이전 왕조 하에서의 도안이나 구마라집도 그러했다. 오호십육국이라는 혼란기 에 승려 자신과 교단의 안정을 보장받으려면 왕권에 예속되어 보호를 받는 편이 훨씬 유리했기 때문이다.

　이런 사정은 같은 도안의 문하이면서도 동진東晉에서 소위 여산불 교廬山佛敎을 열었던 혜원慧遠의 입장과 매우 달랐다. 혜원은 "사문은 왕자에게 경례하지 않아도 된다[沙門不敬王者]"는 자세를 고수했고, 이는 이후 남조 여러 왕조 하에서 계속 승려의 기본 자세로 인정받았다. 강 남 불교가 왕조로부터 이런 독자적 위치를 차지한 데는 여러 가지 이 유가 있다. 서진이 망하고 사마씨는 북으로부터 강남으로 피난온 의관 衣冠들에 둘러싸여 오나라의 옛 도읍인 건강에 수도를 정하고 동진을 열게 되었다. 동진의 건국 공신이었던 왕도王導와 유량庾亮 등 귀족들 사이에 유행한 청담이 변증법적 논리를 추구하는 불교와 순조롭게 결 합했다. 특히 동진 중·말기에 이름을 날렸던 지둔支遁은 여러 귀족 명 사들과 빈번하게 교류했고, 여산에 동림사東林寺를 연 혜원은 지둔보다 도 강남의 명족들에게 더 큰 영향을 미쳤다. 그가 만든 백련사白蓮社는 불리佛理를 통하여 남조의 명류·왕자들과 교류하는 무대가 되었다.

　'사문이 왕자에게 예를 다할 것인가' 하는 미묘한 문제에 대한 정치적 논란이 벌어진 것은 동진 성제成帝 함강咸康 6년331의 일이다. 그 발의자는 유자풍의 권력자 유빙庾冰이었고, 그 반대자는 불교 신자 상서령 하충何充이었다. 왕자가 승려를 불러서 강경講經을 듣는 경우, 모든 관료가 궤배跪拜해야 하는 왕자 앞에서 승려만이 홀로 항례抗禮할 이유가 없다는 것이다. 반면 궤배의 예를 강요한다면 불교는 종교로서의 독자성을 상실하여 반드시 타락할 수밖에 없다는 것이 불교측의 주장이다. 한쪽은 왕조의 통치 질서인 예법이란 누구나 예외없이 지켜야 한다는 것이고, 다른 쪽은 이족異族의 종교 규범이지만 불법을 그대로 용인하는 것이 좋다는 것이다. 즉, 예의 순일純一 유지와 불법에 대한 관용성 문제였다. 결국 하충 등 반대론자들의 주장이 받아들여졌지만, 동진 말 다시 당권자 환현桓玄이 이 문제를 제기했다. 혜원이 극력 이것을 통박하니 환현도 중론을 따라 그 주장을 철회했다. 최후로 송 무제 대명大明 연간에 이 문제가 다시 제기되어 일시 경배가 강요되었지만 길게 가지는 않았다.

한편 사상계에서도 반불反佛 이론이 제기되어 격렬한 논쟁이 전개되었다. 수학자인 하승천何承天, 370~447은 천문 지식을 이용하여 윤회보응輪廻報應과 삼세인과三世因果 사상의 기초가 되는 불교의 '신영혼 불멸론'을 통박하고 나섰다. 그러나 "사경四經에서의 귀신은 믿으면서도 불교에서의 신은 의심하려 한다"는 논리적 모순에 빠져 그의 무신론은 힘을 잃게 되었다. 양나라 무제 시기 '신멸론'의 입장을 고수하면서 불교계와 첨예한 투쟁을 벌인 사람이 바로 범진范縝, 450~515이다. 그는 "형체와 정신은 서로 의존한다形神相即"는 명제를 제출하여 "형체와 정신은 서로 떨어져 있다形神相異"는 신불멸론의 논제에 반대하고 나섰다.

이런 문제가 제기될 수밖에 없었던 배경에는 불교가 중국에 이식됨에 따라 피할 수 없는 문제인 화이華夷 의식이 도사리고 있었기 때문이다. 승도가 왕자에게 불배하는 것은 승도 집단 스스로 외국 색채 혹은 독립 색채를 농후하게 나타내고자 하는 것이고, 왕법보다 불법을 우선시하여 준수하겠다는 것이다. 현상적으로는 승僧·속俗의 구별로 보이지만, 실제적으로는 '이夷'의 독자적 입지를 확보하기 위한 노력인 것이다. 축담무란竺曇無蘭·지겸支謙 등에서 보이듯이, 외국 승들은 '축竺' 혹은 '지支' 등 천축인도 혹은 대월지大月氏를 대표하는 성을 사용했다. 중국인도 출가하여 승려가 되면 축 혹은 지로 개성改姓했다. 동진 시기 축도잠竺道潛은 대장군 왕돈王敦의 동생으로 동진 남조 최고의 명문 낭야 왕씨 출신이다. 이런 외국 성으로의 개성은 외국인 혹은 호인으로 보일 뿐만 아니라 천축화된 집단 혹은 계급으로 황제의 통제 밖의 '외국'인이 되는 것이다. 승도 집단은 병역에서 제외되고, 과세를 도피할 뿐만 아니라 그 아래에 백도白徒와 양녀養女를 두는 등 특권을 누리는 일종의 '외국' 귀족 계급이 되었다.

불교가 중국인에게 수용되는 과정에서 처음에 도교의 도움을 받았다는 것은 앞에서 이야기했지만, 그 기간은 그리 길지 않았다. 불교는 중국에 전래된 이상 어차피 전통적인 중국 관념과 타협하지 않을 수 없었다. 유·불·도 3교의 조화와 융합이 현실적인 문제로 떠올랐다. 동진-송 교체기에 사문 혜림慧琳은 백흑론白黑論을 제기하여 중국 전통을 대표하는 백학선생白學先生과 불교를 대표하는 흑학도사黑學道士의 주장을 제시하면서 3교 조화의 논지를 폈다. 그러나 그는 불교측으로부터 이단으로, 사류들로부터도 증오되었던 것에서 보이듯이 송·제·양 시대에는 3교가 오히려 대립하는 형태를 띠고 있었다. 제나라 무제 시대의 사람, 고환顧歡, 402?~483?이 제시한 '이하론夷夏論'은 당시의 분위기를 대변하는 대표적인 견해라 할 수 있다. 이것은 도교로서 불교를 포괄할 수 있다는 도교의 우월성을 나타내려 한 데 그 목적이 있지만, 결국 "하夏가 이夷를 교화해야지 이가 하를 변하게 할 수는 없다"는 맹자류의 중국인 고유의 감정에서 출발한 것이었다. 이런 이하 간의 논란에도 불구하고 양나라 무제는 만승萬乘의 황제로서 '삼보三寶의 노奴'가 되기에 이르렀고, 이런 추세는 남조 시대 말기까지 지속되었다. 이것이 동진·남조 불교의 위상이었다.

이와 달리 북위를 중심으로 하는 북조에서 불교의 위치는 동진·남조와는 판이했다. 철저하게 국가권력에 의지하면서 성장해 갔던 것이다. 중앙의 도인통에 의해 통제되는 지방 승려가 국가적 사업에 참여하게 됨으로써 이들을 통제할 승관제僧官制와 관사제官寺制가 만들어졌다. 중앙의 도인통[沙門統] 아래 그 사무관인 도유나都維那, 지방 주군에 두어진 통統과 유나維那가 승관제 구성의 대강의 내용이다. 사원寺院=官寺은 중앙집권과 민심 안정 및 교화의 정책을 분담하는 곳이 되었으며, 지방 문화의 중심이 되었다. 황제로부터 민속 교화의 임무를 부여받고 각 지방을 순회하면서 교화에 힘쓴 승려를 '읍사邑師'라 하였다. 이들 읍사를 중심으로 읍회邑會·읍의邑義·의읍義邑 등의 불교 신도 단체가 결성되었다. 이들 단체가 조상造像 등 불사를 행하였다. 이처럼 북조 불교는 남조와 달리 주술적·실천적·국가적 색채를 보이는 한편 민중적인 경향도 드러냈다.

태조·태종 시기 활발하게 진출했던 불교는 세조太武帝 때 일시 박해를 받게 된다. 소위 '삼무일종三武一宗의 법난'의 개시다. 이것은 명문 귀족이며 한인 최고 관료였던 최호崔浩가 도교를 이용하여 북위 왕조를 한인 귀족이 영도하는 귀족제 국가로 변혁시키고자 한 데서 비롯되었다. 이를 위해 최호는 도사 구겸지寇謙之와 제휴했던 것이다. 구겸지가 확립한 신천사도新天師道의 최대 특징은 황제가 바로 '태평진군太平眞君'이라는 사상을 견지한 것이었다. 4세기경부터 유행하기 시작한 메시아 사상으로 진군眞君이 난세에 나타나 도사道士의 도움을 받아 태평세를 이룬다는 내용이다. 이로써 태무제는 수명受命에 의해

운강석굴 제20굴 석가상. 저명한 '담요오굴'의 하나로서 북위 문성제의 모습을 띠었다고 전해진다. 높이 13.7m.
북위 불교가 국가 불교적 성격이 강하였음을 보여 준다.

운강 제6굴 내경. 북위 연흥 원년(471)에서 태화 18년(494) 사이에 건축된 운강 제6굴의 화려한 모습.

절대적 권위를 부여받은 황제인 동시에 현세의 구세주인 태평진군으로서 절대적 권위를 부여받게 되었다. 태무제를 '중화의 황제'로 위치시킨 이 종교 운동은 도교적 풍모의 유교 체제를 지향한 것이었다. 불교는 이로써 태무제로부터 냉대를 받게 되었다. 태평진군 7년446의 폐불령으로 불교는 한동안 북위 사회 표면에서 그 모습을 감추게 된다. 11년450 소위 '국사 사건國史事件'으로 최호와 그 일당이 처형되고, 정평正平 원년451 태무제가 사망하고, 이듬해 문성제文成帝에 의해 복불 조치가 취해질 때까지 승려와 불사에 대한 탄압은 극히 잔혹한 형태로 진행되었다.

폐불이 최호와 구겸지의 역할 때문이었다는 점을 파악한 불교측에서도 도교에 뒤지지 않는 황제 찬양의 교의를 제시했다. 복불 후에 '황제즉당금여래皇帝創當今如來' 사상이 재생되었다. 부흥한 불교는 조정의 통제 안에서 정치를 보조하는 종교로 전락하였다. 흥광興光 원년454 수도 평성에 세워진 관사官寺인 오급대사五級大寺에 태조 이하 5명의 북위 황제[太祖已下五帝]를 위하여 석가상 5체가 안치되었다. 이에 대한 훼손이나 불경한 행위는 북위 조정에 대한 반역으로 여겨졌다. '황제=불佛'이라는 사고가 유행했고, 이를 현 황제뿐만 아니라 역대 북위 제실 전체로까지 확대됨으로써 황제가 북위 불교의 핵심을 이루게 되었다. 이런 불교측과 황제측의 제휴에 따라 나타난 것이 바로 운강석굴의 조영이다. 이 가운데 사문통 담요曇曜의 주청에 따라 460년에 만들어진, 소위 '담요오굴'로 지칭되는 16-20굴은 바로 오급대사의 오불의 발상을 그대로 계승한 대규모 불사였다.

담요가 흥불을 위해 거둔 두 가지 공로는 첫째 운강석굴의 건조이고, 둘째 승지호僧祇戶와 불도호佛圖戶 제도의 확립이다. 태무제 사후 북위 정권은 한편으로는 황제권의 강화, 즉 중앙집권화 정책과 다른 한편으로는 불교의 국교화에 의한 사상 통일 정책을 추진해 갔다. 불교의 국교화는 담요의 주도 아래 승관제를 정비하고 승지호·불도호를 이용하여 불교 교단의 경제력을 갖추는 형태로 추진되었다. 효문제에게 주청하여 확립한 승지호는 매년 60곡斛의 승지속僧祇粟을 승조僧曹에 납부하는 의무를 가진 특수 호구를 말하고, 불도호는 중죄를 범한 민 혹은 관노를 사원 청소 및 사원 소유지의 경작 등 노역에 종사시키는 것으로 불교 교단의 관리 하에 있던 노예와 비슷한 특수 호구였다. 당시 사회에서 가장 주요한 자본이라 할 수 있는 경지와 노동력을 불교 교단의 소유 내지 관리 하에 편입시킴으로써 사원·승도의 사업 및 생활의 경제적 기초를 견고하게 한 것이었다.

현재의 황제를 찬양하기 위한 '황제즉여래' 사상의 한계는 석가여래가 성불하여 이미 입멸入滅한 과거의 존재라는 점에 있었다. 그 해결책으로서 제시된 것이 이미 널리 민간에 보급된 미륵하생彌勒下生 신앙이었다. 북위의 과거 황제를 석가로, 현 황제를 미륵으로 하는 것이 그 요체였다. 운강석굴의 주된 비중은 석가와 미륵의 대석불에 두어져 있는데, 이는 담요오굴에서 시작되고 있다. 이는 담요가 부흥시킨 불교가 석가-미륵 중심의 교의를 가지고 있음을 시사하는 것이다. 담요의 구상은 북위 제실 계보를 '과거불過去佛:釋迦-미륵'의 계열 안에 접목시키고 있음을 말해 준다. 그렇다면 17굴의 본존인 교각交脚미륵상은 당연히 당시 황제였던 문성제가 된다. 나머지 4굴의 본존은 대체로 볼 때 석가상인데, 문성제에 앞선 도무제·명원제·태무제·공종恭宗:景穆帝을 나타낸 것이다『魏書』釋老志에 "爲太祖已下五帝 鑄釋迦立像五", "興安元年 詔有司 爲石像 令如帝身". 그 형상이 각기 다른 것은 석가가 중생을 교화하기 위해 교화의 대상에 응하여 나타낸 응화신應化身을 표현한 것이라는 설이 유력하다.

내가 운강석굴에서 주목하고자 하는 것은 다음과 같은 두 가지 특징 때문이다. 첫째, 석가모니불과 다보여래불多寶如來佛이 같은 불감

운강석굴 제9굴 이불병좌상. 제9굴 원공감圓拱龕에 조각된 이불병좌상으로 이불병좌는 문명태후와 효문제,
즉 이성이 병견하는 정치적 현실을 반영한 것으로 해석한다.

안에 나란히 앉아 있는 것[二佛同龕幷坐]이고, 둘째 호와 한족이 같은 곳
에서 하늘에 공양하는[胡漢供養天共處] 형상이다. 첫째, 두 개의 존불이
동일한 불감 속에 병좌하고 있는 이런 조상 형제形制는 다른 곳에서 발
견할 수 없는 매우 드문 것인데, 제5굴과 6굴에서 보인다. 이런 형제
는 다음과 같은 설화에 근거하고 있다. 다보불이 보살도를 수행하고
있을 때, "내가 성불멸도成佛滅度한 이후 이 세상에는 『법화경法華經』이
있을 것이며, 나의 탑묘는 지하로부터 용출하여 그 경을 들을 것이다"
라고 예언한 후 석가모니가 영취산靈鷲山에서 법화경을 설하자 눈앞에
높고 큰 보탑이 출현하여 석가모니를 찬미하는 소리를 냈다는 유명한

운강석굴 제16굴 이불병좌상. 제16굴 동벽에 위치한 감상군龕像群은 상하 이층으로 구분하고 있는데,
하층 남쪽에 만들어진 원형 불감 안에 이불이 병좌하고 있다.

설화가 그것이다.

　문제는 이런 교의가 왜 북위 태화 연간에 중시되었으며, 5굴과
6굴의 형상으로 표현되었는가 하는 점이다. 주지하듯이 당시에는 '이
성 二聖'이라는 말이 상용되었는데, 이것은 효문제와 그 조모 문명태후
라는 두 명의 권력자가 있었던 정치 현실을 반영한 것이다. 즉, '이불
병좌二佛幷坐'는 곧 '이성병견二聖幷肩'이라는 현실적 표현이다. 이 점은
11굴에 조각된 '태화칠년오십사인조상기太和七年五十四人造像記'에도 "황
제폐하皇帝陛下·태황태후太皇太后"가 병칭되는 축원문이 있는 데서도
증명된다. 이런 형상은 낙양 천도 후인 효명제孝明帝 시대 태후인 영태

운강석굴 제6굴의 호족색의 호법신. 높은 코에 깊게 파인 눈.
고불고불한 머리를 한 '호모범상胡貌梵相'의 호족색 짙은 불상들은 당시 이민족이 북위 사회에 얼마나 적극적으로
참여하였는가를 말해 주고 있다. 호족과 한족이 같은 곳에서 하늘에 공양하는 형상이다.

후靈太后 호씨胡氏가 정권을 좌지우지했을 당시 쓰여진 용문석굴의 여러 제기 중에도 나타나고 있다. 운강석굴의 19굴 후벽에 있는 연창延昌 4년515 '청신사조상기淸信士造像記'에도 "불상 하나를 만든 것은 위로 황제폐하와 태황태후를 위하고造像一區 上爲皇帝陛下 太皇太后]"라 운운하고 있는 데서도 뒷받침되고 있다.

이와 관련하여 운강·용문 석굴의 존상과 그 형상의 문제다. 대체로 볼 때 '석가 : 불좌상佛坐像', '미륵 : 교각보살交脚菩薩', '다보多寶 : 이불병좌'의 경향을 띠고 있다. 이 가운데 교각보살상은 후한 이래 중국 내지에서 보이지 않는 형태일 뿐만 아니라 북위 이후 북제·북주

운강석굴 제11굴과 조상기.
태화 7년 54인 조상기에는 황제폐하·태황태후가 병칭되는 축원문이 그림 상단에 위치해 있다.

시대 석굴에서도 나타나지 않는 것이다. 이렇게 생소한 교각보살상이 나타난 것이 운강 불교 내지 북위 불교의 성격을 이해하는 데 큰 의미가 있다.

즉, 운강 불교는 북위 초기 하북中原 일대에 유포되어 있던 미륵 신앙과는 다른 전통에 기반한 것이다. 교각상은 간다라~ 중앙아시아를 거쳐 전해진 것인 데 반해, 이불병좌의 다보상은 간다라·중앙아시아에서 동전해 온 것이 아니었다. 미륵 신앙도 하서회랑의 북량北凉에 유포되고 있었던 것이다. 태무제가 북량을 정복함으로써 양주凉州 불교가 대량 북위로 유입되었다. 그 결과 운강 이후의 교각미륵상이 기

반이 된 것은 북위 초기와 다른 전통인 북량 불교 속에서 배양된 미륵 신앙 영향의 결과다. 운강석굴 개착자는 일정한 방침을 가지고 존상 의 종류와 그때까지 통일적이지 않던 존상의 형상을 이처럼 통일해 갔던 것이다.

제6굴의 중심 탑주 사방의 주불감主佛龕에는 수많은 조형의 생동 감 넘치는 공양천供養天과 호법신護法神이 있다. 자세히 보면 거기에 높은 코[高鼻]에 깊게 패인 눈[深目], 고불고불한 머리[須髮卷曲]의 이족인異族人:西域人이 한 명 보인다. 이들이 중원의 한인과 함께 같은 곳에서 공양천하고 있는 것이다. 이것은 당시 수도 평성에 다민족이 잡거하 며 서로 빈번하게 교류하고 있었다는 사실을 반영하고 있다. 공양천 의 호한 잡처雜處 형상은 당시 민족 융합의 정도를 잘 보여 준다. 특히 북조 시대 조상명造像銘은 대부분이 한인의 발원에 의한 것이지만, 한 자에 익숙하지 않았던 호인에 의한 조상은 명문이 없는 경우가 많다 는 점을 고려해야 하기 때문에 당시 불사는 호한 양 민족에 의해 행해 진 것이라고 보아야 한다. 운강·용문 석굴 조영을 계기로 유행한 조 상 활동에 한인이 참가하였다는 사실은 지배자인 선비족과 피지배자 인 한족이 불교 신앙을 공유하였고, 불교는 북위 황제를 정점으로 한 호한 양 세계를 포괄·융화하는 이념으로 기능했을 가능성을 시사하 는 것이다. 언어와 피부색이 서로 다른 다민족이 함께 모여 북위 사회 를 형성해 가는 데 불교가 이처럼 기능했던 것이다. 이른바 수·당 세 계 제국의 강대함과 충만한 활력은 바로 100여 년 전에 존재했던 북위 시대에 이미 준비된 것이라 해도 좋을 것이다.

또 조상명에는 "위황제폐하爲皇帝陛下"라거나 "원황조영녕願皇祚永寧" 등의 황제와 황조皇祚에 대한 영녕永寧을 기원하는 원목願目이 자주 보인다. 이는 판에 박힌 말이 아니라, 황제가 이미 불교 신앙 속에 침 투하여 불교 신도는 이제 불교를 통하여 황제를 느끼고 있다는 것을 의미한다. 이러한 현상은 운강·용문의 단립석상單立石像 명문에 특히 많이 나타나며 특히 수도, 즉 제도불교帝都佛敎의 전개 지역과 거의 일치하고 있다. 조상주가 읍의邑義 등 단체인 경우 특히 황제 숭배가 가장 많이 포함되어 있다는 것도 주목된다.

이처럼 북위 불교는 철저한 국가 불교였고, 당시의 정치·사회 현실을 반영하는 것이었다. 효문제는 태화 16년492부터 '칠제七帝'를 위하여 미륵상을 주조하도록 하였는데, 그의 사후인 선무제 정시正始 2년505에 완성되었다. 당시 이 상들이 안치된 사원을 '칠제사七帝寺'라 하였다. 칠제는 오급대사의 오제에 헌문제와 효문제를 더한 것으로 이른바 '태조 이하 칠제'를 가리킨다. 효문제가 유교의 천자칠묘天子七廟제를 수용하는 과정에서 불교의 제례에서도 이것이 반영된 것으로 이해된다. 다만 칠제를 위한 본존이 모두 미륵상이라는 것은 문성제 시대 운강석굴 개착 당시의 '현 황제=미륵'이라는 원칙이 더 이상 지켜질 수 없는 사정이 있었기 때문이다. 실제 용문석굴에서는 금상황제를 위해 미륵을 조상한 실례가 확인되고 있지 않다는 점에서 낙양 천도 이후의 북위 불교는 약간의 변화를 겪은 것으로 보인다.

북위 불교가 오로지 국가를 위한 지배자만의 종교에 그쳤던 것은 아니었다. 운강·용문 석굴에 벌집처럼 산재한 무수한 작은 불감과 그 속에 새겨진 작은 불상, 그리고 그들의 소원이 담긴 조상명의 존재는 이미 불교가 서민 생활과 분리될 수 없는 하나의 신앙으로 자리잡았다는 것을 의미한다. 효문제 사후 효명제 시대에 이르러 낙양의 불교 사원 수가 500개 소를 넘어 민거民居의 3분의 1을 차지하고 거리에는 외국 승이 활보하고 있었던 것은 단순한 국가의 불교 흥륭책의 결과만은 아니었다.

불교의 서민 사회로의 파급은 또 다른 문제를 낳았다. 불교적인 지식과 신앙은 반드시 북위 군주의 정치에 도움만을 준 것은 아니었다. 소규모 비적﹝匪賊﹞에 불과한 집단이 시대적 요구에 부응하는 대의명분을 내걸고 정치성을 지니는 대규모 반란 집단으로 성장하여 새로운 왕조를 개창한 예를 중국 역사상 적잖이 보게 된다. 단순한 비적이 강한 종교성을 지닌 경우 유사한 비적들이 서로 호응하여 거대한 내란으로 발전하는 것 또한 빈번하였고, 이러한 종교성은 비적들이 광신적인 파괴성과 잔인성을 보이는 결과를 낳기도 하였다. 미증유의 불교 전성시대인 북위에서도 불교비﹝佛教匪﹞의 반란이란 모습으로 나타났다. 북위 불교비 반란의 이념이 된 것이 다름아닌 미륵하생 신앙이었다.

북위의 왕후·귀족에서 일반 서민에 이르기까지 널리 침투한 미륵 신앙의 본질은 현세성﹝現世性﹞, 즉 차안성﹝此岸性﹞에 있다. 현세성이란 먼 미래라 해도 살아 있는 인간이 이 지상에서 현실적으로 복을 받는 것이지, 사람이 죽은 후의 일을 이야기하는 것이 아니다. 미륵이 석가를 이어 이 땅에 하생하여 중생을 구제한다는 확신이 미륵 신앙의 중심 주제다. 구제의 주체인 미륵이 하생하는 시기에 대해서는 설이 분분하지만 구마라집이 번역한 『미륵하생성불경﹝彌勒下生成佛經﹞』 등에 나타나고 있다. 인간의 주체적이고 적극적인 예배·공양과 현세에서 일심으로 합장·귀의하는 능동성에 의해 미륵의 하생은 아주 가까운 미래에 이루어진다는 것이다. 불교의 이상향인 '정거천﹝淨居天﹞'을 지상에 실현할 이상적 불교 군주의 의미를 가진 '정거국명법왕﹝淨居國明法王﹞'이라 자칭하는 자가 나타나 반란을 주도했던 것은 당시 북위 사회에서 광범위하게 유행했던 신불 출현﹝彌勒下生﹞과 불교적 이상 군주인 전륜성왕﹝轉輪聖王﹞·월광동자﹝月光童子﹞의 신앙이 투영된 것이다.

당시에는 현세의 고난을 전생의 업보로 체념하는 자도 많았지만 만민을 물심양면으로 구제할 성천자 내지 미륵이 이 세상에 나타날 것이라고 믿었던 자가 적지 않았다. 그들은 한편 반란에 가담했고, 다른 한편 불상을 만들었으며, 그 조상기﹝銘﹞에 그들의 이러한 염원을 새

운강석굴의 천불도. 제15굴 사벽에 꽉 차게 장식된 천불. 실제로 1만여 존이나 되어 '만불'이라 불리기도 했다.

겼다. 북조인의 조상造像 행위는 운강석굴 조영 이후 점차 증가하지만 평성 시대에는 수도 주변과 섬서 지역의 석상과 하북의 금동상에 국한되었다. 북조에서 조상이 유행하게 된 최대 계기는 용문석굴의 개착이었다. 이를 기점으로 석상 공양의 형태로서 조상 행위가 크게 유행하게 되었다. 조상명은 불상에다 새긴 명문銘文 : 주로 發願의 동기·내용 등으로 짧은 것에서부터 수천 자에 이르기까지 다양하다. 남북조 시대에는 조상에 명문을 새기는 풍습이 유행하게 되었지만, 북조1360개의 것이 남조68개보다 수량면에서 훨씬 많다. 또 운강석굴은 전체 규모면에서 용문 이상이지만 조상명은 40여 점에 불과하여 용문과 비교할 수 없을 정도로 적다. 낙양 천도 후 용문석굴 조영을 계기로 조상 행위가 크게 유행했다는 것은 불교의 서민층으로의 파급 정도를 말해 주는 동시에 북위 후기로 갈수록 정치의 난맥상으로 인해 신음하는 민중이 더 많아졌던 현실을 반영하는 것이기도 하다.

　　조상이라는 형식으로 공덕을 행하는 것은 부처님의 음덕이 조상주造像主의 가족과 권속眷屬에 미치기를 기원하는 불교 신앙 형태다. 조상명을 살펴보면 자신 혹은 망자의 죄과에 대한 참회 의식은 약하고 단지 조상을 완수하여 공양하는 적선 행위 그 자체로 염원이 성취되는 것, 즉 "조상하면 곧 소원이 성취된다[造像卽祈願成就]"라는 단선적 사고가 강했음을 알 수 있다. 원목願目이 존상과 일치하지 않거나, 심지어 존상명을 구체적으로 밝히지 않은 경우가 많다는 점에서 그 존상이 어느 불이냐는 그렇게 중요하지 않았다. 그리고 선업善業에 의해 죄과를 소멸시켜 복을 받겠다는 논리가 아니라, '적선즉복과積善卽福果'라는 초논리적 사고가 보이고 있다. 사실 나는 운강·용문 석굴에서 크고 잘생긴 불상으로 구성된 대석굴보다는 작고 못난 불상으로 이루어진 작은 불감을 보기 좋아한다. 그 작은 석굴을 보고 있노라면 천 몇백 년 전에 살았던 여린 백성들의 신음 소리가 귓가에 생생하게 들려

봉선사 주불. 봉선사는 용문석굴 가운데 최대의 노천 불감으로 동서 41km, 남북 36km에 이른다.
그 형식은 운강의 담요오굴의 연장으로 볼 수 있다. 봉선사의 주불 노사나불상은 당시의 권력자 측천무후를 모델로 했다는 설이 유력하다.
노사나는 태양처럼 널리 세계를 비춘다는 '광명보조光明普照'라는 뜻이다. 주불의 높이 17.14m.

오는 것 같기 때문이다. 내가 불리佛理에 무지한 것처럼 그들도 그러했던 것이다.

용문석굴은 운강석굴과 다른 측면도 있지만 계승한 점이 많다. 운강석굴의 개착이 북위 시대에 한정된 것이라면 용문석굴은 오히려 당대에 된 것이 더 많다. 용문석굴 앞에 설 때마다 가장 먼저 눈에 들어오는 것은 봉선사奉先寺다. 바로 운강의 담요오굴의 연장이다. 결가부좌를 하고 수미좌須彌座 위에 앉아 있는 봉선사의 주불인 노사나불상盧舍那佛像은 측천무후를 모델로 한 것이라는 설이 유력하다. 노사나는 태양처럼 널리 세계를 비춘다는 '광명보조光明普照, 光明遍照'라는 뜻이다. 측천은 그 화장료[宮脂粉錢]로 2만 관千錢＝一貫을 기진했다고 한다. 당시 "석공들은 감격하여 그녀의 얼굴과 비슷하게 더 예쁘게 조각"했던 것이다. 측천은 노사나불로 자칭하고, 그녀의 이름인 조照자도 '명明'과 '월月'과 '공空'을 합친 새로운 자[則天文字]로 다시 만들어 썼다. 그녀는 건너편 동산東山：現 香山의 향산사에 자주 올라 시인 묵객을 불러 주연을 베풀고 자기와 용모가 닮은 노사나불이 발하는 금색 빛을 바라보며 기뻐했다고 한다. 노사나불 조상 양편에는 2제자, 2보살, 2천왕, 2역사의 형상이 있다. 이들로 구성된 봉선사의 구존대불九尊大佛은 당대의 군주·궁비 등이 가사袈裟를 입고 이곳에 와 있다는 느낌을 갖게 한다. 제자는 당대의 문신을, 보살은 궁중의 비빈을, 천왕과 역사는 당대의 무신 형상을 하고 있다는 평가를 받고 있다.

우리는 위진남북조 시대의 불교 이해라는 난제를 들고 여행을 다녀왔다. 이 시대에 개착된 많은 석굴 속에 부조된 불상의 형상과 그 수의 중압감 때문인지 머리 속은 어지럽다. 나는 지금까지 여러 차례 운강과 용문을 다녀왔다. 그러나 나의 뇌리에 남아 있는 느낌은 그것이 예술적 극치를 달리고 있는지는 몰라도 권력에 영합한 불교의 유적으로 다가왔을 뿐, 내 새가슴에 쌓인 고뇌를 토로할 장소라는 생각은 쉽게 들지 않았다. 대부분 한 시대를 살다 간 중생들, 특히 위정자들의 끝없는 욕망이 그려낸 부처님의 형상이었을 뿐이기 때문이다.

사람은 각자 나름으로 생의 의미를 찾으며 살아가고 있다. 사실 인간이 실망하고 불안해하는 것은 부처님 말씀처럼 집착의 굴레 속에 빠져 그것으로부터 헤어나오지 못하고 있기 때문일 것이다. 이 수많은 불상들도, 난수표처럼 난해한 불리도 사실 중생들에게 무슨 소용이란 말인가? 이러한 것들은 한낱 공허한 지식을 넓혀 줄 뿐 인생의 근본적인 문제에 대해서는 무력할 뿐이다. 불교의 정수는 절이나 탑·불상의 건조가 아니라 우리 마음속에 살아 있는 부처님의 가르침일 것이다.

문명태후文明太后의 치마폭과 효문제孝文帝의 낙양 천도

● 효문제의 낙양 천도도

중국 고대에는 여인이 정치에 개입하면 "(새벽에) 암탉이 운다(牝鷄司晨)"고 비아냥거렸다. 여성이 국가 수반이 되는 것이 흔한 일이 되어 버린 요즈음에 이런 말을 한다면 몰매 맞을 일임에 틀림없다. 애 낳는 일이 여자의 전유물인 것처럼 정치를 남자만의 것이라고 주장하는 것은 당치 않은 일이 되었다. 그러나 중국 역사상 배출된 수많은 제왕들 가운데 여황제는 당나라 시절 측천무후則天武后 한 사람에 불과했던 것이 역사적 현실이다. 그러다 보니 여자의 정치 개입이 사악한 일인 것처럼 생각해 왔다. 중국 역대 왕조 가운데 여권女權이 비교적 강했던 북위 왕조에서 한때 맹위를 떨쳤던 문명태후 풍씨馮氏는 그 정치적 능력과 수완이란 면에서 볼 때 어떤 남성에도 뒤지지 않았다. 그녀는 권모술수에서뿐만 아니라 균전제均田制·삼장제三長制 실시 등 굵직굵직한 개혁 정치를 주도했던 권력의 핵심으로서 죽을 때까지 조금의 권력 누수도 허락하지 않았던 인물이다.

'승관발재陞官發財'라는 말에서 보듯 권력에는 원래 돈이 따라다니게 마련이다. 권력이나 돈을 한번 쥐게 되면 그 눈에 그것 외에는 아무 것도 보이지 않는 법이다. '공유共有'라는 것이 용납되지 않는 것이 그 속성이라 가진 자는 뺏기지 않기 위해, 가지지 못한 자는 뺏기 위해 갖은 수단과 방법을 동원하여 상대방을 상해한다. 여기에 인간성 말살의 드라마가 적나라하게 연출되는 것이다. 민초民草들 앞에 전개되고 있는 우리의 현재 상황인들 어찌 그와 다름이 있으랴! 남편의 죽음 앞에 불 속으로 스스로 몸을 던지려던 가녀린 성품의 여인이었던 문명태후가 권력의 맛을 보고는 사람이 변해도 너무 변해 버렸던 것이다. 나는 그 점이 너무 안타까울 뿐이다.

북위 효문제孝文帝가 낙양으로 천도한 이유를 두고 여러 가지 말이 많았다. 나는 평성平城(大同)과 낙양에 있는 문명태후와 효문제의 능묘를 둘러보고서야 그가 야반도주하듯 수도 평성을 떠났던 이유를 알게 되었다. 그의 천도는 문명태후의 치마폭으로부터 벗어나기 위한 어쩔 수 없는 선택이었다. 그가 평성에 그대로 있어서는 황제로서 아무 일도 할 수 없었던 것이다. 문명태후의 치마폭은 그렇게 넓고도 촘촘했다.

치마는 여자가 아랫도리에 입는 옷이지만 치마폭은 피륙을 잇대어 만든 치마의 너비를 말한다. 우리 속담에 "치마폭이 넓다"거나 "치마폭이 스물네 폭이다"라는 것이 있는데, 이는 아무 상관도 없는 남의 일에 지나치게 참견하는 것을 비꼬아 하는 말이다. 최근 사회 각 분야에서 거세게 일고 있는 '치맛바람'이란 것도 이 치마폭이 불러일으킨 바람일 것이다. 이 속담이 어떤 경위로 유래되었는지 알 수 없지만, 특히 여인이 주제넘게 너무 설치는 것을 두고 하는 말인 것만은 분명하다. 사실 남존여비 男尊女卑 사상이 팽배한 우리나라에서 여성이 고만한 능력과 보통의 성격으로는 사회에 제대로 진출하기가 지난한 것이 현실이다. 독신 여교수가 아니면 총장이 될 수 없었던 E여대의 전통을 깨고 기혼 여성 총장으로 최초로 취임했을 뿐만 아니라, 우리나라 역사상 최초의 여성 재상[총리]이 될 뻔했던 J씨는 어쨌거나 대단한 여성인 것만은 분명하다. 그러나 가만히 생각해 보면 그분의 능력이 어떠하든 간에 입고 있는 치마 덕을 톡톡히 본 분임에 틀림없는 것 같다. 그분이 즐겨 입는 치마뿐만 아니라 성명도 풀이하자면 '치마폭을 펼친다'는 뜻이 되기 때문이다.

여권 문제가 세간에 핫이슈로 되어 있는 요즈음, 여기서 '치마폭' 이야기를 하는 것이 내 신상에 과연 영향이 없을지 염려되는 일이기는 하지만, 여기서 소개하려는 내용은 평소의 내 생각과는 별 상관이 없음을 특히 여성 독자들은 양해해 주었으면 한다. 사실 고대 중국에서는 남자들도 치마를 입었으니, 위의 속담이 중국 고대에 그 연원을 갖고 있다면 반드시 여자가 설치는 것만을 이야기하는 것은 아니리라. 내가 여기서 소개하려는 이야기는 남자들이 치마를 입던 시절의 것이기 때문이다.

남자들의 아랫도리가 바지로 바뀌기 시작한 것은 유목 민족이 대거 중원에 들어와 살기 시작한 위진남북조 시대부터였고, 고착된 것

북망산. 죽으면 묻히는 곳으로 우리에게 알려진 북망산은 실제 산이 아니다. 해발 250m 안팎의 평지로서
낙양 시내와 100m 이상 고도 차이가 나지 않는다. 저 멀리 효문제릉(장릉)이 까마득히 보인다.

은 당대唐代였다. 고대 중국인의 복식服式은 상의하상上衣下裳이라 하여
남녀 불문하고 치마를 입었다. 치마만을 입고 다니면 특히 보온에 문
제가 있기 때문에 치마 속의 허벅지 부분을 따뜻하게 하기 위해 고袴:
袴라는 것을 입는다. 그 가운데 우리 어린 시절 할머니들이 많이 입던
아랫부분이 트인 '단속곳'과 비슷한 것을 '개당고開襠袴'라 한다. 이것
을 입으면 변을 보는 데는 매우 편리하지만, 자세를 바르게 하지 않으
면 곤란한 문제가 발생하기 십상이다. 마땅히 가려야 할 중요한 곳이
쉽게 노출되기 때문이다. 공자님 이하 중국 성현들이 사람의 앉는 자
세에 대해 시시콜콜한 부분까지 자세하게 지적했던 까닭도 여기에 있
다. 자기 혼자 편하게 있을 때나 일부러 상대방에게 모욕감을 줄 때 두
다리를 뻗고 앉는 자세를 '기거箕踞'라고 하는데, 『사기史記』「자객열전

「刺客列傳」에 형가荊軻가 진왕秦王을 죽이려다 실패하고 나서 진왕에 대한 분노와 멸시를 나타내기 위해 일부러 기거의 자세를 취함으로써 그를 모독했다고[箕踞以罵] 하는 것이 바로 그 예의 하나다. 반면 북방 유목 민족이 입던 바지는 이것과는 다른 모양의 것으로 요즈음 우리가 입는 바지와 비슷한데, 이것을 '만당고滿襠褲' 혹은 '합고合袴 : 合은 닫는다는 뜻'라 부른다. 치마를 입고 말을 타면 가랑이 부분의 피부가 말 등과 직접 마찰되어 상처가 생기게 마련이다. 이런 점을 감안하고, 또 추운 날씨에 보온이 잘 되고 특히 가릴 곳을 가릴 수 있는 만당고가 중국 사회에 소개된 후 급속도로 정착되어 갔던 것이다. 그러나 아무리 유목 민족이라 하더라도 여자는 치마를 입었으니 역시 치마는 여자의 것이 분명하고, 유목 민족의 여자가 아무리 억세더라도 필경 여인임에 틀림이 없다.

여기서 이야기하려는 북위 왕조386~534가 유목 민족인 선비 탁발부가 세운 왕조라는 것은 잘 알고 있는 사실인데, 북위의 전신인 대국代國 시대 평문제平文帝의 부인 왕황후王皇后는 내란이 일어나자 위기에 빠진 아들 십익건什翼犍 : 昭成帝을 이 '고' 속에 숨겨 살렸다는 이야기가 전해지고 있다. 그러고 보니 여자의 아랫도리 옷은 자고로 여러 가지 용도로 쓰였던 모양이다. 어릴 때 경험한 일이지만 어머니는 코흘리개인 나의 코밑을 당신의 치마로 연신 닦아 주셨고, 조리하다 손에 묻은 물을 닦거나 가끔은 텃밭에 나가 오이·가지·상추 등을 운반해 올 때도 그 치마를 사용하곤 하셨다. 이렇게 치마의 용도가 다양하다 보니 쉽게 더러워지게 마련이다. 유목 민족 여인의 치마는 더욱 불결했다. 비단이나 면포로 만든 것과 달리 유목 민족이 입는 옷은 양피羊皮나 우피牛皮로 만들다 보니 물로 세탁하기가 쉽지 않다. 요즈음 우리가 많이 입는 양피로 만든 무스탕이 물세탁이 안 되고, 그걸 세탁소에 맡기면 세탁비가 구입하는 가격의 반에 육박하는 것은 예나 지금이나

낙양 고묘박물관.
북망산에 위치한 고묘박물관은 진·한 시대 이래 송대까지의 묘실 모형을 그대로 재현한 그야말로 묘박물관이다.

세탁하기 어려운 가죽옷의 특징 때문이다. 그들은 대개 손으로 음식을 먹지만 웬만해서 손을 씻는 법이 없다. 물이 부족하기 때문이다. 주로 육류를 먹다 보니 기름기가 많이 묻게 되는데도 그런 손을 옷에 문질러서 적당히 처리하고 만다. 피차 불결하기는 마찬가지이지만 유목민 남자들이 땟국이 더덕더덕 묻은 이런 여자를 좋아할 리 있겠는가. 그래서 그들이 농경 지역에서 빼앗아 가는 약탈품의 목록 중에는 항상 어여쁜 여자가 들어 있게 마련이었던 것이다.

　　북위라고 하면 일반 독자들의 귀에 익숙하지 않은 왕조이겠지만, 중국뿐만 아니라 세계의 석굴 가운데서도 그 규모뿐만 아니라 뛰어난 예술성 때문에 중학교만 나와도 다 아는 대동의 운강석굴과 낙양의 용문석굴을 개착한 왕조가 바로 북위다. 이 북위 왕조는 여자의 치마폭에 의해 정치가 좌지우지되었던 왕조였다. 원래 유목 민족은 여권이 강한 것이 특색이다. 여권의 강약은 그 경제력에 좌우된다는 해석이 유력하지만, 유목 민족의 경우 가축을 치고 그 젖을 짜는 등 그들의 주업에서 여자들이 남자들보다 생산성에서 전혀 떨어지지 않는다. 따라서 가정 내에서의 권한도 남자 못지않았다. 이러다 보니 유목 민족이 세운 오호십육국 북조北朝 시대는 물론 유목 국가의 계통을 이은 수나라·당나라에서도 여자들의 활약상이 중국의 여타 다른 왕조와 비교할 수 없을 정도로 두드러졌던 것이다.

그러다 보니 이 시대에만 나타난 독특한 사회 현상이 눈에 띈다. 예컨대 동위東魏, 534~550 시대에는 "상하가 모두 첩을 두지 않는 것이 일반적인 현상이어서 …… 조정 내의 모든 관리는 대개 첩을 두지 않게 되니 천하가 자못 일처一妻만을 두게 되었다"고 하였고, 북주北周, 556~581 시대에는 한 황제가 여러 황후를 거느리기는 하지만 적첩嫡妾을 구별하지 않고 다섯 황후를 두는, 소위 '다황후多皇后'라는 전대미문의 제도가 나타났던 것이다. 황실과 조정 관료만이 그랬던 것이 아니라 일반인의 생활 속에서도 여권은 크게 신장되었다. 유명한 『안씨가훈顔氏家訓』의 저자로서 '남자우월주의[大男子主義]' 국가인 남조南朝에서 생활하다가 전쟁 포로가 되어 북조로 잡혀와서 인생의 후반기를 보낸 안지추顔之推는 이런 이질적인 현상을 보고 놀란 나머지

⑤
獻文帝弘
헌문
제홍
(465
~471)

①
道武帝珪
도무
제규
(386
~409)

⑩
節閔帝
질민
제
(531)

⑨
孝莊帝
효장
제
(528
~530)

⑥
孝文帝宏
효문
제굉
(471
~499)

②
明元帝嗣
명원
제사
(409
~423)

⑦
宣武帝
선무
제
(499
~515)

③
太武帝燾
태무
제도
(423
~451)

⑫
孝武帝
효무
제
(532
~534)

⑧
孝明帝
효명
제
(515
~528)

④
文成帝濬
문성
제준
(452
~465)

⑪
廢帝
폐
제
(531
~532)

【 북위 세계도 】

다음과 같은 글을 남겼다. "북제의 수도 업도鄴都에 와보니 부인들이 그 가문을 좌지우지하는 것이 습속처럼 되어 있었다. …… 그들은 심지어 남편이나 자식을 위해 엽관獵官에 동분서주하고 있으니 이것은 유목을 주로 하던 항대恒代 시기의 유풍遺風이라 할 것이다." 또 당나라 고종高宗의 비였던 측천무후가 중국 유일의 여자 황제가 될 수 있었던 것도 이런 '여권의 시대'가 낳은 산물이라는 것쯤은 대개 인정하는 사실이다. 혹자는 이런 여권 신장의 원인을 원시 모계 사회의 유풍에서 찾고 있지만, 그런 발상은 유목민은 야만이고 미개하다는 농경 민족의 편견에서 나온 것이지 사실과는 거리가 있다. 현재 중국이 여권에서는 세계 여러 국가 중 동메달 안에 드는 것을 원시 모계 사회의 유풍으로 볼 수만은 없지 않겠는가?

4세기부터 당나라가 멸망하는 10세기까지는 소위 '여자의 전성 시대'였는데, 그러면 이 글의 주된 대상 시대인 북위의 그것을 알아보기 전에 그 전신인 대국 시대의 경우를 살펴보자. 4세기 중엽 의이猗㐌:桓帝의 사후 그 처 기씨祁氏가 '조정을 주관하니[臨朝]' 당시 남방의 중원 국가인 서진西晉 사람들은 대국을 '여국女國'이라 불렀다. 앞서 소개했던 십익건이 어려서 등극하여 나라가 안정되지 않자. 그를 도와 대업을 다시 일으킨 것도 바로 태후 왕씨王氏의 힘 덕분이었다. 북위 태조 도무제道武帝:拓跋珪, 재위 386~409가 처음 등극하였을 때도 모후 하씨賀氏의 주선으로 그 초창기의 어려움을 벗어났다고 한다. 이와 같이 여권이 강대하여 국가에 유익했던 면도 있었지만, 그 폐해 역시 적지 않았다. 햇빛이 밝을수록 그 그림자가 더 짙어지는 것과 같은 이치라고나 할까? 북위가 유목 국가에서 중원 국가로 성장해 가는 과정에서 가장 중요하고 시급했던 과제는 바로 전제 왕권의 확립이었다. 여기에 막대한 지장을 주었던 것이 다름아닌 여자들의 정치 개입이었다. 북위는 여러 부족 내지 부락이 연합의 형식을 통해 건립한 국가였기 때문에 왕권 자체가 쉽게 고착되지는 못했다. 특히 황후를 배출하는 외척 세력은 건국 당시에 연합한 유력 부락들이었다. 이 부분을 해결하지 않고서는 국가의 기초를 다지기가 어려운 형편이었다.

북위 초기 시행한 여러 가지 조치 가운데 학계의 주목을 크게 끄는 세 가지 정책이 있으니, 그 첫째가 '부락 해산部落解散 : 離散諸部'이고, 둘째가 '자귀모사子貴母死' 제도이며, 셋째가 황태자를 조기 책봉하여 감국監國시키는 제도다. 이 세 가지 정책 모두 북위 황실이 선포한 '여권과의 전쟁'에서 승리를 거두기 위한 일련의 조치였다. 기존 학설에서는 부락 해산을 북위 왕조로 편입된 모든 부락을 해산시킨 것이라고 설명했지만, 그보다는 북위 건국시 제실 탁발부와 연합한 후 계속 외척 세력으로 군림해 온 독고부獨孤部 혹은 하란부賀蘭部 등의 유력 부락을 해체시키는 정책이었다는 것이 최근 학계의 연구 결과다. 특히 우리의 관심을 끄는 것은 자귀모사 제도다. 즉, 황제의 아들 한 사람이 황태자가 되면 주로 맏아들이 되게 마련이지만 그를 낳은 생모를 바로 죽이는 고약하기 짝이 없는 제도다. 이 제도는 1대 도무제부터 7대 선무제宣武帝, 재위 499~515까지 어김없이 시행되었다. 태자 감국의 경우, 황태자를 조기에 확정하여 정치에 개입하도록 허용하고 제왕 수업을 시키면 황제 교체기에 일어날 혼란을 막을 수 있다는 생각이었다. 여하튼 이 세 가지 정책을 통해 우리는 모후母后 혹은 그녀를 배출한 외척 세력의 정치 개입을 차단하려는 북위 황실의 의지가 얼마나 단호했던가를 짐작할 수가 있다.

그러나 북위 황실의 이런 노력이 별로 실효를 거두지 못했다는 것이 학계의 정설이다. 황태자를 일찍 책봉하여 감국시키다 보니 조정 대신들은 황제당과 태자당으로 분열되었고, 그 당파 싸움으로 현 황제의 레임덕 현상이 뚜렷하게 나타나게 되었다. 황제를 낳은 모후는 자귀모사 제도의 희생물이 되어 저 세상으로 떠났지만, 그 대신 황태자를 키웠던 유모나 보모가 그녀를 대신해서 정치에 개입하게 된 것이다. 또 황제의 생모는 죽었어도 선황에게는 여러 여자가 있었으니 그들이 어머니와 할머니의 자격으로 정치에 관여하는 경우가 비일비재했다. 북위에서는 이와 같이 황태자가 책봉되면 그를 낳은 모후를 살해하는 법률을 제정해 놓은 반면, 황태후천자가 선제의 후비 가운데 한 명을 뽑아 황태후로 한다에 대해서는 대단한 존경과 효양孝養을 다하는 묘한 관습이 있었다. 이와 같이 여자들이 정치에 깊이 관여했지만, 북위 시대 역사 가운데 여자 때문에 남자 황제들이 가장 공포에 떨었던 시기는 바로 문성제文成帝, 재위 452~465의 후인 문명황후 풍씨馮氏: 그녀는 獻文帝 시기에는 황태후였지만, 諡號는 '文明皇太后'였다. 학계에서는 통상 文明太后라 부른다와 선무제의 후인 영황후靈皇后 호씨胡氏의 전정專政 시대였다. 흔히 역사서에는 그들이 "만기를 친히 열람했다[親覽萬機]"고 간단하게 서술되어 있지만, 그런 단순한 용어로 설명될 수 없는 복잡하고 극적인 정치 드라마가 그들에 의해 많이 연출되었다. 특히 문명황후 풍씨는 남편 문성제 밑에 아들이 일곱이나 있었지만, 그녀는 한 명의 아들도 낳지 못해 오히려 생명을 보전했다가 나중에 정권을 휘두른 여인이었다. 반면 황태자 홍弘: 후에 獻文帝을 낳은 이귀인李貴人은 법에 따라 죽임을 당했다. 아래에서는 문명태후 풍씨의 경우만을 살펴볼 것이다.

문명태후와 관련하여 관심을 끄는 것이 수도의 이전 문제다. 북위에는 수도가 두 개 있었다. 초기의 수도는 현재의 대동인 평성平城이었고, 후기의 수도는 낙양이었다. 천도를 단행한 사람은 문명태후의 손자였던사료에는 그렇게 되어 있다 효문제였다. 천도를 단행한 이유에 대해서 학계에는 대체로 다음 세 가지 학설이 제출되어 있다. 첫째, 유목민족의 천박한 문화를 탈피하고 중국적인 고급 문화를 적극적으로 수용하기 위한 목적에서라는 주장이다. 즉, 중국 고래 수도로서 예교禮敎

정치의 중심이었던 낙양으로 천도함으로써 한족의 고도로 발달된 인민 통치술을 적극적으로 받아들여 보다 효율적으로 국가를 통치하기 위해서라는 것이다. 한마디로 선비인의 한화漢化가 그 목적이라는 관점이다. 둘째, 남북으로 분열되어 있는 당시 통일 전쟁을 보다 유효하게 수행하기 위해서라는 주장이다. 당시 북방의 북위와 남방의 남제南齊: 후에는 梁라는 두 왕조가 대립하는 남북조 시대였기 때문에 남조의 수도, 즉 적의 수부首府인 건강建康: 현재의 南京에 보다 가까운 지역으로 수도를 옮기는 것이 통일 전쟁을 수행하는 데 유리하다는 이유에서다. 전통 왕조 시대의 수도란 가장 큰 병참 기지인 동시에 병력이 집중적으로 배치되는 지역이기 때문이다. 셋째, 인구 증가로 수도 평성의 경제력이 이미 고갈되어 더 이상 버티기가 힘들어졌기 때문이다. 당시에는 거주 이전의 자유가 제한되었지만, 양식 부족 문제를 해결하기 위해 인민들이 하북河北 평원 지역으로 가서 각자 취식就食하는 것을 허락하는 조칙이 빈번하게 내려졌던 것은 이 점을 말해 준다. 이상의 세 가지 천도 이유는 하나하나 나름의 타당성을 가지고 있다고 할 수 있다.

그러나 더 중요한 천도 원인이 있었다는 것을 이제까지 학계에서는 주목하지 않았다. 또 다른 원인이란 바로 효문제가 황제인 그를 제쳐두고 죽을 때까지 수렴청정垂簾聽政했던 할머니 문명태후 풍씨 세력의 영향권에서 벗어나 그 나름의 정치 이상을 펴기 위한 도피성 천도였다는 설이다. 이런 학설은 어떤 면에서 진부한 면이 없지 않다. 당대 측천무후가 장안에서 낙양으로 천도를 한 것도 장안에 있는 반대파[關隴集團]를 떨쳐 버리고 자기의 후원 세력으로 새로이 등장한 관동關東: 山東 세력의 근거지인 낙양으로 옮겼다는 학설과도 유사하기 때문이다. 그러나 진부하다고 해서 허무맹랑하다거나 그 의미가 과소평가될 수는 없다. 진리란 원래 삼척동자도 납득할 수 있는 상식적인 것이기 때문이다. 북위 낙양 천도의 경우, 이처럼 진부한 것 같은 사실에 별로 눈을 돌리지 않았던 것은 그 나름의 이유가 있었다. 북위 시대의 정사인 『위서魏書』에는 천도 이유를 설명하면서 한화漢化와 통일을 위해서 천도를 한다는 효문제의 조칙을 싣고 있기 때문이다. 그러나 그간 이 시대를 연구하는 역사가들이 너무 순진했던 탓인지, 아니면 효문제의 천연덕스러움이 출중한 때문인지는 알 수 없지만, 사실 이 점에 주의하지 않았던 것이 학계의 실정이었다. 요즈음 듣기 좋은 것만을 나열하는 대통령의 말들을 진실 그대로일 것이라고 믿는 사람은 모르긴 해도 국민의 10%도 안 될 것이니 효문제의 위장술이 출중했다고나 할까?

사실 나도 대동과 낙양에 있는 효문제의 두 능묘를 탐방하지 않았다면 이 새로운 학설을 믿지 않았을 것이다. 나도 기왕에 발표한 논문에서 천도의 원인을 통일 전쟁 수행을 위한 효문제의 전략에 따른 것이라고 주장한 바 있기 때문이다. 효문제의 능묘가 두 개 있다고 하면 독자 여러분께서는 의아해할 테지만 그의 능묘는 대동과 낙양에 각각 하나씩 있다. 대동에 있는 것은 천도 이전에 그의 사후를 대비해서 만든 수궁壽宮으로 본래 '만년당萬年堂'이라 불렸는데, 그의 시신을 넣지 않았기 때문에 최근에는 '효문제 허궁虛宮'이라 부른다. 낙양의 북망산에 있는 장릉長陵이 실제 효문제가 묻힌 묘다.

북위 시대 황제 혹은 황후묘 가운데 봉분이 있는 분구식墳丘式 묘가 등장한 것은 효문제 시기였다. 즉, 문명태후의 능묘인 영고릉永固陵과 효문제의 능묘인 만년당이 최초의 것이다. 오호십육국 시대 이후 유목 민족은 도굴을 방지하기 위해 소위 '잠매潛埋'라는 매장법을 채용했다. 잠매란 이들 유목 민족의 제왕이 "죽으면 몰래 매장하여 분롱墳壟이라는 특정한 장소를 설정하지 않으며 장송葬送에 이르러서는 관구棺柩를 거짓으로 여러 개 만들어 묻는 풍습"이라고 한다. 예컨대 오호십육국의 하나인 후조後趙의 창업주 석륵石勒:明帝, 재위 319~333의 경우, 그 어머니 왕씨가 죽자 "산곡에 몰래 관을 묻어 버리니 그곳이 어디인지 아무도 모른다", 혹은 "수도 양국襄國의 서남에 허장虛葬했다"고 기록되어 있다. 또 그가 죽었을 때도 "밤에 산곡에 파묻으니 그곳이 어딘지 모른다. 문물文物을 준비하여 허장하고는 이를 고평릉高平陵이라 불렀다"는 식으로 사서에 기록되어 있다. 남연의 모용덕慕容德:獻武帝, 재위 398~404도 그의 사후 "밤에 10여 개의 관을 만들어 사문四門을 나누어 나가 산곡에 몰래 묻으니 그 시체가 어디 있는지 모르게 되었다"고 한 것이 잠매 풍습의 실례들이다.

북위 제실의 선조인 선비인의 상장喪葬 풍습은 다음과 같았다. 먼저 시신을 소장燒葬한 후 그 위에 명문을 새긴 돌을 세워 조종祖宗의 묘당을 삼아 제사를 지냈다. 이를 '석묘石廟' 혹은 '석실石室'이라 했다. 물론 북위 건국 후에는 한족들의 영향을 받아 초기 제왕들도 능묘 구역인 능원陵園을 만들기 시작하여 그것을 '금릉金陵'이라 칭했다. 그러나 그 위치가 정확히 어디인지는 알려져 있지 않다. 다만 북위 건국 초기 도성의 하나인 성락盛樂:現 內蒙古 呼和浩特 남방 40km에 있는 和林格爾縣 土城子村 부근에 있다고 추정할 뿐이다. 그것이 아직도 발굴되지 않고 있는 것은 처음부터 봉분을 만들지 않았기 때문일 것이다. 다시 말해 대규모 분구식 능원이 만들어진 것은 바로 문명태후와 효문제의 능에서부터 시작되었으며, 이 능묘가 뜻밖에도 낙양 천도뿐만 아니라 북위 정치사의 의문[謎]을 푸는 데 좋은 자료가 되고 있다.

2000년 1월 겨울 방학을 이용하여 나는 제자 세 명과 중국사회과학원 역사연구소 진한위진남북조사연구실 주임인 L씨와 함께 대동을 방문하게 되었다. 이미 대동 지역을 네 번씩이나 방문했지만, 갈 때마다 관광 형식이라 일반 여행객처럼 운강석굴·화엄사華嚴寺·구룡벽九龍壁·현공사懸空寺·응현목탑應縣木塔 등 유명한 관광지를 보는 것으로 만족할 수밖에 없었다. 중국의 유적지를 방문할 때는 그 지역의 역사 유적에 해박한 역사가나 고고학자를 대동하지 않으면 몇 번을 가더라도 성과를 거두기가 쉽지 않다. 그런데 평소 친숙하게 지내던 L씨가 최근 『북위평성시대北魏平城時代』라는 저서를 출판한 후 우송해 와서 그에게 전화를 걸어 대동으로 같이 가 안내해 줄 수 있겠느냐고 물었더니 흔쾌히 승낙한 것이다. 그는 그 지역에서 대학을 나온데다 그 지역 역사를 전공하고 있는 학자이기 때문에 북위 유적지를 소상히 알고 있었다. 그는 또 그의 대학 동기 동창이자 친구인 대동박물관 W관장까지 초빙하여 이틀 동안 같이 다니면서 우리의 답사를 도와주게 하였다. 사실 나의 관심은 북위 평성 시대의 성곽과 최근 발굴된 명당明堂 : 황제가 제후를 引見하고 정사를 보는 궁전의 유지遺址를 눈으로 직접 확인하는 것이었다. 최근 나의 연구가 도시사 쪽으로 옮아 가다 보니 성곽 구조를 소상하게 살펴보았으면 하였고, 특히 명당은 내가 「목란시木蘭詩의 시대」라는 논문을 쓰면서 북위 평성 시대에 분명히 그것이 존재했다는 확신을 가지게 되었기 때문이다.

종래 학계에서는 목란이 활약했던 시

영고릉 위치도

대가 당대 측천무후 시대라고 보고 명당은 측천무후 시대에 있었지 북위 시대에는 설치되지 않았다는 사실을 그 중요한 근거로 들고 있었다. 「목란시」를 보면 목란이 12년간 종군한 후 승리를 거두고 수도로 돌아왔을 때의 모습을 다음과 같이 묘사하고 있다. "돌아와 천자를 뵈오니 천자는 '명당'에 앉아 공훈을 열두 급으로 기록하고 백천 포대기의 상을 내린다."

그런데 북위 평성 시대에는 명당 설치에 관한 논의는 있었으나 결국 설치하지 않았다는 것이 내가 이 논문을 쓸 때까지만 해도 학계의 정설처럼 되어 있었다. 여러 가지 사료를 검토한 결과 낙양으로 천도하기 직전 명당이 건립되었으며, 천도한 후에도 몇 차례에 걸쳐 명당을 건립해야 한다는 상주가 있었지만 건립에까지 이르지는 못했다는 사실을 나는 논문에서 논증하였다. 나의 이런 주장에 대해서는 어떤 반응도 얻지 못하고 있던 중 1995년 대동에서 명당 유지가 발견되었다는 사실을 최근 L씨로부터 전해 듣게 되었던 것이다 발굴 보고서는 발굴을 직접 지휘한 W관장의 이름으로 『중국사 연구』 2000-1 등에 수록되었다.

대동 지역의 북위 유적지 가운데 우리 일행이 가장 먼저 찾아간 곳은 대동 서북 34km 지점에 위치한 방산方山 : 현재의 이름은 砑山 정상에 위치한 문명태후의 능인 영고릉과 효문제 허궁 만년당이었다. 대동은 북경과 위도는 비슷하지만 대동 지역을 포함한 산서성은 해발이 높은 고원 지대이므로 겨울이면 영하 20도까지 내려가는 일이 흔하고 간혹 30도가 되는 경우도 있다고 했다. 그런 데다 방산은 대동보다 해발이 약 300m나 더 높은 관계로 L씨는 두꺼운 옷을 준비하라고 신신당부했다. 그러나 우리가 도착한 날, 방산은 쌓인 눈만 없다면 쾌청한 데다 바람 한 점 없는 봄 같은 날씨였다. 이곳을 자주 찾는 W관장은 이런 날씨를 이곳에서 맞이하기는 매우 드문 일이라면서 "문명태후가 멀리서 온 박 선생을 환영하는가 보다"고 말하며 능청스럽게 웃었다.

영고당·사원영도·영천궁지. 영고릉 앞에 세워진 이들 건축군은 모두 문명태후의 제사와
그 영혼을 위로하기 위해 세운 것이다. 저 멀리 대동 시내가 아득하게 들어온다.

방산은 아래서 보면 산이나, 정상에 올라서니 광활한 평원이 펼쳐져
있었다. 방산 정상 최남단에 위치한 영고릉은 산 위의 웅장한 또 다른
산이었다. 봉분 꼭대기에 올라서니 대동 시내가 눈 아래 훤히 내려다
보였다.

　　발굴 보고서에 의하면 영고릉의 기저基底는 방형方形이지만 상부
는 원형이라고 한다. 남북 약 117m, 동서 124m, 높이는 22.87m이다.
평성의 효문제가 지금 무슨 계책을 꾸미고 있으며 무슨 짓을 하고 있
는지 명경알처럼 낱낱이 관찰할 수 있는 지점이다. 지금은 약간의 흔
적만 남아 있지만, 능 주위로 위장圍牆이 처 있었고, 사방으로 궐문闕門
터에 두 개의 토대土臺가 우뚝 솟아 있다. 영고릉 남쪽 비탈을 내려가
100m쯤 되는 산록에는 영고당永固堂과 사원영도思遠靈圖 터가 있다. 그

영고릉과 만년당(허궁). 위풍당당한 영고릉(문명태후릉)에 비해 초라한 효문제의 허궁이 비교된다.

앞에 절기마다 그녀에게 제사를 지내던 영천궁靈泉宮 터가 눈이 덮여 있는데도 그 윤곽을 분명하게 드러내고 있다. 영고릉은 문명태후 자신이 고심하여 선택한 곳으로, 481년에 공사를 시작하여 484년에 완성했다고 한다. 『위서』에 의하면 그 규모는 당시의 법제를 크게 초월한 것으로 이렇게 웅장하게 자기의 능묘를 건축한 것은 만세萬世 동안 자기를 우러러보게 하기 위한 의도에서라고 한다. 문명태후는 죽어서도 궁전과 같은 능묘 속에서 효문제, 아니 그를 이을 만세 후의 황제들을 감시하고자 한 것이다. 영고릉 봉분 꼭대기에서 동북 약 800m 지점에 있는 효문제의 허궁만년당을 바라보니 초라하기 그지없다. 한 면이 60m의 방형으로 높이가 13m인 작은 능이다.

효문제 허궁 앞에 섰더니 그저 보이는 것은 앞을 막고 선 영고릉

영고릉에서 내려다본 효문제의 허궁. 어느 것이나 봉분만 있을 뿐 석조물은 보이지 않는다.

과 하늘뿐이다. 대동 시내는커녕 방산 바로 아래 있는 작은 마을도 보이지 않는다. 『위서』「황후열전」에 효문제가 그의 수궁을 만들면서 "영원토록 우러러볼 생각만 가지고 있었다"고 한 말이 그렇게 절실하게 느껴질 수가 없다. 그것은 황제의 능묘가 아니라 황후의 그것, 아니어느 고을 태수의 묘라고 해야 옳겠다. 이것이야말로 효문제 낙양 천도 이전의 북위 평성 시대 정치 현실의 극명한 표현이라 할 것이다. 우리는 며칠 후 낙양으로 가서 효문제의 진짜 시신을 묻은 장릉長陵을 찾았다. 북망산北邙山 너머 맹진현孟津縣 관장촌官莊村에는 효문제의 실제 무덤인 장릉과 그 뒤편에 103m의 거리를 두고 수줍은 듯이 숨어 있는, 그의 비妃였던 문소황후文昭皇后 고씨高氏의 능이 있다. 선무제의 생모였던 고씨는 고구려계 여인이라는 설이 유력하다. 장릉의 현재 높이는 35m, 직경 60m, 소황후릉은 높이 23m, 직경 35m이다. 대상만 바뀌었지 흡사 대동 방산에 있는 두 능묘의 구도와 크기를 연상시킨다. 위풍당당한 효문제릉과 초라한 문소황후의 능이 대조적이다. 낙양의 효문제는 평성 시대의 그가 아니었다. 효문제는 장릉을 중심으로 이 지역에 종실의 묘역인 산원山園을 지정하고 관직 서열에 따라 엄격하게 배장묘陪葬墓를 배열하도록 하였다. 현재까지 발간된 발굴 보고서에 의하면, 장릉을 중심으로 일목요연하게 묘들이 배열되어 있어 흡사 효문제가 군대를 열병하는 듯한 형상을 하고 있다는 것이다. 실제 효문제 이후의 정치사가 어떻게 전개되었든 간에 이것이야말로 '여성 상위 시대'에서 '남성 시대'로의 개시를 선언한 효문제 나름의 의지의 표현이라 할 것이다. 평성과 낙양의 효문제 능묘를 둘러보고 얻은 결론은 그렇게 명료했다. 북위 시대 능묘는 매우 중요한 정치적 의미를 지닌다. 황제가 친정을 개시하거나 개원開元을 행할 때 등 대사가 있을 때마다 선황의 능묘를 찾는 이른바 '알릉謁陵'이라는 제도가 있었다. 요즈음 정치인들이 큰일이 생길 때마다 찾아가는 소위 '국립 묘지 참배'가 그것이다. 북위 왕조에서도 이제 유목적인 구태를 벗고 중원 왕조의 능묘 문화를 외형적으로나마 받아들인 것이다.

이제부터는 문명태후 풍씨를 중심으로 전개된 북위 중기의 정치사를 살펴봄으로써 효문제가 왜 낙양으로 천도하지 않으면 안 되었는가를 구체적으로 알아보자. 문명태후 풍씨는 오호십육국 북연北燕, 407~436 황실의 후예다. 통상 오호십육국이라 하면 호족이 세운 왕조로 알고 있지만 풍씨는 한족이었다. 그러나 그 혼족婚族을 추적해 보면 풍씨 집안의 혈통이 호한 혼혈이라는 것을 쉽게 알 수 있다. 원래 장락長樂 신도信都: 현재 河北 冀縣 사람이었지만 증조 때 창려昌黎: 현재 熱河 朝陽 동남로 옮겨가 호족이 많이 거주하는 이 지역에 살게 되었다. 그녀의 종조부 풍발馮跋은 요서 일대를 근거로 세력을 형성하여 북연

효문제릉(낙양)과 문소황후릉. 낙양 북망산에 있는 두 묘는 영고릉과 효문제 허궁의 크기를 연상케 한다.

효문제릉에서 내려다본 문소황후 고씨릉. 고씨는 고구려 계통의 여인으로 알려져 있다.

을 세웠다. 따라서 부계 혈통은 한족이라 해도 이민족의 풍습에 젖어 있기 때문에 호족이라 해도 무리가 없다. 그래서 그가 자립하여 세운 왕조인 북연을 역사가들은 오호십육국의 하나로 넣은 것이다. 그 뒤 조부 풍홍馮弘이 왕위를 이었지만 곧 그 아들들 사이에 계승 분쟁이 일어나자 그녀의 아버지인 풍랑馮朗은 가족을 이끌고 북위에 귀순했 던 것이다. 북위로 귀순한 후 풍씨 가족의 생활은 그리 순탄하지 않았 다. 풍랑은 어떤 사건에 연루되어 피살되었고, 문명은 죄인이 되어 궁 중으로 잡혀 왔다. 당시 태무제의 좌소의左昭儀로 있었던 고모의 도움 으로 노비가 될 운명이었던 문명은 문성제文成帝, 재위 452~465의 귀인 貴人으로 발탁되었다가 이듬해456 황후가 된다. 죄인이 어떻게 갑자기 황후가 될 수 있었는가에 대해서는 아직 명료하게 설명된 것이 없지

만, 문명 외에도 북위 왕조에서 죄인이 황후에까지 오른 사례가 몇 있으니 아마 한족 왕조에서는 도저히 있을 수 없는 이런 현상이 나타난 것은 황후의 가문을 따지지 않는 유목 민족의 관습과 관련이 있을 것이다.

465년 문성제가 죽었다. 남편의 죽음에 충격을 받은 문명은 대상삼일大喪三日을 보낸 후 선제先帝：문성제가 평소 사용하던 의복·기물 등 어물御物을 소각하는 의식을 치를 때 슬픔을 이기지 못하고 불 속에 몸을 던져 따라 죽으려고[殉死] 했다. 마침 주위에서 구해 주는 바람에 한참 후에 소생했다고 사서는 전한다. 권력의 화신이었던 그녀의 이미지와는 전혀 다른 일면이지만, 문명도 한때 그런 시절이 있었던 여자였다. 그래서 어떤 학자는 그런 그녀의 행동에는 다분히 쇼show적인 면이 있다고 꼬집는다. 여하튼 감수성이 예민한 24세의 나이로 반려를 잃고 혼자서 외롭게 생을 마쳐야 한다는 인생의 비극을 경험한 그녀는 곧 열렬한 불교 신자가 됨으로써 지난 일들을 애써 잊으려 했다.

그러나 그녀가 뜻했든 아니했든 간에 남편의 죽음은 그녀의 운명에 새로운 전기를 맞게 했다. 열두 살의 헌문제獻文帝, 재위 465~471가 즉위하자, 문명은 태후로 승격되었다. 헌문제의 생모 이씨[李夫人]도 문명처럼 어떤 사건에 연루되어 궁중에 들어온 여인이었지만, 황태자를 낳은 죄(?)로 이미 죽고 없었다. 그녀가 종실의 좌장이 된 것이다. 당시 정치는 재상 을혼乙渾이 장악하고 있었다. 황제 나이 열두 살이란 정치와는 거리가 멀 수밖에 없는 연령이다. 당연히 실제 권력을 행사할 위정자가 필요했다. 그 지위에 올랐던 자가 바로 시중侍中 거기대장군車騎大將軍 을혼이었던 것이다. 그러나 그는 덕망 있는 관료들을 독살하는 등 권력을 마음대로 주물러 사직을 누란의 위기로 몰아넣었다. 을혼에게 명령을 내릴 수 있는 유일한 사람이 바로 황태후 풍씨였다.

그녀는 이런 분위기를 이용하여 466년 정변을·일으켜 을혼을 살해하고는 자연스럽게 임조청정臨朝聽政의 형식으로 정치 일선에 발을 내디디게 된다. 이것이 그녀의 제1차 집정이다. 그러나 그 집정 기간은 길지 않았다. 467년 효문제가 태어나자 문명태후는 효문제를 양육한다는 명분으로 후궁으로 물러나 앉았고, 표면적으로 정권은 열네 살의 헌문제에게 환원되었다. 후에 보듯이 권력욕이 대단한 문명태후가 한가로이 손자만을 돌보기 위해 후궁으로 물러났다는 것은 사실 이해하기 힘든 일이다. 그래서 효문제가 바로 문명태후가 낳은 아들이라는 설[實子說]이 나오게 된 것이다.

467년부터 476년 헌문제가 죽기까지 문명태후의 활동을 말해 주는 기록은 어느 사서에서도 찾을 수가 없다. 그러나 그녀가 여전히 막후 실력자였던 것만은 분명하다. 그녀의 지지자 곧 태후당이 당시 군과 정치를 거의 장악하고 있었다. 그녀는 짧은 집정 기간이었지만 자신의 사람들을 조정 요직 요소요소에 빠짐없이 심어 두었기 때문이다. 재상인 태위太尉직에 있었던 원하源賀, 합참의장격인 도독중외제군사都督中外諸軍事직을 맡은 임성왕任城王 운雲, 상서령尚書令 탁발비拓跋丕:後에 元丕, 중서령中書令 고윤高允, 중서감中書監 이부李敷 등이 그들이다. 헌문제와 태후의 정치적 긴장 관계에 대해 서술한 사료는 더욱 없다. 표면상 평온한 관계를 유지하던 두 사람의 관계에 파탄을 가져온 것은 470년 헌문제가 내린 이부와 이혁李弈 형제의 주살誅殺 조칙이었다. 이혁은 바로 문명태후의 정부情夫였기 때문이다. 아무리 호족 국가라 하더라도 태후가 공개적으로 정부를 갖는다는 것은 지금 생각해도 잘 이해되지 않는 부분이다. 여하튼 『위서』에서는 헌문제가 문명태후와 이혁의 올바르지 못한 관계에 분노한 나머지 이혁을 살해하라는 조칙을 내렸다고 되어 있다. 그러나 그것은 단순히 황태후와 부적절한 관계를 맺은 이혁을 주살한 사건이 아니라 문명태후와 헌문제 사이의 권력투쟁의 결과로 불거진 사건이었을 뿐이다. 이혁 주살 사건으로 생긴 정치적 쟁투는 헌문제가 18세의 나이로 이듬해 퇴위하는 것으로 결말이 났다. 그의 퇴위 이유에 대해『위서』는 "황제는 평소 세상 돌아가는 일에 대해서는 가벼이 생각하고 항상 세상을 잊으려는 마음을 갖고 있었다"거나 "불교를 독실하게 믿었기 때문에 정치에 관심을 두지 않았다"는 식으로 설명한다. 그러나 그것은 사실이 아니었다. 헌문제가 퇴위하고 나서부터 476년 비명에 죽을 때까지 그가 한 활동을 보면 재위 시기와는 비교할 수 없을 정도로 활발했기 때문이다. 당시 북방의 강적인 유연柔然을 친히 정벌하기 위해 군사를 이끌고 나가기도 했고, 제례 등 각종 국가 행사에 빠짐없이 참석하기도 했다.

청대의 학자 왕부지王夫之는 그의 퇴위를 두고 아들인 효문제를 일찍 즉위시켜 자기가 상황上皇으로서 보필하여 황제권을 공고히 하기 위한 것이라고 설명한다. 그러나 이런 주장은 일부는 맞지만 일부는 옳지 않다. 헌문제가 퇴위할 당시는 그가 친정을 시작한 지 4년밖에 지나지 않아 자기 세력의 부식에 성공하지 못했고, 효문제는 당시 강보를 막 벗어난 다섯 살의 어린아이에 불과했기 때문에 그의 말을 알아들을 나이도 아니었다. 더욱이 그가 퇴위하면서 후계 황제로 추천한 사람은 태자 효문제가 아니라 숙부 경조왕京兆王 자추子推였다. 자추는 당시 북위 왕조의 군과 정부의 요직侍中·征南大將軍·中都大官을 두루 거친 종실의 원로로 문명태후와 동배同輩였으니 헌문제가 그에게 기대했던 것이 무엇인지 쉽게 짐작이 간다. 헌문제는 문명태후를 제거하는 일 외에는 다른 생각을 할 겨를이 없었던 것이다.

문명태후는 탁발비·탁발운·원하·고윤 등과 환관 조흑趙黑 등 소위 태후당 관료들로 하여금 자추의 계위 추진에 대해 격렬한 반대 상소를 올리게 하여 헌문제의 계획을 무산시킨다. 사실『위서』「천상지天象志」에는 헌문제의 퇴위 사실을 "임금은 태후에게 강박되어 태자에게 황위를 내주고 말았으니 새로 황제가 된 이가 바로 효문제다"라 쓰고 있다. 헌문제는 문명태후에게 밀려났고 그 후계마저 그의 의지 대로 정하지 못했다는 이야기다. 헌문제가 퇴위한 후 북방의 숙적인 유목 민족 국가 유연 정벌에 나선 것은 이 전투를 계기로 혁혁한 공훈 을 세워 군권을 더욱 굳건히 장악함으로써 쿠데타를 통해 마지막 복 권의 기회를 노린 것이었다. 정벌을 빙자하여 어느 정도 군대를 장악 하게 된 헌문제는 476년 7월 13일6월 갑자 전국에 비상계엄령[中外戒嚴] 을 내린다. 그러나 계엄령 발동 후 7일 만인 7월 20일 그는 갑자기 죽 었다[暴崩]고 기록되어 있다. 그의 복권 노력은 자기 생명을 희생시키 기만 하고 아무런 대가 없이 수포로 돌아간 것이다.

이제 문명태후 앞에는 거칠 것이 아무 것도 없었다. 효문제는 황 제이기는 하나 나이가 아직 어렸다. 사서의 기록에는 467년 헌문제의 장자로 고조高祖 효문제가 태어났다고 되어 있다. 그의 어머니는 이혜 李惠의 딸인 사황후思皇后 이씨라고 기록되어 있다. 그런데 이 효문제의 탄생을 두고 학계에서는 말이 많다. 즉, 효문제의 부모가 사서에 알려 진 대로가 아니라는 것이다. 그런 의문은 첫째, 아무리 왕족이어서 좋 은 약 많이 먹고 자라서 남달리 조숙한 면이 있다 하더라도 열세 살의 헌문제가 과연 애를 낳을 수 있었겠느냐는 의문이다. 이 점에 대해선 이 방면에 문외한인 내가 언급할 문제는 아닌 듯하다. 둘째, 『위서』 「황후열전」을 보면 "태후가 붕어할 때까지 고조는 누구에게서 났는지 를 알지 못했다"고 되어 있는데, 이것은 생모와 관련해 뭔가 비밀이 있 다는 것을 말해 주는 것이다. 셋째, 고조가 난 시기가 문명태후가 정권 을 휘두르고 있을 당시이기 때문에 자신이 낳은 사생아인 효문제를 사황후 이씨가 낳은 것처럼 위장하고 그녀를 생모로 삼아 살해했을 것이라는 추측이다. 왜냐하면 후에 이씨 일족이 문명태후의 미움을 받아 도살되었는데도 효문제는 망나니 군주인 연산군처럼 그 할머니에게 대들지 않았을 뿐만 아니라, 이씨에 대해서도 냉담했기 때문이다. 반면 문명태후에게는 끝까지 지극한 효성을 다했다는 사실 등이다. 효문제와 그 출생 문제에 관련된 사람들의 시신이 만약 있다면 유전자 감식을 통해 그 진위를 밝히는 시도를 해보겠지만, 묘들이 거의 발견되지 않고 있는데다, 있다 하더라도 도굴된 형편이라 사실 위와 같은 사실을 논증할 재료는 전무한 것이 현실이다. 효문제의 문명태후 실자설은 이렇게 추론 단계에 머물고 있지만 이런 주장에 동조하는 학자는 제법 많다. 문명태후가 효문제를 낳았다고 가정한다면 그 아비는 누구냐는 것이다. 『위서』 「후비전」에는 "태후가 부정을 행하여 이혁을 총애했다"는 기록이 있고, 이혁은 "용모가 아름답고 재예才藝가 있다"는 기록도 있다. 따라서 이혁이 효문제의 아버지였다는 것이다. 이혁은 주살되었지만 그가 죽었을 당시와 효문제의 생년을 비교하면 맞아떨어진다는 주장이다.

효문제가 문명태후의 손자인지 친아들인지는 논외로 하고 문명태후는 476년부터 그녀가 죽은 490년까지 15년간 북위 권력의 유일한 핵심 인물이었다. 이 시기가 바로 그녀의 제2차 집정 기간이다. 문명태후의 '임조전정臨朝專政'으로 효문제는 명목상 황제였지만 아무 것도 할 수 없는 허수아비였을 뿐이다. 중국 역대 토지 제도 가운데 가장 유명한 균전제均田制와 촌락 조직인 삼장제三長制, 그리고 봉록 제도를 실시하는 등 굵직굵직한 개혁 정책이 효문제가 주도한 것으로 알고 있는 사람들이 아직도 많다. 그러나 문명태후가 사망하기 전에 효문제가 한 일은 정말 하나도 없다고 해도 과언이 아니다. 『위서』 「황후열전」에 의하면 "태후가 조정에 임하여 정치를 오로지하고부터 고조효문제는 본래 성품이 효성스럽고 삼가 참결參決하기를 원하지 않아 일의 크고 작음에 관계없이 태후에게 모두 아뢰었다. 태후는 지략이 풍부한데다 시기심이 많고 잔인하여 대사를 능히 행하면서 생살상벌을 결

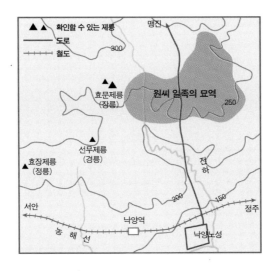

북망산 북위릉 위치도.

정하는 것도 순간이었지만 고조는 관계하지 않는 것이 대부분이었다"
고 쓰고 있다. 황제로서 효문제는 문명태후에게 지극한 효성을 드린
것 외에는 사실 아무 것도 한 것이 없는 자였다. 그가 그러했던 것은
결코 능력이 부족해서가 아니었다. 단지 그의 생명을 보전하기 위한
최선의 선택이었던 것이다. 그는 문명태후가 기피할 정도로 총명했고
문명태후가 죽은 후 천도 등 여러 가지 개혁 조치를 단행하는 등 유능
한 제왕으로서의 일면을 유감없이 보여준 것은 그런 짐작을 가능케
한다. 그가 만약 이런 수수방관의 자세를 취하지 않고 그의 할머니가
하는 정치 행위에 대해 왈가왈부했더라면 후세 측천무후의 아들들처
럼 죽임을 당하거나 제위에서 쫓겨났을지도 모를 일이다.

　　문명태후는 한때 그러한 식물 황제인 효문제를 폐하려고까지 했
다. 그 이유는 효문제가 너무 총명하여 후에 풍씨에게 불리한 국면을

전개시킬 수 있을 것 같았기 때문이다. 그녀는 효문제를 폐하기 위해 추운 겨울에 홑옷을 입고 방문을 잠근 채 3일이나 단식 투쟁에 돌입하기도 했다. 효문제를 대신해 함양왕咸陽王 희禧를 세우려는 구체적인 계획도 마련해 두었다. 그러나 원비元丕·목태穆泰·이충李冲 등 중신들이 굳게 간쟁하는 바람에 그만두었다는 것이『위서』의 내용이다.

폐위 기도 사실은 효문제가 문명태후의 실자였다는 설을 곤혹스럽게 하는 부분이다. 만약 실자라고 한다면 효문제를 폐하여 살해하려고까지 했을까 하는 의문이 들기 때문이다. 이렇게 보면 효문제의 문명태후 실자설은 상당히 문제가 있는 것처럼 보인다. 그러나 그녀의 궁극적인 정치 지향점을 주목하면 실자설에 강력한 뒷바람을 얻을 수 있다. 즉, 그녀가 꾸준히 추구했던 정치 지향점은 당대의 측천무후와 너무 닮았다. 즉, 측천무후가 무씨지상주의자武氏至上主義者였다면 문명태후는 풍씨지상주의자馮氏至上主義者였던 것이다. 측천무후가 이씨 왕조를 넘어뜨리고 무씨 왕조를 세우려고 했던 것처럼, 그녀의 최종 목표는 북위의 탁발씨 왕조를 희생시키고 대신 친정 풍씨 정권을 창출하는 데 있었다. 그녀는 북위에게 망한 오호십육국 시대 북연 제실의 말예末裔였던 풍씨였기 때문이다.

효문제가 측천무후의 아들처럼 폐위되어 축출되거나 죽지 않았던 것은 문명태후가 측천무후보다 마음씨가 고와서일까? 아니면 효문제의 대처 능력이 탁월해서일까? 효문제가 아들이든 아니든 효문제는 모든 정치를 문명태후가 마음대로 하도록 맡겨 두고 그녀가 죽을 날만 기다린 것이다. 그녀의 행동에 제동을 걸 경우 제위帝位는 물론 목숨까지 담보할 수 없는 위험성을 먼저 알아차렸던 것이 아닐까? 여하튼 측천무후의 주나라가 성립하기 전에 중국에 또 다른 여황제 국가가 등장할 가능성이 있었던 시대가 바로 이 시기였다. 여황제 출현까지 이르지 못한 것은 문명태후가 측천무후를 여러 면에서 빼어

닮긴 했으나 측천무후처럼 하늘로부터 천수天壽를 얻지 못한 것이 그 원인이라고 결론짓는다면 나의 지나친 독단일까? 측천무후가 82세를 살았던 반면, 풍씨는 겨우 49세를 살았을 뿐이기 때문이다.

문명태후는 효문제의 바람대로(?) 비교적 젊은 나이에 죽었지만, 수도 평성에는 문명태후가 박아 놓은 인사들로 효문제는 숨이 막힐 지경이었다. 평성에 그대로 있어서는 아무 일도 할 수 없었다. 그는 이 풍역속移風易俗을 위해 낙양으로의 천도를 계획했다. 그러나 수많은 반대자가 그의 길을 가로막고 나섰다. 낙양의 찌는 듯한 여름 날씨에 익숙하지 않았던 유목 민족 출신의 군신들은 물론, 고려高閭라는 한인 중신마저 천도에는 열 가지 문제가 있다遷有十損며 반대하고 나섰다.

그러나 효문제에게는 천도 외에는 다른 출로出路가 없었다. 그는 남제南齊 정벌의 기치를 내걸며 군대를 이끌고 낙양으로 먼저 가 주저앉고는 평성으로 돌아가지 않았다. 낙양에 주저앉은 효문제에게 봉착한 문제는 간단하지 않았다. 먼저 황태자였던 순恂이 낙양의 지열을 견디다 못해 말을 타고 평성으로 돌아가 천도를 반대하는 반란자 편에 서는 아픔을 감내해야 했다. 제일 큰 문제는 동족인 탁발씨의 동태였다. 탁발 훈귀勳貴 가운데 그에게 동조하는 사람은 거의 없었다. 낙양의 기후 조건이 제일 문제였다. 그래서 효문제는 하는 수 없이 그들에게 여름에는 평성에, 겨울에는 낙양에 거주하는 이른바 '기러기 신하雁臣' 생활을 당분간 허용했다. 그러나 낙양 천도 사업이 어느 정도 정착되자, 효문제는 낙양의 모든 관료들에게 하남 낙양에 본적을 두도록 하고 분묘도 낙양 북망산에 쓸 것을 명령했다. 효문제의 이른바 한화漢化 정책은 이런 과정에서 성립된 것이다. 단순한 한문화에 대한 흠모가 아니었다.

정치, 아니 권력이라는 것이 도대체 무엇인가? 남편의 죽음 앞에 불 속으로 몸을 던졌던 가녀린 성품의 여자였던 문명태후가 정치 맛을 보고는 사람이 변해도 너무 변해 버렸다. 정치만이 그런 것이 아니다. 돈도 그러하다. 돈의 위력을 향유할 수 있는 자만이 돈을 논할 수 있고 권력의 맛을 아는 자만이 권력을 이야기할 수 있다고 한다면 나는 더 할 말이 없다. 국회의원이 뭐길래 그 자리를 따기 위해 몇십억 몇백억을 투자하고, 신념도 지조도 버리고 이리저리 당적을 바꾸고, 하는 말마다 거짓으로 치장하면서도 얼굴색 하나 변하지 않는 사람들이 TV 화면을 가득 채우는 현실을 도무지 이해할 수 없는 내가 정치 이야기만 실려 있는 사료를 뒤지는 역사학을 연구할 자격이 과연 있는 것일까? H 재벌의 후계 구도를 두고 연전에 일어난 골육 간의 전쟁(?)이 전혀 이해되지 않은 것은 아마 그간 나로부터 돈과 권력이 너무 먼 곳에 떨어져 있었기 때문일 것이다. 돈과 권력이 어느 날 갑자기 나에게도 주어진다면 그들을 더 잘 이해할 수 있어 더 좋은 논문을 쓸 수 있을 것인데……. 나는 오늘도 이런 망령된 꿈을 꾸면서 살고 있다.

영화 「뮬란」의 주인공

목란木蘭은 누구인가?

● 목란의 종군로

가없이 펼쳐진 초원 위로 말 달리던 여인의 이야기가 천몇백 년 동안 사람들의 심금을 울리고 있다. 그녀는 원정군遠征軍의 일원으로 참여하라는 군첩軍帖을 받은 병약한 아버지를 대신해서 남장男裝을 하고 12년간 치열한 전투에 참여해 큰 공훈을 세우고 개선했다. 그녀가 바로 목란木蘭이다. 그녀에게 주어진 벼슬은 상서랑尙書郎이라는 고관이었다. 그러나 목란은 그 높은 벼슬도 마다하고 부모 형제들이 옹기종기 모여 사는 고향 땅으로 귀환한 후, 마침내 화장하고 여자의 본모습으로 돌아갔다. 혹설에 의하면 목란이 여자라는 사실을 안 군주가 수청을 강요했으나 죽음으로써 거절했다고 한다. 이것이 인구에 회자되던「목란시木蘭詩」의 대강의 줄거리다. 소설에는 추한 여인도 간혹 나오지만, 시 속에는 그럴 여유가 없다. 시 속의 여인은 항상 아름답다. 목란은 우리의 춘향이나 심청처럼 중국 민간에서 가장 인기있는 여인 중 한 명이었다. 효성과 정절을 갖춘 여인인 동시에, 국가에 책임을 다하면서도 돈과 벼슬보다 인간다움을 더 소중하게 여기는 민초民草였기 때문이다.

이 목란이 어느 시대, 어떤 전투에 참여했는가는 중국 문학사뿐만 아니라 역사학계에서도 쉽게 결론이 나지 않았던 문제였다. 그녀를 다룬 수많은 논문이 시대를 걸쳐 쏟아져 나왔다. 그녀에 대한 사랑이 끔찍한 만큼 그녀에게 인연대기 경쟁도 치열했던 결과였다. 문학 작품이란 픽션일 뿐이지만, 거기에도 항상 모델이 있게 마련이고, 그 시어詩語에는 시대적 잔해殘骸가 달라붙어 있게 마련이다.

내가 내린 결론은 다음과 같다. 목란은 북위 효문제 시대인 485~492년 사이에 북위와 북방의 유연柔然이 현재 몽고 초원에서 벌인 전투가 모델이 되었으며, 목란은 원래 유목 민족 출신으로 만리장성 너머 중국 내지에 들어와 살면서 호속胡俗과 한속漢俗의 두 풍습을 모두 고루 익힌, 즉 호한 융합의 여인이라는 것이다.

고단하고 따분하기만 한 오늘의 한국을 사는 우리, 잠시라도 이 풍진 세상을 잊어버리고 마음도 얼굴도 예쁜 목란이라는 젊은 여인과 더불어 하늘은 푸르고 들판은 가없는 초원 위에서 1천여 년 전에 벌어진 전투장으로 잠시 시간 여행을 함께 떠나 봄이 어떠할지……

창문이 서향으로 뚫린 연구실에 앉아 서편 하늘을 바라다보고 있을라치면 문득 저 구름 너머가 중국일 거라는 생각이 머리를 스치고 지나가곤 한다. 지금까지 20회 넘게 중국에 드나들었고 1년이나 그곳에서 생활하였건만 아직도 가보지 못한 곳이 한두 곳이 아니다. 중국의 면적 11,173,558km²은 유럽 대륙과 거의 비슷하며, 우리나라 남북한 면적의 50배에 이른다. 아직 우리나라에도 가보지 못한 곳이 많은데, 우리나라 50개가 합쳐진 면적을 가진 중국을 대강이라도 훑어보는 것은 쉬운 일이 아니다. 지금까지 내가 둘러본 중국 대륙 가운데 지그시 눈감으면 불현듯 떠오르는 영상이 있다면 그것은 다름아닌 초원이다. 나의 연구 방향이 이 초원과 떼려야 뗄 수 없는 관계에 있기 때문만은 아니다. '단순'하다는 것이 그렇게 아름다울 수 있다는 사실을 초원에 가보지 않으면 쉽게 짐작할 수 없다. 마지막 유목 제국인 준가르가 이 지구상에서 사라진 지 이미 300여 년이 지난 지금, 인류가 만들어 낸 양대 문명의 하나였던 유목 문명의 잔해인 초원과 유목민들이 그런 대로 남아 있다는 것은 우리를 정말 기쁘게 한다.

나는 그동안 초원 기행을 제법 많이 했다. 내몽고 초원을 다섯 차례, 세계에서 가장 아름다운 초원으로 이름난 홍안령산맥 서록의 호륜패이 대초원과 그 속에 박힌 거울 같은 호수 호륜지呼倫池도 찾아보았다. 또 몽골인민공화국을 한 차례 방문하여 지루하게 느껴질 만큼 긴 초원 길을 다니기도 했지만 나에게 초원은 그저 그립기만 한 존재다. 초원은 포근하고 풍족감을 주지만 때로는 한없이 잔인하다. 풍설이 거세게 몰아치는 초원을 탐방할 기회를 나는 아직 갖지 못했다. 내가 찾았던 초원은 여름의 그것이었다. 따라서 내가 이제껏 본 초원은 그 본모습의 4분의 1의 모습이었을 뿐이다. 그러나 여름 밤 망망한 초원 위에 세워진 '게르[빠오 : 蒙古包]'에 누워 원형의 환기 구멍을 통해 유성流星이 흘러내리는 밤하늘을 바라보고 있노라면 초원에서 사는 인생이야

몽골 초원. 목란이 유연군을 치기 위해 종군했던 지역(몽골인민공화국)에
광활하게 펼쳐진 초원에서 양과 말 떼들이 평화롭게 풀을 뜯고 있다.

말로 신선의 그것임을 알게 된다. 그리하여 시끌벅적하고 먼지 날리는
농경도시 사회가 진실로 진망塵網 속세임을 금방 실감하게 된다.
　초원으로 갈 때에는 반드시 초원의 시 한 수를 적어 가서 읊어야
제격이다. 내가 공부하는 위진남북조 당시 북방 유목민이 그들의 생
활과 초원의 풍광을 파노라마처럼 묘사한 「칙륵가敕勒歌」는 그들이 우
리에게 남겨 준 진주보다 영롱한 보석이다.

칙륵천 내린 물은 음산 아래로 흘러가네 　敕勒川陰山下
하늘은 궁려인 양 온 들판을 뒤덮었네 　天似穹廬 籠蓋四野
하늘은 푸르고 들판은 가없는데 　天蒼蒼 野茫茫
바람 불어 풀 누울 제 소와 양 떼 보이누나 　風吹草低見牛羊

이 시를 조용히 읊조리고 있노라면 윌리엄 워즈워스의 명작 「초원의 빛」이란 시도 그 빛을 잃고 만다. 「칙륵가」는 원래 음산 아래로 흐르는 칙륵천현 土默特. Tumd 옆, 가없이 펼쳐진 넓고 푸른 초원 위를 달리던 유목민들이 부르던 선비어로 된 노래였다. 그것이 한어漢語로 번역된 것인데, 27자밖에 안 되는 짧은 시를 통해 우리는 이들 유목민이 왜 초원을 그토록 떠나지 못했던가를 여실히 알 수 있다. 「칙륵가」와 함께 이 초원과 밀접한 관계에 있는 작품이 바로 「목란시木蘭詩」혹은 「목란사木蘭辭」다. 「목란시」는 중국의 대표적 영웅 문학 작품의 하나로 목란이라는 처녀가 연로한 아버지를 대신해서 12년간이란 짧지 않은 세월을 초원에서 벌어진 전투에 종군한 이야기를 소재로 한 것이다. 지금도 중국인이 즐겨 애송하는 악부樂府 중 하나이지만, 몇 년 전1998 미국 월트 디즈니사에서 만든 애니메이션 「뮬란」이 바로 「목란시」에 나오는 목란을 주인공으로 한 것이다. 잘 알다시피 목란의 중국어 발음은 '무란MULAN'이지만, 그 영화를 수입한 회사에서 잘못 읽어 「뮬란」으로 우리나라에 소개된 것이다. 이 영화는 상당한 관객을 동원한 모양이지만, 최근 뭐가 그렇게 바쁜지 영화관과는 담을 쌓고 살다 보니 영화 광고도 주의 깊게 보지 못하여 관람 기회를 놓치고 말았다. 한참 후에 비디오를 빌려서 볼 기회가 있었지만 시대적 배경이나 정벌 대상 등이 제 마음대로다. 중국 위나라: 북위과 흉노이미 사라진, '파'씨와 그 가문의 수호신인 무슈, 영웅적인 중대장 샹과의 결혼 등 거의가 그들만의 새로운 창작물이다. 이 애니메이션은 목란무란이 뮬란으로 발음된 것처럼 모든 이야기의 전개가 뒤죽박죽이다.

나는 사실 이 목란에 관심이 많은 사람이다. 몇 년 전1993에 이미 「목란시의 시대」라는 논문을 발표한 적이 있을 정도다. 아마도 한국에서는 「목란시」를 소재로 한 논문을 발표한 자는 문학과 역사 방면을 통틀어 내가 유일한 사람이 아닌가 한다. 후에 안 일이지만, 컴퓨터통

게르. 유목민이 살고 있는 이동식 가옥 게르의 모습. 그림은 몽골인민공화국 카라코룸 근방의 풍경이다.

신 모 동우회에서 이 논문이 자주 거론되었던 모양이다. 애니메이션 「뮬란」을 이해하려면 '박모' 씨의 논문을 참조해 보는 것이 좋다는 내용이었다고 한다.

　내가 목란에 관심을 갖게 된 것은 우연한 기회를 통해서였다. 내가 여러 논문을 통해 전개하고 있는 위진남북조, 특히 북조의 시대상 묘사에 중요한 전거가 「목란시」에 내포되어 있다고 생각한 것이다. 나는 목란의 활동을 통해서 위진남북조 시대의 서민, 특히 호족_{유목}과 한족_{농경}의 생활이 융합된 그들의 모습을 그려내고 싶었던 것이다. 잘 알다시피 위진남북조 시대는 중국사상 '민족 이동'의 시대이고, 그 결과 민족 융합이 광범위하게 진행된 시대였다. 나는 목란이 북방 유목 민족으로, 중국 내지로 이동해 생활하던 가문 출신이라고 보았다. 내가 학계 입문 이후 거의 대부분의 시간 동안 추구해 온 중국 문화와 중국인의 다원적 성격, 즉 나의 작업 가설인 이른바 '호한체제胡漢體制'를 가장 잘 설명해 줄 수 있는 소재가 될 수 있다는 기대에서였다.

「목란시」의 배경이 된 시대와 종군 지점, 전투 대상, 고향, 성씨, 이름 등은 중국 문학사상, 혹은 중국 역사학사상 중요한 쟁점의 하나로, 아직도 미해결 부분으로 남아 있다. 지금도 나는 스스로 논증한 사실에 대해 상당한 확신을 갖고 있다. 이제 이 문제를 갖고 독자 여러분과 더불어 보다 즐거운 시간 여행을 떠나 보려 한다. 여행이란 홀가분하게 떠나는 것이 좋지만, 돌아올 때는 뭔가 보고 느끼고 또 얻어들은 것이 있어야 나름으로 알찬 것이라 할 것이므로 독자 여러분에게 이 시대 역사에 대한 약간의 부담스러운 지식을 제공하려는 것이다. 그러면 「목란시」의 전문을 천천히 읽어 가도록 하자.

덜그럭덜그럭 목란이 방에서 베를 짠다

베틀 소리 멈추고 긴 한숨 소리 들린다.

무슨 걱정인가 물으니, 무슨 생각인가 물으니

다른 생각 아니오, 다른 생각 아니오.

어젯밤 군첩軍帖이 내렸는데, 가한可汗께서 군사를 부른다오

그 많은 군첩[軍書十二卷] 속에 아버지도 끼여 있소.

우리 집엔 장남 없고 목란에겐 오라비 없으니

내나 안장과 말을 사, 아버지 대신 싸움터에 나가겠소

동쪽 장에서 말을 사고, 서쪽 장에서 안장 맞추고

남쪽 장에서 고삐 사고, 북쪽 장에서 채찍을 사

아침에 부모에게 하직하고, 저녁에 황하에 머무르다

부모 애타는 소리 못 듣고, 다만 황하 물소리만 철철

아침에 황하를 떠나, 저물어 흑산두黑山頭에 묵다

부모 애타는 소리 못 듣고, 연산燕山 오랑캐[胡] 말굽 소리 터벅터벅

만 리나 변경 싸움터에 나서, 날 듯 관문과 산[關山]을 넘었다

삭북의 찬바람은 쇠종소리 울리고, 찬 달빛은 철갑옷을 비춘다

장군은 백전을 싸우다 죽고, 장사 10년 만에 돌아오다

돌아와 천자天子를 뵈오니, 천자는 명당明堂에 앉아

공훈을 열두 급[策勳十二轉]으로 기록하고, 백천 포대기의 상을 내린다

가한은 소망이 뭐냐고 묻거늘, 목란이 대답하되 상서랑의 벼슬도 싫소

원컨대 명타천리마明駝千里馬를 빌려 주어 나를 고향으로 보내 주오

부모는 여식 돌아온다 하니, 곽郭 밖으로 나와 환영한다

언니도 동생 온다 하니, 새 옷 바꿔 입고

남동생은 누이 온다 하니, 칼 갈아 돗과 양을 잡는다

동각東閣 내 방문 열고, 서각상西閣床에 내 앉으며

싸움 옷 벗어 놓고, 옛 차림 하며

창 앞에서 머리 빗고, 거울 보고 화장한다

다시 나가 전우[火伴]를 보니, 전우들 먼듯 놀라며

12년을 같이 다녔건만, 목란이 여자인 줄 몰랐도다

수토끼 뜀걸음 늦을 때 있고, 암토끼 분명치 못할 때 있거늘

두 마리 같이 뛰어 달리니, 그 누가 가려낼 수 있겠는가.

　　이상이 「목란시」의 전문이다. 집에서 베틀에 앉아 베를 짜던 여인 목란이 금방 말을 타고 전장에 나가는 병사의 모습으로 변하고 있다. 베 짜는 것이 농경민의 장기라면, 기마는 유목민의 장기다. 요즈음 서울 경마장에 여자 기수騎手가 생겨서 화제가 되고 있지만, 여자가 말타고 전쟁에 나선다는 것은 농경 사회에서는 좀처럼 상상하기 힘든 일이다. 또한 유목민의 여인이 베틀에 앉는다는 것도 도대체 말이 안되는 이야기다. 그래서 나는 목란을 호속胡俗과 한속漢俗 두 풍습을 모

두 고루 익힌, 즉 호한 융합의 여인으로 보는 것이다.

「목란시」는 모두 네 개의 단락으로 구성되어 있다. 첫 단락은 목란이 출정하는 모습을 묘사하고 있다. 둘째 단락은 전장에서의 목란의 모습을, 셋째 단락은 12년간의 종군 후 개선한 목란이 관작 받기를 마다하고 고향집으로 돌아가려는 장면을 묘사하고 있다. 그리고 마지막 넷째 단락은 목란이 제집으로 돌아온 다음 다시 여성으로 돌아가 가족과 즐거워하는 모습을 그리고 있다.

어떤 문학 작품이든 그 출현 배경에는 어떤 역사적 실제 혹은 그와 유사한 상황의 기술, 즉 기실記實과 작가가 이 작품을 통해서 싣고자 하는 뜻, 즉 우의寓意라는 두 가지 목적이 있게 마련이다. 사실 문학 작품이란 기실의 측면보다는 우의에 더 큰 비중을 두는 경우가 많지만, 배경 없는 작품이 없듯이 그 작품이 생성된 무대가 어디며, 그 주인공이 어떠한 인물이었는가를 밝히는 것도 흥미로운 작업임에 틀림없다. 특히 나처럼 지금으로부터 아득하게 멀리 떨어진 시대의 역사를 연구하는 사람은 그 시대의 사실을 직접 진술해 주는 사료가 적기 때문에 문학 작품 속에서도 시대적 의미를 찾으려는 묘한 버릇을 갖게 된다.

우리의 『춘향전』이나 『심청전』이 정절과 효심을 표방하려 했듯이, 「목란시」는 민초의 애국심과 가족애를 강조한 것이다. 그래서 이 것이 소재가 된 영화가 중국에서는 항일 전쟁 시기 등 국난國難 시대, 혹은 민중성이 강조되는 인민 중국에서 제작되고 널리 유포되었던 것이다. 『춘향전』이나 『심청전』에서 느껴지는 직설적인 의미보다 이 「목란시」는 시대에 따라 풀어낼 수 있는 이른바 '사상성'이 다양하다는 점이 다르다. 중국의 어떤 학자가 「목란시」를 남녀평등 사상과 노동의 신성함을 표방하고 있다는 등으로 해석하는 것은 그런 일면을 보여 준다. 그러나 중국인들이 「목란시」를 즐겨 애송하는 것은 연약한 여자의 몸으로 12년간이나 남자들과 함께 종군했다는 사실, 그리고 혁혁한 공훈을 세웠으나 높은 관직을 마다하고 고향의 가족에게 돌아오는 등, 현실에서 좀처럼 일어나기 힘든 스토리가 길지 않은 글에서 생생하게 묘사되고 있기 때문이 아닌가 한다. 여하튼 중국인에게 목란은 우리의 춘향과 심청 못지않게 사랑받는 작품 속의 인물이었다.

그래서인지 목란을 자기네 지방인이라고 우겨서 묘당을 짓고 제사를 지내는 지역, 즉 고향이라고 주장하는 곳이 대략 아홉 곳이나 된다. 그것을 지역적으로 보면 호광湖廣에서 삭방朔方 지역까지 광범위한 영역에 걸쳐 있다. 고향뿐만 아니라 그녀가 살았던 시대가 언제냐는 문제도 그 고향의 숫자만큼이나 다양하다. 종래 연구에서는 「목란시」의 배경이 된 시대로 크게 보아 한대설漢代說, 남북조설南北朝說 그리고 수·당대설隋唐代說 등 세 가지가 거론되었다. 세부적으로는 남북조설이라 하더라도 북위설北魏說, 서위西魏·북주설北周說 등으로, 수·당대설이라 하더라도 수말隋末·당초설唐初說, 당대 측천무후 시대설, 그리고 예종睿宗 시대설 등으로 다양하게 제시되었다. 같은 시대라 하더라도 종군 지점, 전투 대상 등에 각각 다양한 주장이 제시되고 있다.

나는 이전에 발표한 논문에서 목란은 북위 효문제 시대인 485년에서 492년 사이, 북방 유목민인 유연족柔然族·蠕蠕과 벌인 전투에 종군했으며, 현재 오르도스〔河套〕 모오소毛烏素 사막 속에 폐성으로 남아있는 통만성統萬城에 살았으며, 그녀의 가문은 본래 유목 민족으로 만리장성을 넘어 내지로 들어와 성곽 안에서 정착 생활을 하면서 한족 문화를 접하게 된, 이른바 호한 융합의 '성민城民'이라고 주장했다. 그런 점에서 목란이 흉노 정벌에 종군했다는 애니메이션 「뮬란」의 내용과는 다르다.

목란은 일개 문학 작품 속에 나오는 인물이므로 역사적 인물을 다룬 정사正史 등에 기록이 있을 리 없다. 「목란시」가 재록되어 있는

(상) 통만성 풍경. 목란의 고향으로 추정되는 오르도스 통만성 부근의 모습.

(하) 통만성 유지. 통만성 서성 동남부에 세워진 통만성 유지 표지판. 1992년 섬서성 인민정부가 세운 것이다.
통만성의 돈대를 이용하여 만든 혈거 가옥인 요동이 보인다. 지금은 아무도 살고 있지 않다.

가장 오래된 전적은 송대 사람인 곽무천郭茂倩의 『악부시집樂府詩集』과 같은 시대에 편집된 『문원영화文苑英華』라는 두 책이다. 두 책 사이에는 서술상의 약간의 차이가 있지만, 가장 큰 차이는 곽무천의 『악부시집』에서는 "목란시 이수二首"라 하여 앞서 소개한 「목란시」 외에 또 다른 한 수를 더 싣고 있다는 점이다. 곽무천은 목란시 제1수를 양나라 시대에 불려졌던 고각횡취곡鼓角横吹曲으로 분류하고는 "『고금악록古今樂錄』이라는 책을 보면 '당시 유행하는 가사歌辭 가운데 목란이라는 악곡이 하나 있는데 어느 시대에 생겼는지 확실히 모른다'고 쓰여 있다"고 소개했다권25 横吹曲辭 5 梁鼓角横吹曲의 總論. 또 곽무천은 다시 같은 책의 '목란시'편에서 「목란시」는 『고금악록』에서 전재한 것이라고 말하면서 "『고금악록』에는 '목란의 이름은 알 수 없다'고 되어 있다. 그러나 당대 사람인 절강서도관찰사浙江西道觀察使 겸 어사중승御史中丞인 위원보韋元甫가 이어 한 수를 다시 붙여 넣은 것"이라고 분명히 쓰고 있다. 이것들을 종합하면 제1수가 어느 시대에 나왔는지 불문하고, 제2수는 위원보가 다시 쓴 것이라는 설명이 가능해진다. 또 청나라 강희康熙 연간에 편집된 『전당시全唐詩』권272를 보면 위원보의 「목란가木蘭歌」라는 명칭의 1수가 따로 있는데, 이것이 바로 곽무천의 『악부시집』에 나오는 목란시 2수 중, 위에서 전문을 소개한 목란시 1수와는 다른 속칭 제2수다. 제1수와 제2수를 비교하면, 시사詩詞는 많이 다르지만, 내용상에는 별 차이가 없다. 그렇지만 위원보가 지은 것으로 보이는 제2수에 나오는 「목란가」의 소재가 된 것은 제1수와는 달리 당 고조高祖의 셋째딸로서 낭자군娘子軍을 이끌고 정벌에 나섰던 평양공주平陽公主의 고사일 것이라고 주장하는 학자도 있다. 종래 「목란시」가 당대의 작품이라고 주장하는 근거는 위원보 작인 소위 「목란가」 때문이었다. 위원보란 자는 『구당서舊唐書』권115에 그 열전이 있고, 대종代宗 대력大曆 6년771에 죽은 것으로 되어 있으며, 관직도 곽무천의 기술과 거의 같다.

목란의 종군 지점으로 제1수에는 흑산두黑山頭·연산燕山·관산關山·황하黃河 등 북방 지역이것도 고증이 요구되는 부분이지만의 지명이 나오지만, 제2수에서는 우전于闐·청해靑海·설산雪山·연지燕支 등 서북 변방 지역으로 바뀌고 있다. 따라서 1수와 2수는 주제가 서로 비슷할지 몰라도 지역은 완전히 다르다는 점에서 동일한 시기의 상황으로 볼 수는 없다. 따라서 「목란시」의 첫 모델이 된 것은 제1수의 분석을 통해서 가능하다.

제1수가 처음으로 실렸던 『고금악록』은 남조 진조陳朝의 폐제廢帝 임해왕臨海王 광대光大 2년568 화상和尙 지장智匠이 편찬한 책이다. 이미 없어진 소위 일서佚書지만, 『수서隋書』 및 『구당서舊唐書』의 「경적지經籍志」, 『신당서新唐書』 및 『송사宋史』의 「예문지藝文志」에는 모두 그 책 이름이 나오는 것을 보면, 이 책은 원대元代까지는 적어도 존재했던 것이다. 『문원영화』권333에는 「목란가」의 작자가 위원보라고 분명히 적고 있고, 또 『시기詩記』권96 題注에도 "『고문원古文苑』이라는 책에 '당나라 사람[唐人]의 작품에 「목란시」가 있다'"는 구절을 인용하고 있지만, 이것은 제2수를 말하는 것이다. 따라서 「목란시」가 진陳나라 이전의 작품이라는 곽무천의 말을 믿는 것이 합리적이다. 곽무천의 주장을 따르자면 「목란시」는 기마를 위주로 하는 북방 민족이 피리에 붙여 부르는 노래 가사를 채집하여 양대梁代의 무명인無名人이 지은 이른바 '북가北歌'에 속하게 된다.

중국 문학사상 「목란시」는 순정殉情 민간 서사시인 「공작강남비孔雀江南飛」와 함께 '한 쌍의 구슬[雙璧]'로 남북조 시대 문학 가운데 걸작으로 평가된다. 인민 중국이 성립한 후 중국인에게 가장 많이 읽힌 역사책인 범문란范文瀾의 『중국통사中國通史』에는 "북조에는 「목란시」 한 편이 있는데 남북조 양조의 모든 사족士族·貴族 시인의 작품을 압도하기에 충분하다"고 높이 평가했다. 당시 남조와 북조의 민요는 각기 다른 특징을 가지고 있었으니 "염곡은 남조에서 일어났고, 호음은 북속에서 생겨났다[艶曲興於南朝 胡音生於北俗]"『樂府詩集』는 지적처럼 남조와 북조가 장기간 대립하여 정치·경제·문화 및 민족·풍습·자연환경이 판이한 정형 아래서 출현한 작품인 까닭에 그 정서와 색채도 서로 달랐다. 잘 알다시피 「공작강남비」는 남조적인 정서를 한껏 풍기고 있는 작품이다. 후한 말 건안建安, 196~220 연간 여강부廬江府의 소리小吏였던 초중경焦仲卿의 아내 유씨劉氏 : 劉蘭芝가 시어머니에게 밉보여 쫓겨나 본가친정로 돌아가면서 중경에게 절대 개가하지 않겠다고 맹세했지만, 본가의 재혼 강요에 견디다 못해 물에 빠져 죽었다. 중경이 그 소문을 듣고 마당에 선 나무에 목을 매 자결했다는 것이 대강의 줄거리다. 「공작강남비」의 여주인공 유란지는 선량하고 근면한 모범적인 여인이지만, 일면 죽음으로써 애정에 충성하는 연약한 면모를 보여주고 있다. 그러나 목란은 그와는 다르다. 목란에게는 가녀린 여자의 처절한 사랑보다는 스스로 모든 문제를 해결해 내는 북방 여인의 강인함이 있다. 여자만이 그런 것이 아니라 북방의 남자들도 남조와는 달랐다. 「낭야왕가琅邪王歌」라는 작품에는 "새로 사온 5척 검을 들보에 걸어 두고 하루 세 번 어루만지니 소녀 사랑 능가하네"라 하여 보검을 소녀보다 더 사랑하는 호인적인 정신을 표방하고 있다.

「목란시」를 읽다 보면 티끌 흩날리며 말을 타고 쏜살같이 내달리며 활을 쏘고 칼을 이리저리 휘젓는 북방 유목 민족의 모습이 연상된다. 목란이 만약 유목민 가문 출신이 아닌 남조의 여인이었다면 과연 이런 행동이 가능했겠는가? 대부분의 학자들이 주장하듯이 「목란시」는 북방 유목민들이 중원에 들어와 만든 북가北歌로 보아야 합당하다. 북가 중의 하나인 「절양유지가折楊柳枝歌」에는 「목란시」에 나오는 내용과 유사한 것이 많다.

내가 목란을 이상과 같이 규정한다고 해서 모든 문제가 해결된 것은 아니다. 「목란시」에 나오는 구절과 분위기 등이 다양한 시대로 비정할 수 있는 가능성을 내포하고 있기 때문이다. 종래 「목란시」에 대한 시대 비정의 근거가 되었던 것은 ①목란의 고향과 성명에 대한 각종 지방지地方志의 서술과, 시 가운데 나오는 ②가한可汗과 천자天子, ③책훈십이전策勳十二轉, ④명당明堂, ⑤종군 지점 등의 용어였다. 이제 우리는 「목란시」의 시어를 하나하나 분석해 가면서 목란 그녀는 누구였는가를 검토해 보자.

중국의 전설적인 민간 영웅들이 대개 그러하듯 목란에 대한 중국인의 짝사랑도 대단하다. 그녀와 특별한 인연이 있음을 애써 증명하려는 시도들이 제법 많았다. 그녀가 탄생한 곳, 성장했던 곳, 종군했던 지점, 죽은 곳이라는 기록이 한둘이 아니다. 그러다 보니 고향도 무덤도 사당도, 그리고 그녀의 성마저 여러 개 생겨났다. 1천여 년 동안 지속되어 온 중국인의 목란 사랑은 일종의 전설 만들기였다.

먼저 목란의 고향 문제다. 사실 그녀의 성명이 어떤 것이냐에 따라 고향과 살았던 시대, 전투 대상 등이 달라진다. 동진 말 유송 시대 사람인 하승천何承天, 370~447이 쓴 『성원姓苑』이라는 책에는 "목란은 성은 목木이며 임성任城 : 山東省 濟寧市 사람이다"라고 쓰여 있다고 한다. 『성원』은 이미 망실된 책인데, 송대에 나온 『고금성씨변증古今姓氏辨證』이나 청대에 나온 『성씨심원姓氏尋源』, 그리고 최근에 출판된 『중국인명대사전』 등에서 이 설을 그대로 인용하고 있다. 이 설에 의거하자면 남조 송나라 이전에 목란이란 인물이 있었다는 이야기가 된다. 그러나 이 설에 동조하는 사람은 그리 많지 않다. 그래서 그런지 당연히 있어야 할 『제녕현지濟寧縣志』에 그런 기사가 없다.

다른 주장은 안휘성 박주亳州 : 譙州 사람이라는 설이다. 전한 문제文帝 시대 사람인 목란의 성은 위魏이며, 원래 박주에 살다 아버지가 둔전병으로 근무한 하북성 완현完縣 : 漢代의 曲逆으로 옮겨 살고 있던 중, 흉노가 쳐들어오자 출병했다는 것이다. 그녀가 전공을 세우고 고향인 박주로 돌아온 후 여자임이 드러나고, 또 그 사실이 조정에 알려지자 당시 주색에 빠져 있던 황제는 목란을 궁중에 들도록 명령했다. 목란은 "신하에게는 군주의 잠자리를 모시는 예가 없다〔臣無媵君之禮〕"며 거절했으나 거듭된 궁박에 어쩔 수 없어 자진自盡했다는 것이다. 임금은 놀라고 불쌍히 여겨 장군將軍을 추증하고 효열孝烈이라는 시호를 내렸다. 향인鄕人들도 그녀를 추모해 묘당을 세우고 생일인 4월 8일에 제사 지내게 되었다는 것이다. 완현에는 원대에 지어진 목란사木蘭祠가 있었는데, 거기에 '한효열장군기漢孝烈將軍記'라는 비각이 있으며, 원래의 고향 박주에는 '한효열장군화목란지묘漢孝烈將軍花木蘭之墓'가 있다고 한다.

제3의 주장은 호북성 황피현黃陂縣설이다. 성북 60리에 목란산이 있는데, 당나라 때부터 산상에 목란묘木蘭廟가 있었다고 한다. 그 결과 송대에 나온 역사지리서 『태평환우기太平寰宇記』에는 "옛날 목란은 이 산에서 그 이름을 취하였다"고 쓰어 있다. 『황피현지』에서는 더 나아가 "당 태종 정관貞觀 연간의 사람인 주이朱異의 딸 목란이 나이 18세에 여분남장女扮男裝으로 아버지를 대신해 종군하기를 12년, 전공으로 장군과 작록을 받았으나 고향으로 돌아와 90세까지 살다가 죽으니 그곳 사람들이 목란산에 묻고 사당과 비석을 세웠다"고 기록하고 있다.

제4의 주장은 섬서성 연안延安설이다. 황하의 서쪽인 연안 만화산萬花山 밑에 화원두촌花源頭村이 있는데, 그녀의 성 화花는 그 마을 이름에서 따온 것이라는 설이다. 목란을 주인공으로 하는 전기소설傳奇小說이나 각종 드라마의 제목을 '화목란'이라 붙이는 것은 여기에서 비롯된 것이다.

제5의 주장은 하북 위성魏城설이다. 청대에 나온 『수당연의隋唐演義』에는 목란이 탁발위拓跋魏；北魏 출신으로 고향 위성에서 돌궐 갈과

나柔然가한 정벌 때 아버지를 대신해서 종군했다고 되어 있다.

이상에서 보듯이 지금까지 중국에서 거론된 목란의 고향은 대개 안휘 박주, 섬서 연안, 호북 황피, 하북 위성 등이다. 연안·황피 등 지방은 목란을 수·당인으로 보는 데 반해, 완현·박주는 전한 시대인으로, 위성 등은 북조인으로 보고 있다. 또 목란의 성씨도 네 개나 된다. 하승천은 목木, 섬서 연안설은 화花, 호북성 황피현은 주朱, 안휘 박주, 하북 완현설은 위魏로 보는 것이다. 이상은 거의 민간에 유행하는 것들이라 일종의 지방주의의 결과이므로 객관성이 확보되었다고 볼 수 없다. 따라서 고향이 어디며 성명이 어떠냐를 가지고 목란의 실체를 증명하는 것은 유효한 방법이 아니다.

문제는 위에서 소개한 「목란시」가 표현하고 있는 가장 유사한 상황을 찾아내는 일이다. 사실 학계에서 거론되고 있는 목란의 실체는 민간에서 유행하고 있는 전설적인 목란상과는 상당한 차이가 있다. 학계에서 주목하고 있는 것 중의 하나가 징병의 주체인 당시의 최고 권력자가 어떤 자였느냐의 문제다. 시에서는 '가한'과 '천자'가 나온다. 그들이 각각 다른 사람이라는 설도 제기되었지만, 문맥상 순조롭지 못하여 일찍 폐기되었다. 농경 왕조 제왕의 칭호인 '천자'와 유목 왕조 제왕의 칭호인 '가한'이 동일인이라면, 이렇게 불릴 수 있는 자는 유목민이 중원에 들어와 세운 왕조의 제왕이 아니면 안 된다. 그런 면에서 순수 한족 왕조였던 한대설은 제외될 수밖에 없다. 오호십육국·북조에서 수·당까지가 가능할 뿐이다. 중원과 서북방 초원 양 세계를 아우르는 대제국을 표방한 당 태종이 '황제천가한皇帝天可汗'이라 칭한 것은 잘 아는 사실이다. 또 수나라 말~당나라 초기에 활약한 군벌 가운데 돌궐에게 신하를 칭하면서[稱臣] 돌궐로부터 가한호를 받은 자도 여러 명 있다. 이 가운데 12년 이상 그 세력을 유지한 자는 양사도梁師都뿐인데, 그가 세운 양梁나라는 통만성을 중심으로 한 지방 정권이다.

몽골인민공화국 오르콘 강가의 말떼들. 유한가한정이 있었다고 추정되는 곳이다.

당시 돌궐의 시필始畢 가한은 양사도에게 가한[大度毗伽可汗]호를 주고
후에 '해사천자解事天子'라는 칭호까지 주었다. 이러한 사실로 인해 양
사도가 주요 대상으로 부각되었다. 이 설은 이미 원대부터 주장된 것
이지만, 가한과 천자를 병칭한 자에만 집착한 결과라는 비판이 있다.
양사도라면 전투 대상인 연산호燕山胡는 새로 굴기한 거란契丹이 될 터
인데, 당시 그의 취약한 군사력을 가지고 그 왕조의 존속 기간 거의 전
부에 해당하는 12년간을 오로지 거란과 싸울 수 있느냐 하는 문제가
생긴다. 그래서 이런 장기간, 그리고 대규모 정벌을 감행할 수 있는 정
권은 적어도 북방 지역만이라도 통일한 장기 정권이 아니면 곤란하다
는 반론이 제기되었다.

　　천자·가한 호칭과 관련하여 양사도나 당 태종보다 더 전형적인

제왕은 사실 북조의 제왕들이다. 그중에서도 북위 왕조의 제왕이 더욱 그러하다. 북위 3대 태무제太武帝가 스스로 '가한可寒'으로 생각했다는 사실은 1980년 내몽고 흥안령 동록에 위치한 초기 선비인들의 발상지 알선동嘎仙洞의 석실石室 벽면에서 그가 조상을 기려 제사 때 쓴 축문祝文의 각명刻銘이 발견됨으로써 학계에 알려지게 되었다. 정사인 『위서』에서 중국식 황제 칭호 외에는 전혀 보이지 않는 가한이라는 용어가 당시 그가 보낸 사신이 직접 쓴 문장에 나와 있는 것이다. 또한 북위 황제의 군사 활동이나 조정에서의 행동거지, 취한 정책 등에서 유목 가한적인 정치 행위가 소위 한화漢化가 상당히 진행된 수·당의 황제 때보다 훨씬 뚜렷하게 보인다.

또 하나 감안하지 않으면 안 되는 것은 선비 탁발족이 중국을 통치함에 따라 형식적으로는 천자와 황제를 호칭했지만, 군대에서는 여전히 선비어로 호령했다는 사실이다. 따라서 군대에서는 황제를 '가한'이라고 불렀을 가능성이 많기 때문에 이런 호칭이 민간에 익숙해져 군악軍樂이나 민가民歌에서는 '천자'와 함께 번갈아 사용되었을 가능성이 있다. 그런 까닭에 나는 다른 논문에서 이런 모습을 보이고 있는 북위 황제들을 호한 융합적 군주라고 규정한 바 있다.

다음은 천자가 큰 공을 세우고 개선한 목란에게 '책훈십이전'의 관례에 따라 목란을 상서랑에 임명했다는 문제다. 책훈이란 개선해서 돌아온 장군이 종묘에 가서 개선했음을 고하고 술을 마시며 그 훈공勳功을 책策에 기록하는 것으로, 춘추 시대부터 행해지던 예법이었다. 문제는 십이전인데, 공훈에 따라 내리는 관인 훈관勳官의 등급이 12급이라는 것이다. 12급이 된 것은 당나라 초唐 高祖 武德 7년 이후의 일이기 때문에 당대설이 강력한 지원을 받고 있다. 그러나 문제는 여기서 '12'라는 숫자가 "군서십이권軍書十二卷", "동행십이년同行十二年" 등의 용례로 볼 때 반드시 실수인가 하는 의문이 든다는 것이다. 실제 "장사는 십년 만에 돌아오고[北士十年歸]"와 "동행십이년"은 같은 사실을 이야기하는 것인데 숫자상의 차이가 난다. 이러한 모순점은 "군서십이권에 권권마다 아버지 이름이 있다[卷卷有爺名]"에서도 나타난다. '3' 혹은 '9'와 같이 관습상으로 흔히 쓰는 허수일 것이므로 '10'이나 '12'나 모두 '높고' '많은' 의미일 것이라는 주장도 있다. 따라서 '십이전'이란 용어만 가지고 당대로 보는 것은 아직 섣부른 결론이라고 생각된다. 이 점은 목란이 상서랑으로 제수되었다는 사실에서 금방 나타나기 때문이다. 상서랑이란 직은 어떤 연혁을 가지고 있는가. 상서랑은 『중국관료제도사中國官僚制度史』 등의 책에서는 수나라 이전의 관명으로, 수나라 이후에는 없어진다고 되어 있다. 더 엄격하게 검토해 보면 북위의 관제를 다루고 있는 『위서』 「관씨지官氏志」에는 '종 5품중從5品中'이었던 상서랑이 효문제 태화 23년499에 반포된 관제령에서부터 없어진다고 되어 있다. 따라서 상서랑만을 가지고 본다면 목란의 활동 시대는 태화 23년 이전일 가능성이 크다.

다음은 명당에 관한 것이다. 잘 알다시피 명당이란 주대周代의 제도로서 이후 시대에도 천자가 제후를 면조面朝하고 제사나 향공饗功·양노養老·교학敎學·선사選士하는 곳이었다. 상당수 학자들은 목란을 당대, 특히 측천무후나 예종睿宗 시대 사람으로 비정하는 데는 『문헌통고文獻通考』의 기술에 크게 의존했기 때문이다. 『문헌통고』에 의하면 당대의 명당 설치에 대해서는 상술하고 있는 반면, 북위의 명당 설치 사실에 대해서는 다루지 않았다. 명당은 당 예종 이후로는 설치되지 않았다. 그러나 『위서』를 면밀히 살펴보면 『문헌통고』의 기재가 신빙할 만한 것이 아님을 알 수 있다. 필자는 연전에 발표한 논문에서 북위 효문제 태화 15년491 10월에 분명히 명당이 건립되었다는 점을 밝혔다. 왜냐하면 『위서』에 "명당 건축 작업이 끝났다[明堂功畢]"거나 "명당과 태묘가 이미 지난해 완성되었다[明堂·太廟 已成於昔年]"는 기술이 명백

평성의 북위 명당 유지. 목란이 살았던 시대 비정에 결정적인 근거가 되는 명당이
1995년 북위 초기 수도 평성(현 대동)에서 발굴되었다.

하게 그 존재를 증명하고 있기 때문이다. 그런데 그간 이 기술이 의문
시되었던 것은 선무제 영평永平:508~511과 연창延昌, 512~515 연간에
명당을 세우자는 논의가 있었으나[欲建明堂], 결국 "시대가 어지러워 대
규모 공사를 일으킬 수가 없어 명당을 만들지 못했다[值世亂不成 宗祀之禮
迄無所設]"는 기사가 다시 나왔기 때문이다. 나는 북위의 초기 수도 평
성平城:현재의 大同에는 명당이 있었지만, 낙양으로 천도한 후 명당을
다시 건립하려 했으나 결국 세우지 못한 사실을 간과한 데서 비롯된
오해라고 결론지었다. 사실 나의 논문은 한국어로 쓰여졌기 때문에
학계의 반응을 제대로 얻을 수 없었다. 그러던 중 1995년 대동에서 북
위의 명당터가 대동박물관 W부관장에 의해 발굴되어 『중국사 연구』
2000-1에 발표됨으로써 북위 때 명당의 존재는 의심할 수 없는 사실

로 판명되었다. 2001년 초 W씨를 만났을 때 이 사실을 얘기했더니 그는 상당히 놀라워했다. 나는 이 일을 통해 한국에서 중국사를 연구하는 비애 같은 것을 느꼈지만, 어찌되었든 필자의 주장이 증명된 것이어서 매우 기뻤다. 이제 명당의 존재 여부 문제로 「목란시」의 시대가 당대라는 주장은 성립되지 않게 되었다.

나는 이 명당의 문제가 「목란시」의 시대 비정 문제를 해결하는 데 중요한 단서라고 생각한다. 필자는 다른 논문에서 북위가 유연에 최후의 일격을 가한 전쟁이 492년에 일어났다고 정리한 바 있다. 유연은 두륜豆崙: 伏古敦可汗, 재위 482~492 시기인 485~487년에 걸쳐 북위에 세 차례의 침략을 감행하는 등 마지막 적극적인 공세를 폈으나 492년 북위의 대규모 원정군에게 대패하고 말았다. 이로 인해 두륜은 가장 인기 없는 가한으로 낙인찍혀 쫓겨났다가 곧 참살되었다. 유연은 492년 이후로 간신히 그 명맥은 유지했으나 세력이 매우 약화되어 북위에게 더 이상 위협적인 존재가 되지 못했다.

그런데 북위의 낙양 천도는 바로 493년 10월에 이루어진다. 그후 낙양에서는 명당 건설이 여러 차례 시도되었으나 제대로 건설되지 못했다. 즉 명당이 건설된 것이 491년 10월이고, 바로 2년 뒤에 천도가 이루어졌으므로 명당이 건설되었던 곳은 바로 평성이라는 것이다. 따라서 효문제가 목란에게 책훈한 곳도 바로 당시 수도 평성의 명당이며, 그 시기는 492년 유연에게 승전勝戰한 이후 493년 10월 사이의 일로 보아야 할 것이다. 당시 북위의 가장 위협적인 외적은 바로 유연이었고, 그것이 사실상 괴멸된 것은 북위 시대의 대외 전사상 가장 찬란한 전과 중 하나였다. 유연 정벌이 끝나자, 북방을 다시 돌아볼 필요가 없게 된 효문제는 친정親政 정치 확립과 통일 작업의 일환으로 낙양으로의 천도 작업에 착수했다. 그후 통일을 위해 남조에 대한 적극책을 쓰게 되었던 것이다.

위와 같은 시대 비정을 바탕으로 목란의 종군 지점을 알아보자. 여기서 가장 중요한 근거가 되는 것은 시 중에 나오는 "아침에 황하를 떠나 저물어 흑산두에 묵는다〔旦辭黃河去 暮至黑山頭〕"와 "연산 오랑캐 말굽 소리 터벅터벅〔但聞燕山胡騎鳴啾啾〕"이라는 구절이다. 흑산두는 어디이며, 연산호는 어디에 있는 어떤 호족을 가리키는가. 사실 흑산이나 연산의 지명은 역사상 여러 군데에 나타난다. 당나라 때 흑산으로 불리던 곳은 세 곳이나 되었다. 필자의 주장이 성립하려면 북위 시대 흑산의 용례와 연산호의 연관성이 밝혀져야 한다. 필자는 『위서』에 나오는 흑산의 용례를 검토하여 대동과 현재 내몽고의 수도 호화호특呼和浩特 사이의 황하와 가까운 지점인 '운중雲中 : 현 和林各爾'으로 비정했다. 이곳은 북위 초기 황제들의 능묘〔雲中金陵〕 지역인 동시에 역대 북위군의 출병시나 회군시의 군대 상황을 점검〔校數軍實〕하는 지점으로, 특히 492년 북위가 마지막으로 유연을 통타한 군사 작전의 출발점이 된 곳이기도 했다〔於是中道出黑山…… 大破蠕蠕〕.

그렇다면 연산은 어디일까? 필자는 연산과 유연의 수도, 즉 가한정可汗庭이 깊은 연관성이 있다고 생각한다. 유연의 가한정은 약락수弱洛水 : 현 몽골인민공화국 툴라 강, 土拉河변에 있었다. 이 약락수는 바로 연연산燕然山 : 현 항가이 산, 抗愛山의 남단 사막과 접하는 지점에서 발원한다. 492년 북위의 유연 정벌에 참여했던 양파楊播의 기록에 의하면 그들이 전승한 최후의 지점을 거연산居然山이라 했다. 거연산을 바로 연연산이라고 보는 것이다. 연연산은 연산으로도 불렸을 것으로 필자는 생각한다. 1925년 소련 고고학자 보로브카G. Zh. Vorovka에 의해 몽고 툴라 강 하반에서 4~5세기의 귀족묘장이 발굴되었는데, 이곳은 유연 가한정에서 그리 멀지 않은 곳이다. 따라서 연산호는 바로 유연이다. 북방 유목민들은 그들이 근거하는 산 이름을 부족명으로 쓰는 경우가 일반적이다. 선비산에서 발원한 부족을 선비라고 한 것과 같은 것이다.

필자는 목란이 통만성 사람이라고 하였다. 최근 학계에서는 목란의 고향이 오르도스 지방, 특히 내몽고 영내라는 설이 설득력 있게 제기되고 있다. 게다가 「목란시」 내용으로 볼 때, 황하와 비교적 가까운 지점이 아니면 안 된다. 집결지인 운중과도 가장 가까운 지점이 상정될 수 있기 때문이다. 그런데 시 가운데 "동쪽 장에서 말을 사고, 서쪽 장에서 안장 맞추고, 남쪽 장에서 고삐 사고, 북쪽 장에서 채찍을 사"라는 구절에서 보듯 네 개의 시장이 반드시 있지는 않더라도 한두 개의 시장을 갖춘 상당히 큰 도시가 아니면 안 된다. 또 "부모는 여식 돌아온다 하니, 곽 밖으로 나와 환영한다"고 한 데서 보듯, 곽이 있는 도시라면 성도 있는 도시이니 패망한 흉노 혁련씨赫連氏 하夏의 수도였던 통만성을 북위가 개조하여 만든 통만진統萬鎭이라고 보는 것이 합리적이다.

이 「목란시」 문제와 관련하여 관심을 끄는 것은 바로 여자가 종군한다는 문제일 것이다. 우선 남자들도 지겨워하는 것이 군대다. 그것도 아침에 저녁의 일을 예측할 수 없는 원정길에 여자가 나섰다. 한국 남자치고 이 군대 문제 때문에 한 번이라도 골머리 앓아 보지 않은 사람은 드물 것이다. 전쟁 시기가 아닌 평화 시대인 지금도 국토 방위의 신성한 의무를 저버리는 젊은 남성들이 그득하여 P원사가 세간에 큰 파문을 일으키고 있는 요즈음, 돌아올 기약이 없는 종군길에 나선 목란을 어느 시대 여인으로 비정하는 것이 과연 옳은가? 필자가 목란이 살았다고 비정한 북위 당시에도 군대 기피 풍조는 만연했던 것 같다. 그런 정경을 당시 문학 작품을 통해 일부나마 살펴보자.

높고 높은 산마루에 솟은 저 나무에 高高山頭樹

바람이 불어 불어 잎 떨어지네 風吹葉落去

한번 가면 머나먼 수천 리 길을 一去數千里

어느 제랴 돌아가리 정든 고향에 何當還故處?

—『紫騮馬歌』전문

불쌍한 미물인 양 우리 남아들 男兒可憐蟲

집 문을 나서면 죽음의 시름 出門懷死憂

좁디좁은 협곡에서 쓰러졌으니 尸喪狹谷中

그 누가 거둬 주랴 우리 백골을 白骨武人收

—『企喻歌』전문

필자도 젊은 날 군대 가는 것이 형장에 끌려가는 것처럼 싫었다. 현재 근무하고 있는 대학에 들어가기 위해 몇 년간이나 이 대학 저 대학, 이 학원 저 학원 기웃거리다 보니 군대 갈 나이가 넘었는데도 무엇하나 확실히 정해진 길이 없어 이 핑계 저 핑계로 연기를 거듭하다 결국 논산훈련소에 갇히는 신세가 되었다. 원주에서 31개월의 사병 생활 끝에 치악산 쪽으로는 다시는 오줌도 누지 않겠다는 다짐을 하고 사회로 복귀했다. 건장한 모든 남성은 병역의 의무를 진다고 헌법에 규정되어 있다. 즉, 국민개병제도다. 그것이 좋은 제도냐 아니냐는 별개 문제로 하고, 국민개병은 우리의 엄연한 현실이고 정권 장악이 유력시되던 후보도 이것 때문에 낙마했다.

요즈음에는 사관학교에 들어가 평생 직업으로 군인이 되기를 작정한 여성 중에 전투기 조종사마저 나타나고 있는 모양이지만, 예나 지금이나 여성의 군 입대, 아니 전투병으로 종군한다는 것은 예사롭지 않은 일임에 틀림없다. 일제처럼 종군위안부로 여성을 강제로 끌고 가기 전에는 사실 군대와 여성은 상관 관계가 적은 편이다. 목란은 종군위안부도, 후방의 병참 일을 돌보는 전투 보조원도 아니고 삭풍이 몰아치는 초원에서 오랫동안 전투병으로 말을 타고 또 무기를 가지고 살상하는 전투에 자그마치 12년간이나 종군하였다. 혁혁한 공훈을 세웠다 하니 나처럼 졸병으로 근무한 것도 아니고, 최하 중대장쯤은 되는 지휘관이었을 것이다. 역대 중국 정사에는 간혹 열녀전列女傳이라는 여성 전용란이 있다. 거기에는 대개 여성으로서의 정절과 효심 등 유교적 덕목을 가진 자들로 채워져 있다. 중국 역사 가운데 여성이 가장 사회 활동을 활발하게 한 시기를 들라면 당연 북조 시대다. 잘 알다시피 이 시대는 유목민이 중원에 들어와서 왕조를 세운 시기이고, 유목민 세계에서 여성은 남성과 비교해 그 능력면에서 큰 차이를 보이지 않는다. 특히 가축을 치고, 그 젖을 짜고, 털을 깎는 등 생산 활동에서 농경처럼 강한 근력이 요구되지 않는다. 여성의 지위는 동서고금을 막론하고 그 경제력과 깊은 상관 관계가 있다는 것은 상식에 속한다. 요즈음 중국 여성이 사회적으로 높은 지위를 누리는 것도 봉급에서 남성과 전혀 차이가 없기 때문이다. 그런 면에서 최근 우리나라의 상황도 비슷하다. 여성들은 수천 년 내려오는 불합리한 여성의 지위를 투쟁을 통해 얻은 것처럼 이야기하지만, 사실 여성이 밥짓는 등 가사일 외에 별다른 능력을 발휘하지 못하는 환경이라면 그 투쟁도 공허할 뿐이고 동조자도 얻기 힘들 것이라고 여겨지기 때문이다.

　모계 사회 이후 여성의 전성 시대였던 북조 시대의 풍조는 같은 시대 남조의 왕조에 살다 북조로 온 『안씨가훈』의 저자 안지추에게는 너무나 큰 차이로 느껴졌다. 그는 북제北齊의 수도 업도鄴都에 살면서 부녀자들이 가사뿐만 아니라 가외의 일, 즉 남편이나 자식의 엽관獵官 운동이나 가문 사이에 일어난 쟁송에 뛰어들어 해결하는 것을 보고 입이 딱 벌어졌다. 그는 이런 풍조를 "항대恒代의 유풍遺風"이라 지적했는데, 항대란 바로 북위 초기 도읍 평성 일대를 가리키는 말이다. 사실 북위가 정식으로 성립하기 전인 대국代國 시대에 서진의 사신이 그 나라를 방문하고 돌아와서 "여자의 나라〔女國〕"라고 지칭했던 것은 이런 사정에서였다. 암탉이 울면 나라가 망한다는 중국 전통적인 여성 관과는 판이한 사회가 바로 당시 북위였다. 북위 시대에는 물론 여황제가 없고, 당대에 들어 중국 역사상 전무후무한 여제女帝인 측천무후가 출현하지만, 이런 여제 출현의 분위기도 하루아침에 이루어진 것이 아니었다. 북위 시대에는 그에 버금가는 여성 권력자가 여러 명 있었고, 황태자로 책봉되면 그 생모를 죽이는 것을 법제화(子貴母死制)했을 정도로 모권母權의 정치 개입으로 인한 폐해가 심했던 것이다. 태자의 생모가 죽으니 그 대신 그 보모·유모가 정치를 주물렀던 사회가 바로 북위였다. 북위 시대에 여성이 전투에서 지도자적 역할을 수행한 두 가지 사례가 특히 눈에 띈다. 임성왕任城王 탁발징拓跋澄의 어미인 맹씨孟氏와 구금룡苟金龍의 처 유씨劉氏가 그들이다. 두 여인 모두 아들과 남편을 대신해 친히 군사를 지휘하여 적을 격퇴하고 성을 보전한 훌륭한 여성 군사 지휘자였다.

그러면 당시 군사 제도가 어떠하였기에 아버지 대신 딸이 종군했던 것일까? 여기서 먼저 목란이 군첩을 받은 아버지를 대신해서 군대에 나갔다는 사실에 주목할 필요가 있다. 중국 고대의 병역 제도를 보면, 춘추전국 시대부터 일반 서민을 상비군으로 쓰는 제도가 확립된 이래, 진·한 시대에 이르면 모든 서민이 징병의 모체가 되었다. 즉, 병사와 민간의 구별이 없는 소위 '병민합일제兵民合一制'가 전한前漢 시대까지 유지되었던 것이다. 상비군의 병사는 일반 서민에게서 징발했다.

그러나 이러한 상황은 후한 이래 현저한 변화가 생겨 조조의 집권 시대가 되자, 병과 민이 분리되어 국가의 상비군은 점차 병호兵戶:사료에 따라서는 士家·兵家·軍戶·鎭戶·府戶라는 특정한 가家에서 나오게 되었다. 서진에서 남북조 시대에는 병사 및 그 가족은 일반 민적民籍에 넣지 않고 특별히 병적兵籍:軍籍으로 따로 관리되어 그 호내의 남정男丁에 대해서는 영대永代에 걸쳐 병역의 의무를 지게 했다. 이것은 중국의 병제사상뿐만 아니라 사회 신분사에서 자못 의미 있는 변화라고 할 수 있다. 잘 알다시피 병과 민이 분리되어 일이 있을 때, 임시로 병사를 징발하다 보니 자고로 어려운 군대 생활을 즐길 사람이 없고, 또 당시 국교인 유교의 상문언무尙文偃武 사상의 영향으로 모든 사람이 피역을 꾀하다 보니 요즈음 우리들 경우처럼 '유전무병有錢無兵'의 상황이 전개되어 빈농만이 병사가 되었다. 이런 추세이다 보니 자연히 병사의 사회적 지위는 저하되고, 모인募人·유민流民·항민降民·죄인 등이 그 빈자리를 채우게 되었다. 특히 위·진 시대에 들어서는 한족 외에 당시 중원으로 이동해 온 이민족이 상당수 병사로 채용되었다. 그들의 사회적 신분은 매우 미천하여 노예와 다름없었다.

잘 알다시피 서진 말 '영가永嘉의 난'은 이들 이민족[胡族]이 일으켜 중국 역사상 한족에게 가장 큰 상처를 입힌 사건의 하나이다. 이 난의 결과 한족은 강남으로 도강한 후 동진·송·제·양·진의 여러 왕조를 세워 명맥을 유지하지만, 문명의 땅 중원은 이민족이 세운 오호십육국과 북위 등 북조 국가의 통치 하에 들게 되었다. 동진·남조의 병제와 오호십육국·북조의 병제는 같은 시대라는 면에서 공통성도 있지만, 그 차이도 컸다. 북방의 여러 왕조에서는 성년 남자는 모두 병사가 되기 때문에 강제로 징발할 필요가 없다. 그들은 싸우고 약탈하는 것을 영예롭게 여기는 소위 '부락' 시대의 전통에다, 한족을 몰아냄으로써 그동안 그들에게 받았던 수모를 당당하게 갚고 그들이 주체가 된 나라를 세운 영예로운 전사라는 자부심을 가지고 있었다. 그들은 병호라 하나 사회적 신분이 상당히 높았기 때문에 후한 이래의 전통을 그대로 이어간 동진·남조의 병호와는 질적으로 달랐다. 위진남북조 시대는 춘추전국 시대와 마찬가지로 전쟁이 빈발한 시대였다. 병호 제도는 원래 병원兵源을 확보하는 데 한계가 있는 제도였다. 특히 병사의 신분이 낮은 남조에서는 도망자가 속출했다. 그래서 "한 병사가 도망가면 온 집안에 책임을 묻는〔一人逃亡 闔宗補代〕" 법령이 제정되기도 했다. 또 병호제를 안정되게 운영하기 위하여 조위曹魏 말 이후 그 가속家屬을 군영에 함께 거주하도록 하는 제도도 채택했다. 이것은 병사의 사기를 진작시키고, 병호 인구의 증가라는 효과도 노린 다목적 정책이었다. 병호제 붕괴에 따른 또 하나의 현상은 동진 남조에 난숙한 귀족제의 영향으로 귀족에 의한 병호의 사유화家兵·部曲의 형태로가 진행되었다는 점이다. 이런 상황의 전개는 병원의 고갈을 더욱 부채질하여 동진·남조의 병호제는 더 이상 유지될 수 없게 되었다. 그리하여 이후 병원을 지원병에 의존하는 모병제募兵制로 전환하기에 이른다.

오호·북조의 경우 이른바 병호의 세습이라는 측면에서 병호제는 위진남조에서와 동일하게 유지되었지만 이민족 위주의 병민합일제라는 점에서 남방과 다르고, 병호의 신분도 평민보다 높아 그들은 일종의 통치 계급이라는 자부심을 갖고 있었다는 점에서 출발점부터 달랐다. 그러나 이민족의 한화漢化와 함께 광역이 넓어지고 전쟁이 격화됨에 따라 병원의 보충이 현안 문제로 떠오르게 되었다. 여기에 전쟁 포로나 범죄자 등으로 병호의 부족을 보충하는 정책이 나타나게 되었다. 결국 북조에도 병호의 신분 하락이라는 상황이 전개되었고, 이런 추세는 영예로운 전사로 자임해 왔던 병사들을 분노하게 하는 결과를 낳았다. 곧 '육진六鎭의 난'이 발발하고 북위가 멸망한 것은 이런 흐름 때문이다. 그 후 나타난 제도가 바로 병민일체의 부병제府兵制다. 이로써 북방 이민족이 전담하던 군역軍役이 호한 양족에게 모두 지워지게 된 것이다.

북위의 병호제 하에서도 역시 병사가 도망하면 대신 누군가가 나가야 하는 제도가 있었으니, 이 제도는 문성제文成帝, 재위 460~465 시대에 시작되어 효문제 태화 20년496에 폐지되었다. 목란이 아버지를 대신해 종군하지 않을 수 없었던 사정을 상기시켜 주는 대목이다. 필자가 설정한 「목란시」의 배경 시기와 그대로 일치하고 있다. 필자가 목란의 고향을 통만진이라고 생각하는 것은 북조 시대 군사력의 근간이 되었던 소위 '성민城民'으로서의 목란의 일가를 상정해 볼 수 있다는 점에서다. 성민이란 단순히 '성거城居의 민'이라는 뜻이 아니라 당시 가속이 군대를 따라 성 군영 안에 거주하는[隨軍城居] 병호를 의미한다. 통만진은 오르도스 지역에 있던 유일한 성진城鎭이었다. 이곳에 유목 민족을 주체로 하는 병호가 배치되어 있었다. 따라서 당시 성민이 거주하고 황하를 곁에 두고 있는 도시는 통만진이 아니면 다른 곳을 찾을 수가 없다.

「목란시」를 보면 목란이 군첩을 받은 아버지를 대신해 입대하기 전에 준마와 안장 등 군장비를 스스로 준비[自備]한다. 군장비의 자비는 일반적으로 서위西魏·북주北周 시대에 확립된 부병제 하의 제도로 알려져 있지만, 부병제 시기의 전유적專有的인 현상은 아니며, 북위 시대에도 그와 유사한 제도가 있었다. 효문제 태화 5년481경에 생활비 및 군장비용으로 당시 화폐 대용으로 쓰인 비단을 갖고 입대하는 소위 '자견자수貲絹自隨' 제도가 실시되었다는 점은 그것을 말해 준다.

우리는 지금까지 목란이라는 인물의 자취를 따라 약간 지루한 시간 여행을 다녀왔다. 초원이라면 대개 대지가 온통 푸른색을 드러내는 여름의 그것을 상상할 테지만, 푸른 빛 농후한 낭만의 초원은 잠시일 뿐이다. 새싹이 굳건히 돋아나는 봄, 그 찬란한 빛을 잃어 가는 가을, 그리고 영하 40도를 오르내리는 겨울을 그곳에서 보내야 초원 인생의 시고 달고 쓰고 매운[酸甛苦辣] 맛을 제대로 알 수 있을 것이며, 목란도 더욱더 실감나게 이해할 수 있을 것이다. 초원의 사계四季를 보다 더 생생하게 소개할 날이 있기를 고대한다.

비단길 가에 흩어져 있는

균전제의 작은 흔적들

● 비단길(실크로드)과 서역 문서 관계도

균전제는 정전제井田制와 함께 중국인에게 가장 이상적인 토지 제도의 하나
로 칭송되어 왔다. 이 제도에 토지의 균분均分과 공유公有의 이상理想이 관철
되고 있다는 확신 때문이었다. 정전제가 실시된 서주西周는 중국인에게 유토
피아의 하나였다. 그러나 정전제나 균전제는 중국인들이 그렇게 자부할 만
한 토지 제도가 아니었다. 오히려 가난한 백성들을 땅에 옭아매어 더 많은 세
금을 받아내기 위한 제도적 장치에 불과했다는 것이 필자의 생각이다. 그러
나 착취가 선정善政으로 오인될 정도로 그 수법은 매우 교묘했다.

균전제는 국가가 필요로 하는 특정 작물의 생산을 독려하는 할당생산제割當
生産制였다. 당시 동서 무역에서 떼돈을 벌 수 있는 비단 생산량을 늘리기
위해 뽕나무를 심는 면적을 할당하고는 그 생산량을 측정하여 상벌賞罰을
엄격하게 가한 것이 바로 균전제의 진짜 모습이었다. 비단길은 가난한 인민
들이 피땀 흘려 생산해 낸 비단이 낙타 등에 실려 서방으로 갔던 길로, 그 길
가에는 균전제 실시를 알리는 흔적들이 아직도 흩어져 있다. 건조희우乾燥稀
雨한 그곳의 기후가 인간이 만든 것들을 쉽게 썩도록 내버려두지 않았기 때
문이다.

인류가 걸어온 역사가 결코 비단길이 아니었듯이, 비단이 실려 다녔다고 해
서 비단처럼 포근했던 길은 아니었다. 비단길은 그 이름과 달리 인간의 인내
를 시험하는 가시밭길이었다. 지난 역정歷程이 어려웠을수록 회억回憶은 더
욱 달콤한 법이다. 비단길가에는 우리가 그냥 지나치기에는 너무도 아까운
인간의 이야기들이 아직도 많이 널려 있다.

'비단길 실크로드', 그 이름만 들어도 누구나 벅찬 가슴을 주체할 수 없을 것이다. 태초에는 지구 위의 아무 곳에도 길이 나지 않았다. 비단길이 뚫린 그곳에는 더욱 길이 있을 리 없었다. 노신 魯迅은 "본래 지상에는 길이 없었다. 걸어가는 사람이 많아지면 그게 곧 길이 되는 것이다"『고향』라고 말했다. 그는 또 "희망이란 본래 있다고 할 수도 없고, 없다고도 할 수 없다. 그것은 마치 지상의 길과 같은 것이다"라고 했다. 비단길은 아무리 그 접근을 불허하는 불모의 땅이라 할지라도 길을 낼 수 있다는 희망을 가졌던 사람들이 기어이 뚫어 낸 길이었다. 그래서 그 길을 개척한 사람들의 이야기가 우리를 더욱 감동시키는 것이다. 나에게도 이 길은 아련한 옛 추억과 함께 떠오른다. 해방 후 최고의 희극 배우였던 고 김희갑 선생이 손오공으로 분장한 영화 「손오공」을 통하여 나는 이 길을 처음 알게 되었다. 중간 고사 준비도 팽개친 채 바로 도서관에서 『서유기 西遊記』를 빌려 밤새 읽었다. 현장법사 玄奘法師가 구법을 위해 천축 天竺으로 향하던 그 길에는 고창국 高昌國, 화염산 火焰山, 그리고 황량하게 펼쳐진 사막 등이 있었다. 그 길에서 기구한 일들이 벌어지고 있었다. 그것들은 열일곱 살의 고등학교 까까머리 학생의 마음을 더욱 들뜨게 했다.

내가 이 길에 대해 더 신비감을 갖게 된 것은 대학 시절 은사 고병익 高柄翊 선생의 '중앙아시아사 개설' 과목을 들으면서부터였다. 선생께서는 황갈색 사막 중간에 눈부시게 빛나는 초록의 보석처럼 박혀 있는 오아시스를 따라 난 비단길의 풍경과 그 길에 얽힌 사연들을 직접 탐험이나 한 것처럼 실감나게 들려주곤 했다. 돈황의 천불동 막고굴 莫高窟의 설화가 그러했고, '방황하는 호수 The Wandering Lake' 롭노르 Lop Nor, 羅布泊 이야기가 그러했다. 그것들은 나로 하여금 이 미지의 세계에 대한 환상을 더욱더 부채질했던 것이다. 그 시절의 기억 가운데 아직도 뇌리를 쉽게 떠나지 않는 것은 옥문관 玉門關이라는 관문의

돈황 막고굴. 실크로드변에 세워진 대표적인 석굴 사원인 돈황.
역사상 진정한 의미의 변경 도시 돈황은 서역 북도와 남도가 만나는 곳에 위치해 있었기 때문에 서역에서 중국을 출입하는
모든 여행자는 이곳을 거치지 않으면 안 되었다. 긴 여행의 안전을 빌기 위해, 혹은 안전하게 보호해 준 데 대한 감사로
예불을 올렸던 곳에 수많은 석굴이 조영되었다. 돈황현 동남 25km 지점 명사산 기슭 암벽에 조영된 돈황석굴(막고굴)은
중국 3대 석굴의 하나다.

이름이었다. "옥문관을 지나면 넓은 타클라마칸 사막이 펼쳐져 있고……" 하시던 선생의 말씀을 듣는 순간, 나는 갑자기 낯이 뜨거워 옴을 느끼지 않을 수 없었다. 이십대 중반 건장했던 나는 한동안 이 '옥문'의 신비에 푹 빠져 있었기 때문이다. 옥문관은 한漢 무제武帝가 흉노를 격퇴하고 서역과의 연락을 원활히 하며 하서회랑河西回廊 지역을 통제하기 위해 돈황 서북 80km에 설치한 관애關隘의 하나다. 어쨌거나 그 이름만은 매우 고약한 것임에 틀림없다.

비단길의 동쪽 기점 장안을 출발한 캐러밴[隊商]이 진령秦嶺 · 농산隴山 · 서경산西傾山 등으로 복잡하게 얽혀 있는 계곡을 벗어나면 바로 긴 회랑에 들어서게 된다. 동남으로 길게 뻗어 있는 기련祁連과 북산北山산맥 ~ 합려산合黎山 ~ 용수산龍首山 사이에 폭 수 킬로미터에서 100km, 길이 약 1000km의 좁고 긴 회랑이 바로 하서회랑 또는 감숙회랑甘肅回廊이다.

감숙이란 감주甘州 : 張掖와 숙주肅州 : 酒泉라는 두 지명에서 따온 이름이다. 감숙성은 동남에서 서북까지 1655km, 남북으로 가장 넓은 곳이 530km, 제일 좁은 곳은 25km에 불과할 정도로 좁고 길다. 특히 내몽고 고원 건너편에 서남 방향으로 1000km 정도 길게 뻗어 있는 3000 ~ 4500m 높이의 기련산맥은 한여름에도 멀리 첩첩의 산맥 위에 백설이 뒤덮여 있다. 기련산에서 흘러내리는 눈 녹은 물은 관개수로 되어[雪水灌漑] 이곳 하서회랑 지역을 젖줄처럼 적셔 주고 있다. 하서회랑에는 이 눈 녹은 물이 만든 오아시스가 이어져 있다. 석양하石羊河 유역의 무위武威 · 영창永昌 평원, 흑하黑河 유역의 장액張掖 · 주천酒泉 평원, 소륵하疏勒河 유역의 옥문玉門 · 돈황 평원이 동남에서 서북으로 이어져 있는 것이다.

중국의 수도 장안에서 비단 등 여러 상품을 사들인 캐러밴은 낙타 무리를 이끌고 방울 소리도 활기차게 출발한다. 황하 부근의 난주蘭州

에서 돈황까지 양주·감주·숙주·과주 등의 오아시스가 5일 남짓 거리로 늘어서 있다. 중국의 서북단인 돈황까지는 장안을 출발한 지 그럭저럭 1개월 가까이 걸린다. 이 오아시스를 잇는 길이야말로 근세에 이르기까지 아시아와 유럽을 맺어 주었던 큰길이었다. 우전于闐의 옥과 아라비아의 향료, 아름다운 로마의 유리 그릇이 낙타 등에 실려 동방으로 왔고, 중국의 비단도 이 길을 따라 저 멀리 로마 궁정까지 운반되었던 것이다. 비단길이란 이런 사실에 근거하여 이름지어진 것이다.

내가 비단길 여행을 다녀온 것이 1996년의 일이니 이미 6년이란 세월이 흘렀다. 그때를 생각하면 내 모든 기억은 이미 그곳에 집중된다. 북경에서 출발하여 청해성青海省 수도 서녕西寧까지 가는 열차였다. 당시는 1년 동안 중국에 머물던 때라 같은 숙소에 장기 투숙하던 한국인 몇 명과 가깝게 지내고 있었다. 우리는 함께 여행을 떠나자는 데 쉽게 의기투합했다. 사실 서안까지의 여행이야 여러 차례 해보았지만, 그 서쪽 여행은 처음이었다. 첫 기착지는 감숙성 성도 난주였다. 난주에서 하루 낮밤을 보내고 만리장성의 서단西端 가욕관嘉谷關을 향해 열차에 올랐다. 무위·장액·주천 등 오호십육국 시대 이 하서회랑을 끼고 명멸했던 작은 나라들[五凉 : 前凉·後凉·西凉·南凉·北凉]이 남겨 놓은 옛 터전을 살펴야 마땅한 일이겠으나 이러저러한 사정으로 그곳들은 아쉽게도 지나쳐야만 했다. 그러나 난주를 출발한 지 얼마 되지 않아 뜻하지 않게 열차 속에서 삼장법사처럼 준수하게 생긴 젊은 승려 한 분을 만나게 되었다. 승적을 지리산 모 암자에 두고 있다는 법사는 종자從者도 없이 혼자 카슈[略什]까지 간다고 했다. 위구르어는커녕 중국말 한마디도 못하는 그 법사의 장도가 심히 우려되었다. 우리 일행 다섯 중 남자 셋은 손오공, 저팔계 그리고 사오정이 되어 고창국이 있던 토로번까지만이라도 그의 구법求法 여행 과정의 충실한 종자가 되기로 마음먹었다. 나이가 가장 많은 나는 여의봉 대신 지팡이를 들었

(상) 서안의 실크로드 기점. 실크로드의 기점은 여러 곳으로 주장되고 있지만 진정한 기점은 역시 서안일 것이다.
서안 서부에 조영된 이 공원에는 실크로드 기점을 나타내는 기념물이 눈길을 끌고 있다.
(하) 실크로드. 일명 비단길인 이 길은 동쪽 서안에서 서쪽 이스탄불까지 이어지고 있다.
비단이 주로 왕래하였다고 하여 붙여진 이름이지만, 이 길은 단순한 길이 아니라 각종 문화를 연결·융합하는 '장'으로서의 길이었다.

고, 백마 대신 열차로 모시게 된 것, 또 여성 두 명이 따른 것은 시대 변화에 따른 불가피한 사정 때문이었다.

나는 여행의 주요 목적을 실크로드가에 펼쳐진 환상적인 풍경의 구경보다 균전제가 실시된 흔적을 확인하는 데 두었다. 나는 이 균전제 때문에 무던히도 골머리를 썩여야 했던 사람이다. 아직도 균전제에 대한 나의 해석을 완결시키지 못하고 있다. 뿐만 아니라 중국 역사 속에서 균전제만큼 많은 관심을 모은 연구 주제도 별로 없다. 균전제는 잘 알다시피 북위 효문제 태화 9년485에 그 시행령인 균전조均田詔가 반포됨으로써 역사상 처음 나타나 당唐 덕종德宗 건중建中 원년780 소위 양세법兩稅法이 반포되기까지 300여 년간 여러 왕조에서 수정·보완 과정을 거치면서 시행되어 온 토지 제도였다. 셰익스피어가 수많은 영문학 전공자들을 밥 먹여 주었다면 균전제도 그 못지않게 많은 수의 중국사 연구자들에게 일자리를 제공해 왔다. 한국처럼 열악한 연구 환경 속에서도 오로지 이 균전제 연구로 밥 먹는 교수가 너댓 사람이나 된다. 그러나 이 균전제가 정작 어떤 모습의 제도인가를 알려주는 사료는 그 명성에 걸맞지 않게 매우 소략하다. 역대 정사正史와 『통전通典』 등의 식화食貨 부문에 간략한 시행령만 제시되어 있는 것이 고작이다. 따라서 균전제에 대한 해석은 그 연구자의 숫자만큼이나 가지각색으로 갈려져 있다.

균전제가 당시 인민으로부터의 수취收取를 전제한 하나의 토지 제도로 시행되었다고 하지만, 실시 문서는 중국 내지에서가 아니라 엉뚱하게도 비단길가 동굴 혹은 무덤 속에서 발견되었다. 역사 연구자들은 중국의 관변 기록인 정사正史를 주로 이용하여 사실을 재정리한다. 그 기록들이 체계적이기 때문이다. 그러나 관변 기록이 갖는 문제점은 매우 선언적宣言的이라는 데 있다. 그것이 실제 그러했다기보다 그러해야 한다는 기록도 적잖이 포함되어 있는 것이다. 그런데 균전제가 당시 어떻게 실시되었는가를 가감 없이 표현한 기록들이 비단 길가에서 발견되었고 아직도 남아 있다. 소위 '서역문서西域文書'다. 그것이 남게 된 것은 그곳의 자연지리 조건이 일조한 덕분이다. 비가 적게 내려 건조한 사막 지역에서는 다른 곳이라면 썩어 없어져 버리는 유기물시체·나무토막·베·종이 등도 흙만 살짝 덮어 두면 수백 년이 지나더라도 잘 썩지 않고 거의 원형 그대로 보존된다. 중국 내지에서 발견되지 않는 문서들이 돈황이나 토로번에서 무더기로 발견되는 것은 그 때문이다.

지목地目 \ 대상對象		남부男夫	부인婦人	노비奴婢	정우丁牛
노전露田	정전正田	40무	20무	양인과 갈음	30무
	배전倍田	40무	20무		30무
상전桑田		20무			
마전麻田		10무	5무		
원택지園宅地				3인당 1무	5인당 1무

【 균전제 급전 규정 】
『위서』「식화지」에 기록된 균전제 법령에 따른 급전 규정이다. 전토가 작물의 종류에 따라 구분되고 노비와 소에 대해서도 급전이 이뤄지고 있는 것이 특징이다.

균전제가 처음 실시된 북위 시대의 시행 규정은 모두 15조로 되어 있다. 급전연령給田年齡·급전량 등에 여러 가지로 해석할 여지가 많기 때문에 종래 이 문제를 두고 많은 논란이 있었다. 국가가 인민에게 지급하는 토지로는 1년생 작물을 심어야 하는 노전露田, 상桑:뽕나무과 유楡:느릅나무·조棗:대추나무를 심는 상전桑田, 삼을 심어야 하는 마전麻田, 상이 자라지 않는 지역[非桑之土]에 지급되는 유조전楡棗田, 그리고 집을 지을 수 있는 원택지園宅地 등으로 구분되어 있다. 1년생 작물을 심는 노전과 마전은 과세를 감당할 수 있는 남부男夫:丁男, 즉 15~70세의 연령을 초과하면 국가가 다시 환수하게 되어 있다. 반면 다년생 작물을 심는 상전은 환수되지 않는다. 북위의 균전제가 다른 시대 토지 제도와 다른 특징 중 하나는 부인과 노비奴婢 그리고 소[耕牛]에게도 토지를 지급한다는 점에 있다. 15세 이상의 양인良人 남부는 노전 40무畝를 받고 부인은 20무를 받으며 노비는 양인의 규정에 따르며 정우丁牛 : 성년이 된 소는 한 마리당 30무를 받되, 그 수는 네 마리로 한정한다고 규정되어 있다.

또 기후와 토질에 따라 지역적 편차가 크기 때문에 여러 가지 부대 조건이 규정되어 있다. 노전은 대개 그 규정액의 배[倍田]를 주지만 토질이 나빠 '3년마다 한 번씩 재배할 수 있는 땅[三易之田]'인 경우 그 규정액에 다시 배를 주어 휴작休作이나 윤작輪作 등으로 생기는 부족분을 보충하도록 하였다. 또 마포가 생산되는 땅[麻布之土]에 사는 남부에게는 따로 마전 10무를, 부인에게는 5무를 지급하며, 노비는 양인의 기준에 따른다고 규정하고 있다.

따라서 북위 균전제 하에서 남부에게 지급되는 토지 가운데 가장 중요한 것은 노전 80무[正田 40무+倍田 40무]와 상전 20무, 뽕나무가 자라지 않는 곳에서는 상전 대신 받는 마전 10무인 것이다. 이 가운데 상전 20무에는 뽕나무 50수樹와 대추나무 3주株, 느릅나무 3근根을 반드시 심도록 규정되어 있다. 상전 20무라면 뽕나무 1000수를 심을 수 있는 넓은 면적이므로 여기에 다년생인 뽕나무 등을 전적으로 심었던 것은 아니었을 것이다. 뽕나무 등은 밭의 경계에 심거나, 밭 가운데 심더라도 그 사이에 곡물을 심었을 것이므로 상전이라 해도 순수한 상전은 아니었던 것으로 대체로 추정하고 있다. 상전으로 지급된 땅에는 3년 안에 뽕나무·대추나무·느릅나무를 반드시 심도록 규정하고, 이 규정을 어겼을 때에는 그 땅을 국가에 반납하도록 강제하고 있다. 뽕나무가 자라지 않는 지역에 사는 남부에게는 유조전 1무를 지급하고는 법에 따라 느릅나무와 대추나무를 심도록 부과했다. 반면 노전에는 뽕나무 등 수목을 절대로 심지 못하게 규정하고 있다. 마지막으로 새로 가정을 꾸미거나 사민 등의 조처를 통해 이동해 온 자[新居者]에게는 3구□마다 원택지 1무를 지급하여 그곳에 집을 지어 살도록 했다. 노비는 양민보다 약간 작은 면적인 5구당 1무를 지급했다. 남녀 15세 이상에게는 그 땅의 5분의 1에 해당하는 토지에 채소를 심도록 명령했다.

이상이 대체로 본 북위 균전제의 시행 규정이다. 이런 시행 규정을 보고 균전제란 토지공유주의土地公有主義와 재산균분주의財産均分主義가 표방된 토지 제도로서, 중국사상 가장 이상적인 시대로 존숭되었던 서주西周 시대에 시행된 것으로 알려진 정전제井田制의 정신을 그대로 계승한 것이라고 보았다. 다시 말하면 왕토王土 사상과 균분均分 이념이 가장 잘 구현된 토지 제도라는 것이다. 연령에 따른 급전과 환수, 그리고 평균적인 급전량의 규정을 볼 때 사실 그런 특징이 보이는 것도 사실이다. 균전제가 출현하기 이전에 중국에서는 여러 가지 토지 제도가 시행되었다. 서주의 정전제, 전국~ 한대의 한전제限田制, 조위曹魏 시대의 둔전제屯田制, 서진西晉 시대의 점전제占田制 · 과전제課田制가 그것들이다. 북위의 균전제가 토지 제도로서 비교적 완비된 형태를 갖추게 되고 300년이란 오랜 기간 시행될 수 있었던 것은 특히 조위 이후 둔전→점전 · 과전제로의 발전 과정 끝에 비교적 완비된 형태를 갖추었기 때문이라는 주장이 최근 학계의 통설처럼 받아들여지고 있다.

그러나 이러한 관점만으로는 서주 왕조에서 시작되어 한족이 세운 왕조들에서 계승되어 온 왕토 사상과 토지 균분 이념이 구현된 토지 제도가 한족 왕조인 동진東晉 남조南朝 여러 왕조에서는 시행되지 않고, 오히려 이민족인 선비족이 세운 왕조에서 재생되었는가라는 의문을 해결해 주지 못한다. 그래서 "북위 균전제는 한대의 한전제限田制나 서진대의 점전제와는 조금의 공통점이 없고 수대隋代의 균전제와도 크게 구별되는 대단히 독특한 토지 제도"
라고 주장한 중국 학자〔李亞農〕도 있다.

　　나도 이런 의문에서 벗어날 수가 없었
다. 1986년 균전제에 관한 글을 쓰기 시작
한 후 지금까지 이 관계 논문을 여러 편 발
표했다. 그리하여 북위 균전제가 다른 시대
토지 제도 혹은 균전제라 하더라도 후세 다
른 왕조의 그것과 다른 특징은 바로 당시 국
가가 필요로 하는 특정 작물을 지정하고 그
작물의 생산을 의무적으로 부과하는 할당생
산제에 있다는 결론을 내리고 그 점을 증명
하려 노력해 왔다. 그러면 왜 당시에 특정
작물의 생산을 강제했는가? 이 점과 관련하
여 혹자는 상·마·유·조의 재배 규정은 이
들 작물에서 생산되는 견사·마포·과물果
物·목재가 당시 경제나 당시인의 생필품이
었기 때문이라고 주장하기도 했지만, 그 구
체상은 밝혀지지 않았다.

　　내가 균전제의 흔적을 발견하기 위해
비단길 여행을 계획한 것은 몇 가지 이유가
있다. 첫째, 균전제를 실시하게 된 배경에는
비단 생산량의 증대라는 중요한 목적이 숨
어 있을 것이므로 수없이 많은 비단이 낙타
등에 실려 갔던 비단길을 그 일부나마 가봐
야겠다는 생각에서였다. 둘째, 균전제의 또
하나의 특징은 급전과 환수다. 급전과 환수

경작도.
1972년 감숙성 가욕관 신성 5호묘 출토.
오호십육국 당시의 농업 생산 과정을
생생하게 그리고 있다.

과정이 없다면 '균전'도 '할당'도 성립될 수가 없다. 이런 점을 확인시켜 주는 문서가 바로 이 비단길가에서 발견되었다. 셋째, 이 지역은 중계무역의 중심지이기도 했지만 제국의 중심으로부터 격리된 변경 도시로서 주로 군인들이 거주하는 군사 거점이기도 하다. 내지에 존재하지 않는 균전제의 실시 문건이 이곳에 남아 있다는 것은 이 지역의 특수성, 즉 둔전屯田과 관련이 있을 것이라는 주장도 성립될 수 있다. 그 지역의 지리적 환경에 대한 확인이 나로서는 중요한 일이었다. 특히 가욕관 남부에 위치한 위·진 시대 떼무덤에서 이곳에 살았던 사람들의 일상생활을 보여 주는 전화傳畵가 발견되었다.

동서양을 잇는 간선도로를 비단길絲綢之路이라고 명명한 사람은 1877년 독일의 지리학자 리히트호펜Ferdinand von Richthofen, 1833~1903이었다. 그러나 이 길이 공식적으로 최초로 열린 것은 기원전 2세기 전한 무제 시대의 사람인 장건張騫에 의해서였다. 그가 개척한 것은 사막로이지만 이 길 외에도 초원로·해양로 등 동서양을 연결하는 수많은 교통로를 총칭하는 개념으로 현재 비단길이라는 말이 쓰이고 있다. 시대가 지남에 따라 이렇게 비단길의 개념도 확대되고 또 기점과 종점 역시 모두 작위적으로 연장되었지만, 비단길이란 뭐니뭐니 해도 장안에서 콘스탄티노플이스탄불까지의 사막로다. 이 길은 단순히 상품이 거쳐가는 길 또는 선이 아니라 상이한 문화들이 도입되어 머물면서 변화된 후, 다른 지역으로 다시 전달되는, 문명 연결의 장場이었다. 같은 학과의 동료 김호동 교수가 내린 비단길 개념은 "선이 아닌 면으로서의 실크로드"다. 그러나 바닷길이 열리고부터 육상의 비단길은 통상로로서 그 빛을 잃어 갔다. 이 길이 다시 세계인의 주목을 끌게 된 것은 20세기에 들어서부터였다. 그곳에 무진장으로 묻혀 있는 유물들 때문이었다. 특히 '타오르는 횃불'이라는 뜻의 돈황은 실크로드 가운데 가장 빛나는 보석이었다.

돈황보다 좀더 서쪽인 고창高昌:吐魯番과 구자龜玆가 한때 중국 왕조의 직할령이었던 시대도 있었지만, 진정한 의미에서 중국 서북단의 변경 도시는 역시 돈황이었다. 돈황은 서역 북도와 남도가 만나는 곳이었기 때문에 중국에 출입하는 모든 여행자들은 이곳을 통과하지 않으면 안 되었다. 이곳에서 열리는 시장은 캐러밴이 옥문관을 통과해 타클라마칸의 첫 번째 오아시스를 만날 때까지 식료와 물을 공급받을 수 있는 마지막 오아시스였다.

철사 모양의 짧은 풀과 산쑥 그리고 키 작은 가시덤불만이 생명을 겨우 부지할 수 있는 무시무시한 타클라마칸 사막을 건너려는 사람들은 누구나 정신적 불안과 육체적 두려움을 느낄 수밖에 없었다. 앞길 어디엔가에 도사리고 있을 악귀들과 수많은 위험에서 벗어나기 위해 그들은 너나 할 것 없이 이곳 돈황의 석굴 사원을 찾았다. 서방에서 돈황에 막 도착한 여행자도 저 공포의 사막을 무사히 건너게 해준 데 대해 이곳에 들러 감사의 예불을 드렸다.

돈황 석굴은 돈황현 동남 25km 지점 명사산鳴沙山 기슭 암벽 위에 분포한 550여 개 석굴이다. 전진前秦 부견苻堅 건원建元 2년366 낙준樂僔이란 승려가 광휘로운 구름에 싸여 있는 명사산에서 1천 존의 부처님을 보고는 이곳에 처음으로 석굴을 개착하기 시작했다. 낙준은 순례자에게 여행을 마치고 안전하게 귀향하기 위해서는 화공畵工을 사서 석굴 하나를 아름답게 장엄莊嚴한 뒤 부처님에게 봉헌해야 한다고 설득했다. 그 후 수백 년 동안 이를 선례로 해서 많은 석굴 사원이 명사산 서쪽 벼랑에 생겨나기 시작했다. 안전을 빌기 위해 물자를 기진寄進하는 캐러밴도 적지 않았다. 석굴 사원은 하나씩 늘어나 북위·수·당·오대·송·원 시대까지 확장을 거듭했다. 원나라가 망하면서 이곳은 사람들의 시선에서 멀어지기 시작했다.

11세기 어느 날 누군가가 돈황 막고굴의 한 동굴에다 문서를 넣고는 밀봉했다. 그러고는 수많은 세월이 무심하게 흘렀다. 이 세상에 존재하는 것은 언젠가는 발견되는 법이다. 그 석굴, 소위 장경동藏經洞이 우연히 발견된 것이다. 그 석굴 속에서는 엄청난 양의 유물이 발견되었다. 이 석굴의 발견으로 여섯 명의 위대한 탐험가가 탄생했다. 사실 위대했다고는 하나 고급 골동품 수집상, 나쁘게 말하면 도굴꾼들이다. 스웨덴의 스벤 헤딘Sven Anders Hedin, 1865~1952?, 영국의 오렐 스타인Sir Aurel Stein, 1862~1943, 독일의 폰 르콕Albert von Le Coq, 1860~1930, 프랑스의 폴 펠리오Paul Pelliot, 1878~1945, 미국의 랭던 워너Langdon Warner, 1881~1955, 일본의 오타니 고즈이[大谷光瑞, 1876~1948] 백작 등이 그들이다.

장경동이 발견된 경위는 매우 극적이었다. 1900년에 호북성 출신의 도사道師:도교의 승려 왕원록王圓籙이 이곳에 찾아와 그간 돌보지 않아 흙모래에 묻혀진 석굴을 보고 한 굴 속에 살면서 관리하기 시작했다. 서하西夏가 이곳을 침입한 지 850년의 세월이 지난 후의 일이다. 하루는 어떤 굴 속에서 모래와 먼지를 긁어 내다가 동굴 북쪽의 벽 한 면이 부풀어 올라 터질 듯이 되어 있는 것을 발견했다. 벽을 걷어내니 수많은 문서 두루마리가 들어 있는 동굴이 눈앞에 나타났다. 곧 돈황현청縣廳에 신고했으나 알아서 보관해 두라는 통보였다.

장경동이 발견되었다는 소문을 듣고 제일 먼저 도착한 탐험가는 스타인이었다. 그가 1907년 3월 돈황에 왔을 때는 현지 관리들에게 사본과 탱화幀畵 일부가 이미 헐값에 팔려 나간 뒤였다. 당시 왕도사는 수백 개소의 다른 석굴들을 장식하고 있는 벽화와 조상들을 보수하기 위해서 기금을 모으고 있었다. 스타인은 지금까지 손에 쥐어 본 적이 없는 액수의 돈을 왕도사에게 주고 6000여 권의 경전을 사서 상자에 넣고 낙타 40필에 실어 반출했다.

당시 중국학 권위자로 당초부터 돈황 문헌을 입수할 목적으로 비

돈황 막고굴 제17굴. 일명 장경동. 도사 왕원록에 의해 발견된 이 동굴 속에는 수많은 문서 두루마리가 있었다.
'돈황 문서'라 불리는 이들 문서는 주로 5~11세기의 것으로서 '돈황학'이라는 학문을 탄생시키기도 했다.
이곳에는 균전제 관련 문서도 상당수 소장되어 있었다.

(좌) 스벤헤딘. (우) 오렐 스타인

단길 탐험에 나섰던 폴 펠리오가 스타인에 이어 1908년 돈황에 도착
했다. 그는 남아 있는 자료를 정밀 검토한 뒤 관리인을 설득하여 5000
권의 경전 등을 열 량의 차에 싣고 나갔다. 이후 천불동으로부터 엄청
난 수의 경전류가 여러 나라의 탐험대에 의해 탈취되었다. 이를 뒤늦
게 안 청나라 정부는 1910년 더 이상의 유출을 막는 조치를 취함과 동
시에 동굴에 남아 있는 문서들을 북경으로 옮기라고 명령했다. 그중
일부는 교육부 창고에 보관되었다가 감쪽같이 사라졌다. 이들 문서의
일부는 교육부에 근무했던 중국인의 장서에서 훗날 발견되기도 했다.
책도둑은 도둑이 아니라고 생각하는 사람은 한국뿐만 아니라 중국에
도 많은 모양이다.

　　그 후에도 오타니 탐험대1911, 러시아 오르텐부르크 탐험대1914

돈황 17굴 장경동에서 작업하고 있는 폴 펠리오. 이 작업 과정에서 혜초의 『왕오천축국전』 사본이 발견되었다.

등이 이곳을 방문하여 남아 있는 문헌을 왕도사로부터 입수해 갔다. 왕도사는 이런 휴지와 다름없는 것들을 왜 싸움하듯 사갈까 하고 의아해했다. 혹시 이것들이 다시없는 귀중한 것이 아니었나 하는 생각이 들었을 때는 이미 늦었다. 이곳에서 발견된 경전은 4만여 점이었다. 일본과 러시아의 발굴 조사단이 돈황에 도착했을 때에도 매물로 나온 사본이 아직 남아 있었고, 스타인은 1913년 인근 마을에서 두루마리 600점을 다시 구입하였다. 그 후 1919 중화민국 정부도 남아 있는 문물을 모조리 거두어 갔다. 이렇게 해서 돈황 석굴에서 나온 문서는 이리저리 각국으로 흩어져 보관되었다. 이들 문서는 흩어졌지만 그에 대한 연구는 학계를 뜨겁게 달구었다. 그 열기로 탄생한 학문이 '돈황학敦煌學'이다.

소위 '서역문서'의 재료로는 종이 외에 나무[木]나 대[竹]를 깎아 만든 간[簡 : 1행 정도를 쓸 수 있는 폭이 좁은 것]과 독[牘 : 폭이 넓은 것]이나 견직물인 백[帛] 등도 사용되었다. 이중 '돈황 문서'는 한어 외에 티베트·소그드Sogd : 粟特, 粟弋 · 위구르 등 다양한 언어로 되어 있다. 이 가운데 한문 문헌이 가장 많아 총수 2만 2천 점이 넘는다. 불교 문헌이 그중 90% 가까이 차지하지만, 이외에 도교·지리서·역수서[曆數書]·의약서[醫藥書] 등도 포함되어 있다. 문헌의 시대 폭은 5~11세기 초까지 미치고 있다. 그중 9~10세기 것이 반수 이상을 차지한다.

이 장경동 발견의 미스터리를 다룬 이노우에 야스시[井上靖, 1907~1991]의 『돈황』이라는 소설이 한때 세간의 주목을 크게 받았다. 이노우에는 고려를 소재로 『풍도[風濤]』라는 역사소설을 쓴 사람으로 우리에게 알려져 있지만, 『돈황』은 그의 작가적 상상력이 유감없이 발휘된 작품이다. 그 소설의 대강을 소개하면 다음과 같다. 때는 송대, 주인공 조행덕[趙行德]은 호남성 시골 출신으로 과거를 보기 위해 수도 개봉[開封]에 왔다가 낙방하자, 서방 신흥국 서하에 관심을 갖고 외인 부대에 투신했다. 전쟁으로 세월을 보내던 중 드디어 불교에 귀의하게 되는데, 최후로 서하의 돈황 총공격을 눈앞에 두고 귀중한 경전들이 불타 없어질 것을 염려하여 막고굴 가운데 한 굴에 문서들을 모두 숨겼다는 것이다.

소설 『돈황』은 송대에 일어났던 돈황의 파멸을 비상한 지력과 무력을 겸비한 조행덕이라는 인물의 기구한 일생을 중심으로 다시 그려낸 픽션이다. 장경동에서 발견된 문헌의 하한선이 11세기 초두이고, 서하 정권의 돈황 지배가 본격적으로 개시된 것도 11세기 중반이기 때문에, 누군가에 의해 이 굴이 봉쇄된 것이 11세기 전반일 것이라는 점에서 소설 『돈황』은 역사적 사실에 근접하고 있다. 이 소설은 한 인간의 일대기라기보다 역사이고, 참다운 역사만이 갖는 슬픔이 전편에

(좌) 장경동 발견자 도사 왕원록. 방치된 돈황 석굴을 보수·유지한다는 명목으로 한 굴 속에 살던 그가 장경동을
발견함으로써 세계 각국 탐험대의 집중적인 '타깃'이 되었다.
(우) 오타니 고즈이 백작. 일본 정토진종의 정신적 지주였던 오타니는 불교가 전래된 경로를 탐사한다는 목적으로
1911년 오타니 탐험대를 시작으로 이후 두 차례나 더 파견하였다.
우리나라 국립중앙박물관에 소장된 중앙아시아 미술품도 그가 파견한 탐험대가 가져온 것의 일부다.

흐르는 아름다운 서사시라 할 만하다. 내가 이 소설을 읽은 것은 대학
2학년 여름방학 때인 것으로 기억하는데, 나는 그때 이 소설이 너무도
사실적이어서 그대로 믿었다. 또한 그의 해박한 역사적 지식에 탄복
했다.

소설대로라면 장경동에 소장된 문서는 비교적 완전한 것이어야
한다. 그러나 그 속에 들어 있던 4만여 점의 문서 보존 형태는 다양하
다. 경전의 경우 수미일관한 것이 적고 잔권류殘卷類가 다수를 점하고
있다. 따라서 돈황의 사원에서 경전을 비롯하여 불필요하게 된 문헌
을 모아 당시 이미 사용하지 않던 굴에 수장했던 것이라고 보는 사람
도 많다. 즉, 소설『돈황』에서처럼 진귀한 문서를 보존하기 위해 밀봉

(상) 아스타나 카라호자 고묘. 토로번 문서가 나온 곳으로, 고성 고창성 가까이에 위치해 있다. 1912년 오타니 탐험대에 의해 본격적으로 발굴되기 시작한 후 현재까지 3~8세기에 조성된 400여 좌의 고묘에서 수많은 문서 단편들이 발견되고 있다.

(중) 토로번 문서에 싸여 있던 시신. 토로번 문서는 대부분 시체를 싼 폐지이거나 신, 혹은 지관 등의 용도로 쓰였다.

(하) 지관. 폐지로 만든 관이다.

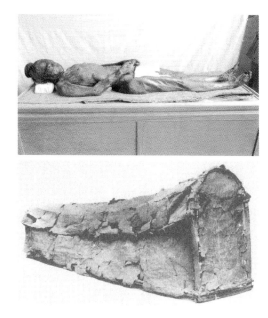

한 것이 아니라, 오히려 못쓰게 된 폐지를 모아 둔 것이라는 주장이 더 설득력을 얻게 된 것이다. 그러나 석굴 입구를 막고 이런 폐지 더미를 귀중하게 보관한 것은 잘 이해되지 않는 부분이다. 장경동에 들어가 아무리 살펴보고 생각해 보아도 나에게는 풀리지 않는 의문이다.

사막 속의 문서, 천고의 비밀을 고스란히 간직한 이 진술陳述 사료史料는 사막이라는 특수 환경과 더불어 모험심에 불타는 인간들을 잔뜩 유혹하였다. 돈황 문서 발견을 전후한 시기에 토로번의 아스타나[阿斯塔那] 카라호자[哈拉和卓] 고묘군에서 수많은 문헌이 출토되었다. 이 땅에서는 이미 19세기 말부터 발굴 조사가 행해졌지만, 최초의 대규모 조사는 1912년 일본 오타니 탐험대에 의해 이루어졌다. 3년 후 스타인 탐험대가 뒤를 이었고, 1930년 각국 합동의 서북과학고사단[西北科學考査團]이 결성되어 광범위하게 조사를 행했다. 고묘군에서 발굴된 한문 문헌의 상한선은 3세기 말, 하한선은 8세기 말이다. 돈황 문헌과 달리 재단된 작은 단편들이 대부분을 차지하고 있다. 문헌으로서 폐기되었던 것이 2차로 이용되어 묘에 매납되었고, 이것이 토로번 문서의 특징인 동시에 연구상의 난점이기도 하다.

돈황에서 발견된 문서 가운데 균전제와 관련하여 종래 주목을 받은 것은 당대唐代의 호적이었다. 거기에는 각 호의 보유지가 하나씩 기록되어 있고 영업전·구분전의 구별이 주기注記되어 있으며, 응수전應受田:응당 받아야 할 토지·이수전已受田:이미 받은 토지·미수전未受田:아직 받지 못한 토지의 총계가 기록되어 있다. 그에 따르면 거의 모든 호가 규정대로의 토지를 갖지 않고 각 호의 이수전도 각각이어서 국가적 규제의 흔적을 찾아보기 힘들다. 만약 농민의 수전 상태가 그러하다면, 당시 규정대로 환수가 이루어질 수 있겠는가라는 의문이 당연히 제기될 수밖에 없다. 이러한 이유로 이 돈황 호적에서 보이는 것은 농민이 이전에 갖고 있던 토지를 호적에 등록하고 그것을 영업전·구분전으

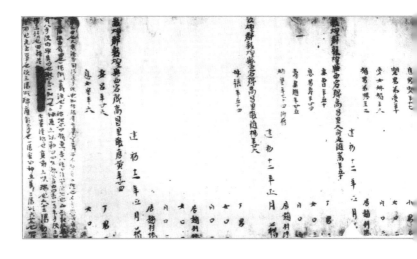

돈황 호적. 현존하는 중국 호적 가운데 가장 오래된 것으로
서량 건초建初 11년(416) 돈황에서 나와 소위 '스타인 문서'에 포함되어 있다.
오호십육국 시대 당시 돈황 사람들의 생활 모습을 구체적으로 보여 주고 있다는 점에서 역사가들의 흥미를 끌고 있다.

로 나눈 데 불과하다는 소위 균전제 불환수설不還收說, 즉 균전제 미실시론이 제기되었다.

오타니가 죽고 그의 수도원인 교토[京都] 서본원사西本願寺의 창고에서 나온 소위 '오타니 탐험대가 가져온 문서[大谷探險隊將來文書]'에 대한 연구가 1958년부터 진척됨에 따라 균전제 연구는 새로운 국면을 맞이하게 되었다. 특히 1958년 이후 이 문서의 분석을 통해 당나라 현종 개원 연간에 관권官權에 의해 토지가 지급되고 환수된 흔적이 발견됨으로써 균전제 미실시론 내지 부정론은 일단 논거를 잃게 되었다.

10여 년 전 균전제를 연구하는 일본인 교수가 국립중앙박물관을 방문하기 위해 한국에 와서 나를 찾았다. 나는 당시까지 우리나라 박물관에 오타니 탐험대가 수집한 문서가 소장되어 있다는 것은 금시초

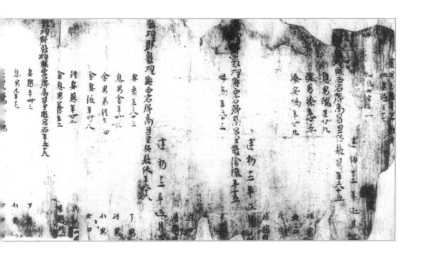

문이었다. 아무리 일본인 도굴꾼이 떨구고 간 문서 조각이라 하더라
도 균전제 관련 논문을 쓴 자가 그 자료가 코앞에 있다는 사실마저 모
르고 있었다는 것은 창피스러운 일이 아닐 수 없었다. 그 후 그 문서
조각을 직접 검토할 기회를 가졌지만, 그 당시의 난처함을 생각하면
아직도 얼굴이 붉어지곤 한다.

　　국립중앙박물관이 소장하고 있는 중앙아시아 미술품은 벽화 60
점을 포함하여 조각·공예품 등 1700여 점에 달한다. 이 정도의 소장
품이라면 세계 어느 박물관의 중앙아시아 유물과 견주어도 전혀 뒤질
바 없는 내용이라 자부하기도 하지만, 그것들은 분명 '오타니 컬렉션'
의 일부다. 이것들이 우리나라에 남겨지게 된 사연 또한 다른 서역 문
서의 운명처럼 맹랑하다. 오타니는 당시 일본 정토진종淨土眞宗 본파의

정신적 지주(法王)였다. 그는 불교가 전래된 경로를 탐사한다는 명목으로 비단길 탐사단을 세 차례 파견했다. 파견의 진정한 목적이 어디 있었느냐에 대해서는 논란이 많지만, 그가 파견한 대원들에 의해 세 번째로 큰 규모의 수집품이 반출되었다. 그 수집품은 곧 흩어지기 시작했다. 오타니가 재정 압박에 시달리면서 교토에 있는 그의 저택을 유물과 함께 처분해 버렸기 때문이다. 이 저택을 인수받은 부호富豪가 당시 조선의 채광권採鑛權과 교환하는 조건으로 조선총독부를 통해 서울의 박물관에 기증한 것이다. 이렇게 하여 오타니 컬렉션 가운데 약 3분의 1이 한국에 남게 된 것이다. 귀중한 유물을 힘들이지 않고 우리가 소유하게 된 것이다.

돈황이 잘 나갈 때 숨을 죽이고 있던 토로번이 요즈음 뜨고 있다. 균전제 연구에서 또다시 자료가 나타나기 시작한 곳이 토로번이다. 인민 중국 성립 후 신강위구르자치구(新疆維吾爾自治區) 박물관이 중심이 되어 토로번의 아스타나 카라호자 고묘군의 발굴 조사가 본격적으로 진행된 결과였다. 1959∼1975년에 걸쳐 행해진 13회 조사로 발굴된 고묘군은 456기인데, 이 가운데 118기로부터 총 2만 7천여 점이나 되는 문서 단편이 대량 출토되었다. 이것을 접합한 결과 약 1600점의 한문 문서가 복원되었다. 가장 오래된 것은 오호십육국 전량前涼 승평昇平 11년367의 것이다. 가장 늦은 문서는 당 대력大曆 13년778의 것이었다.

토로번은 오호십육국 전량국 군사기지의 하나소위 '高昌壁'였다. 그러던 것이 439년 북위가 화북을 통일하자 고창국高昌國으로 독립했다. 고창국은 640년 당나라가 그 지역에 서주西州를 설치할 때까지 독립국을 유지했으나 그 후 토번吐蕃, 다시 790년 전후에는 위구르(回紇)의 지배 하로 편입되었다. 고묘들은 바로 이상의 400여 년간에 걸쳐 만들어진 것들이다.

돈황이나 토로번 문서들을 통해 균전제의 가장 큰 특징인 토지 지급과 환수가 관권에 의해 행해졌다는 사실은 증명되었다. 문제는 균전제 실시의 진정한 이유가 어디에 있는가이다. 필자는 균전제가 실시된 배경을 종래 이해하듯 토지의 균분 이념을 실현한 이상적인 토지 제도로는 보지 않는다. 오히려 정복 왕조인 북위 시대 나름의 특수한 실시 배경이 개재되어 있었다는 점을 강조해 왔다. 즉, 균전제는 중국 한족 왕조에서의 전통적인 토지 제도의 전통을 이어받았다기보다 오히려 당시 그들이 처한 통치 환경이 이 균전제를 시행하는 데 더 많은 작용을 하였다는 생각이다. 따라서 우리는 먼저 북위 초반기부터 그들이 토지 제도를 어떻게 운용해 왔는가를 살필 필요가 있다. 또한 그들과 거의 같은 통치 환경에 있었던 왕조들은 어떻게 토지 제도를 운용했는가를 함께 살피는 것도 유용한 일이라 생각한다.

북위가 성립한 후 가장 먼저 취한 토지 정책은 소위 '계구수전計 口受田' 정책이었다. 계구수전이란 '인구수를 계산하여 토지를 지급한다'는 뜻이다. 단순히 그런 의미라면 그것을 정책이라고 부를 수 없다. 토지를 지급하면서 인구수를 따지지 않는다는 것은 동서고금을 막론하고 있을 수 없는 일이기 때문이다. 따라서 북위 초기에 실시한 계구수전이 단순히 그런 의미의 토지 지급 방법은 아닐 것이다. 원대의 어느 학자[朱禮]가 "한대에는 계구수전이 없었다"고 한 것은 계구수전제에는 그 독특한 내용이 내포되어 있다는 것을 두고 한 말이다. 나는 계구수전이란 북위 황제가 친정親征을 감행하여 정복지의 인민을 수도 근방으로 사민徙民하고, 그들에게 먼저 일정한 토지와 생산품과 생산량을 할당한 후, 그 경작을 독려[勸課農耕]하며 그 생산량을 계산[量校收入]한 다음 순위를 매겨[殿最] 엄격하게 상벌을 행하는[嚴加賞賜] 토지 정책이라고 정의했다.

이러한 토지 정책은 북위만의 독특한 제도가 아니었다. 어떤 정

고창고성. 토로번 동쪽 40km에 위치한 고창성은 오호십육국 시기 전량국의 군사기지의 하나였으나
북위 시대인 439년에는 독립국 고창국의 수도가 되었다. 다시 640년 당에 복속되어 '서주'로 편입되었다.
고창국 시대의 궁궐터는 외성·내성·궁성으로 이루어져 있는데, 아직도 옛 자태를 나름으로 유지하고 있다.
그곳에 삶의 터전을 두고 살고 있는 위구르인과 필자.

치 세력이든지 새로운 정복지를 확보한 후 피정복민을 적극적으로 구
사하여 통치 자금을 원활하게 확보하기 위해 필수적으로 행하는 정책
의 하나였다. 일제 시대 토지조사 사업도 모르긴 해도 목적은 같은 것
이라 생각한다. 그렇게 함으로써 핵심 권력 집단은 공고히 자리잡을
수 있었다. 이런 토지 제도를 가장 잘 이용한 왕조가 다름아닌 요遼·
금金·원元·청淸 등 소위 '정복 왕조'였다. 예를 들어 아보기阿保機가
군장교대제君長交代制라는 부족 고래의 전통에서 벗어나 세습적인 왕
권을 확립할 수 있었던 힘도 한인漢人을 이끌고 이 방법을 통해 확보한
통치 자금 덕분이었다. 가장 전형적인 시대가 바로 청나라의 건국기

였다. 누루하치는 요동 지역을 지배하고 있던 시기에 항복한 한인을 사민시켜 급전하고 세역을 부과하는 이른바 '계정수전計丁授田' 책을 시행하여 그 권력을 공고히 했음은 잘 알려진 사실이다.

여기서 중국인들이 그토록 이상적인 토지 제도로, 그리고 균전제 출현의 이념적 기반이 되었다고 운위하는 정전제의 의미를 살펴보는 것도 재미있는 일일 것이다. 정전제는 잘 알다시피 서주가 은殷나라를 정복한 후 실시한 제도였다. 토지 900무를 8가家에게 100무〔私田〕씩 균등하게 분배하고 8가가 협력해서 중간에 있는 국가의 토지〔公田〕100무를 경작하여 세금으로 납부한다는 것이 이 제도의 대강의 요지다.

그런데 이 제도는 균분이나 가벼운 세금〔輕稅〕의 표본으로서 맹자 이래 유자들에 의해 칭송될 만한 제도가 아니라 서주의 정복지 정복민에 대한 가혹한 토지 정책이었다는 주장이 중국 학자대표적으로 徐仲舒와 서양 학자Wolfram Eberhard들에 의해 이미 제기된 바 있다. 정전제를 계구수전제의 하나로 보는 것은 과도한 독단이라 비판할 사람이 많겠지만, 북위 균전제의 기초가 되었던 계구수전의 의미를 이런 전례나 사정 등을 고려한다면 이해할 수 있으리라 믿는다. 계구수전이 시행된 지 약 90년이 지난 후에 균전제 시행 조칙이 반포되었지만, 그 기간에 북위는 보다 보편적인 토지 정책으로 계구수전제를 재탄생시키는 노력을 계속 이어갔다. 무엇보다 정복전이 종식된 현실과 중원 왕조로 탈바꿈해 가기 위해서는 새로운 변신이 필요했던 것이다. 중국인들이 그토록 사모해 마지않는 정전 제도의 이념을 계구수전제에 덧칠해 갔다. 그 과정에서 몇 차례 조치가 행해졌다. 3대 태무제太武帝의 태자였던 공종恭宗에 의해 시행된 이른바 '과전제課田制'라는 것도 덧칠하는 과정에서 탄생한 제도였다. 그러는 과정에서 한인들도 전혀 눈치채지 못할 만큼 훌륭한 토지 제도가 탄생한 것이다. 이것이 바로 균전 제도의 실체였다.

나는 균전제를 할당생산제의 일종이라고 규정했다. 그 이유는 비교적 간단하다. 첫째 중국 역사상 특정 작물의 생산을 강제하여 이 땅에는 뽕나무를, 저 땅에는 삼을, 느릅나무를, 대추나무를 반드시 심으라고 강제한 왕조가 일찍이 없었기 때문이다. 상전·마전·유전·조전 등 작물별 전토가 나타난 것은 처음이었다. 이런 할당제가 시행된 것은 그것들이 당시 무엇보다도 국가가 필요로 하는 작물이었기 때문이다. 국가는 이렇게 작물을 할당하고 얼마나 많은 산출을 내느냐를 따졌다. 어릴 때 농촌에 살았던 나는 형과 동생과 함께 끝도 없는 농사일에 구사되었다. 그때 작고하신 아버님이 우리 형제들에게 취한 정책(?)이 바로 이 할당제였다. 우리는 할당된 일만 끝나면 냇가에 나가 목욕을 하거나 친구들과 부담 없이 마음껏 놀 수 있었다. 그러기 위해 우리는 몸을 아끼지 않고 허리 한번 펴지 않은 채 속히 일을 끝내고야 말았던 것이다. 이 얼마나 훌륭한 지배 정책이란 말인가? 나는 아직까지 한 번도 선친의 이 정책에 불만을 가져 본 적이 없고 오히려 우리의 훌륭한 지도자(?)였다고 믿고 있다. 북위 황제도 바로 이런 점을 노린 것이다. 인민으로부터 칭찬받고 수입 또한 좋으니 그 어떤 통치자가 이런 제도를 취하지 않겠는가.

나는 앞에서 균전제란 비단·마포·유엽楡葉과 유피楡皮·조실棗實 등을 될 수 있는 한 많이 생산하기 위한 할당생산의 토지 제도였다고 정의하였다. 그러면 당시 이들 산물이 왜 그렇게 필요했던 것일까? 사실 비단을 제외하고 이 점을 확실하게 설명해 주는 사료는 없다. 그만큼 이 정책의 의도는 철저하게 비밀스럽게 포장되어 있었다. 마포는 서민들의 의복(褐)을 만드는 데 주로 쓰였을 것이다. 유의 경우 그 목재가 견실해서 기물器物을 만들거나 건축용으로 쓰였으며, 유엽과 유피는 식용 또는 약용으로 쓰였다. 북위 당시 하북 사람들은 유엽 먹기를 좋아했으며, 특히 흉년에는 구황 식품으로 쓰였다는 기록이 있다.

지금도 산서 지방에서는 유엽과 유피를 가루로 만들어 밀가루에 합쳐 국수를 만들어 먹는다. 산서는 '면의 고향'이다. 산서에는 곡물 가루를 이용하여 만든 식품이 400여 종류가 넘는다. 특히 산서의 도삭면[刀削麵]은 북경의 작장면[炸醬麵], 무한의 건면[乾麵] 등과 함께 중국 5대 면의 하나로 유명하다. 그래서 "산서의 면은 먹으면 입을 즐겁게 하고, 만드는 과정을 보면 눈이 즐거워진다"라는 말이 있게 된 것이다. 세계를 석권하는 스파게티도 13세기 마르코 폴로가 산서의 면을 이탈리아에 소개한 데서 비롯되었다고 한다. 대추 열매[棗實]는 제대로 된 과실이 생산되지 않았던 당시 북방 지역에서 생산되는 거의 유일한 과일이었다. 나는 북위 정부가 이런 작물의 재배를 강제했던 것은 일면 황토 지대라 곡물 생산량이 적은 현실에서 인민의 최소한의 식량을 확보한다는 측면과 함께 국가가 필요로 하는 물품을 확실하게 확보해 두겠다는 계산이 전제되어 있다고 생각한다. 북위 통치자는 비단 생산이 특히 수지맞는 농업 생산이라고 생각했을 것이다. 비단이 중국의 특산으로 서양인에게 널리 알려진 것은 잘 아는 사실이다. 어떤 면에서 균전제는 이 비단 생산을 위해 만들어진 제도라 해도 큰 잘못이 없을 것이다.

북위 당시 비단은 국내외에서 수요가 폭발적으로 늘어났다. 첫째, 유목 민족이라면 흔히 모와 피로 된 의복을 입는 것으로 생각하기 쉬우나 사실은 비단을 더 좋아한다. 유목 민족과 남방 정주 국가와의 교역을 흔히 '견마무역[絹馬貿易]' 혹은 '다마무역[茶馬貿易]'이라고 한다. 북방 유목 지역이 전마[戰馬]의 산지라는 것을 모르는 사람은 없겠지만, 육류를 주식으로 하여 비타민 C가 부족한 유목민에게 차와 함께 비단이 필요한 이유는 모르는 사람이 많을 것 같다. 우선 의복이다. 유목민은 주로 가죽으로 만든 옷을 입는다. 그런 옷으로는 우선 지위의 상하를 나타내기가 쉽지 않다. 가한[可汗]은 비단에 금으로 상감한 옷을 입기를 좋아했다. 귀족이나 일반 목민들도 비단을 좋아하기는 마찬가지였

다. 가한의 친정親征 때 약탈품 중 항상 비단이 주종목을 차지하고, 가
장 중요한 하사품이 비단이 된 것도 바로 그 때문이다. 유목민의 재부
財富의 상징은 비단과 도자기·보석眞珠이었다. 또 '지손只孫'이라고 불
리는 유목민들의 연회宴會 관행은 대단히 많은 비단을 필요로 했다. 지
손이라는 말 자체가 '한 가지 색깔의 옷[一色服]'이라는 의미다. 우리가
월드컵 때 붉은 악마가 되기 위해 모두 붉은 옷을 입었듯이 말이다. 연
회가 열리게 되면 가한은 위로 훈척勳戚·대신근시大臣近侍에서 아래로
악공樂工·위사衛士에 이르기까지 같은 색깔의 옷을 하사하여 입힌다.
이때 엄청난 비단이 쓰였다. 또 비단은 텐트[包]의 재료다. 가한이나
고급 귀족 역시 텐트에 살기는 하지만 그 끈과 실내 장식에는 평민과
달리 많은 비단이 소요되었다. 오르도스에 있는 칭기즈칸의 묘에 가
보면 그들이 살던 게르 내부가 완전히 비단으로 장식되어 있었음을
금방 보게 될 것이다.

둘째, 비단은 무엇보다 동서 무역의 주된 교역품이었다. 동서 무
역로를 비단길이라고 지칭하는 것은 이 때문이다. 서양인이 중국을
지칭하는 용어는 대체로 세 가지다. '시나Cina', '세레스Seres', 그리고
'토가스트Taugast'가 그것이다. 그 가운데 두 가지는 비단과 직접 관련
된 용어다. 시나는 중국의 첫 통일 왕조인 진秦의 전사음이라는 것이
종래의 통설이었다. 그러나 진이 출현하기 이전에 페르시아나 인도에
서 중국의 비단 생산과 관련된 단어인 '진Cin'이나 '지나Cina'로 중국
을 지칭했다는 주장이 나옴으로써 이 설은 부정되고 있다. 기원전
1500년경에 제조된 중국산 비단이 박트리아현 아프가니스탄에서 발견
되었다는 기록이 있는가 하면, 기원전 4세기부터 인도나 페르시아를
통하여 간접적으로 중국에 관한 정보를 접한 그리스인들은 중국을 비
단 생산국으로만 알고 있었던 것이다.

유럽인들이 중국에 관한 소식을 처음 접한 것은 기원 전후 시기

사막과 낙타. 인간에게 무한한 인내를 강요한 사막.
이곳에 만약 낙타가 없었더라면 인간은 결코 실크로드를 만들지 못했을지도 모른다.

인 로마 아우구스투스 황제 치세 때였다. 당시 그들은 중국을 '세레스' 혹은 '세라Sera'라고 불렀는데, 이는 '비단 국민Silk-people' 또는 '비단 나라The Land of Silk'라는 뜻이다. 서양인들은 비단을 '세리카Serica'라고 불렀다. 값비싼 피륙이란 뜻을 지닌 한자어 '사絲'의 음사였다. 전한 시대에 들어 한과 서역 간의 교류가 시작되어 한금漢錦 : 한대의 비단이 서방에 다량 수출되면서 한나라에 대한 로마인들의 관심이 높아졌기 때문이었다. 그러나 로마인들은 비단이 어떻게 생산되는지 잘 몰랐다. 로마인들은 비단이 나무에서 자란다고 굳게 믿었다. 1세기 로마의 자연박물학자인 대大 플리니우스Plinius, AD 23~79는 『박물지Historia Naturalis』에서 "세레스국은 수림에서 가는 실[細絲]을 생산하는 것으로 유명하다. 회색 실이 나무에서 자라는데, 물로 축인 다음 부인

들이 빗으로 빗은 후 무늬 있는 천을 짠다"고 묘사하고 있다. 베르길리우스Vergilius, BC 70~19도 "중국인들이 잎에서 그 부드러운 털을 어떻게 빗질해 내는가"라고 의문을 나타냈다. 중국인 역시 이러한 허구의 신화를 구태여 없애려고 노력하지 않았다. 그들은 1천 년 전에 제작 비법을 발견한 비단을 가능하다면 많이 팔기를 원했고, 또 그 생산 체제를 지속적으로 독점하기를 바랐다.

특히 로마인들이 비단을 비롯한 동양 사치품에 취미를 갖기 시작하면서 교역이 갑자기 활발해졌다. 로마 황제 칼리쿨라Caligula, 재위 37~41는 비단옷을 입은 최초의 황제이지만, 2세기 이후 로마에는 반견班絹 제품을 입지 않은 사람은 수도사로 여길 정도로 유행하게 되었다. 비단이 '최고의 세련'된 옷감으로 인정되면서, 비단은 같은 무게의 금金과 가격이 같아졌다. 당시 가장 명성을 떨쳤던 비단은 다양한 색깔로 염색할 수 있는 중국산이었다. 플리니우스는 그 풍조로 인해 "우리 제국에서 매년 인도와 세레스中國와 아라비아 반도로 빠져 나가는 돈이 아무리 적게 잡아도 최소 1억 세스테르티우스에 이른다"고 『박물지』에서 개탄했다. 서기 14년 로마 원로원은 남자들이 비단옷 입는 것을 금지했지만 교역은 여전히 줄어들지 않았다.

이러한 비단 수요는 북위 시대에 극점에 달한 것으로 보인다. 기원후 6세기 비잔틴東로마의 연대기 작가 테오필락토스Theophylactos는 자신의 연대기에서 '토가스트'라는 나라와 그 지배자들에 대해서 설명하고 있다. 이 명칭은 북중국에 건립된 북위Toba-Wei, 즉 Tabgachi에서 비롯되었다는 것이 중론이다. 왜 북위가 서양에게 중국을 대표하는 국가로 비쳤는지 알 수 없지만, 나는 이것 역시 비단과 연관된 것이라고 보고 있다.

셋째, 유목 민족이 중원을 통치하자 동서 무역은 더욱 활발해졌다. 잘 알다시피 중국은 크고 물건이 풍족한[地大物博] 나라이기 때문에 그 스스로 상행위를 위해 외국에 나가지 않는다. 그러나 유목민들은 그렇지 않다. 잘 알다시피 원초적으로 물자가 부족한 유목 민족은 농경 민족에 비해 통상 무역에서 재주를 발휘했다. 로마인들이 비단에 매료되기 이전에 북방 초원 지대를 떠돌아다니던 유목민인 흉노족이 먼저 중국의 비단에 매료되었다. 흉노족은 중원 왕조를 무력 침략하여 더 많은 비단을 얻으려 했다. 흉노족은 이렇게 해서 쌓인 잉여 비단을 이용해 서쪽 다른 유목 민족과 물물교환을 했다. 이 유목 민족이 서양에 비단을 전해 주었던 것이다. 중국과 서양을 오가는 비단 상인들의 여행이 시작된 것은 바로 이들의 영향이었다.

유목 민족은 농경 민족에 비해 민족적 구별이나 차별을 그렇게 심하게 하지 않는다. 북위 수도 낙양에는 수많은 이국인, 특히 서방인들이 살고 있었다. 이 풍경을 다룬 『낙양가람기洛陽伽藍記』는 총령葱嶺: 파미르에서 서쪽 대진大秦:동로마에 이르기까지 백국천성百國千城의 상인商胡販客들로서 귀화한 자가 1만여 가나 낙양에 살고 있다고 기록하고 있다. 이들이 무엇을 위해 북위로 몰려들었는가? 바로 비단을 얻기 위해서였다. 이러한 경향은 7세기에 들어와서도 마찬가지였다.

비단 수송과 판매는 소그드 상인이 맡았다. 첫 번째 밀레니엄 동안 소그드인들은 동부 비단길의 알아주는 상인이었다. 사마르칸드 등의 소그디아나 도시에는 동서 교역품 창고가 수천 개나 늘어서 있었다. 사마르칸드에서 장안까지는 5000km, 자연적 장애물이 많은 험난한 길이었지만 비단 상인이 죽지 않을 만큼 적당한 거리에 오아시스 도시가 세워졌다. 만약 비단길에 그토록 험한 장애물이 없었다면 비단은 그렇게 친귀하지도 고가품이 되지도 않았을 것이다. 비단을 비단답게 한 것은 바로 이 비단길이었다. 8세기 사마르칸드와 장안은 당시 유럽의 어느 도시보다 훨씬 큰 도시였고, 이 도시들의 규모와 재부는 실크로드를 통한 교역에서 비롯된 것이었다. 상업과 문화라는 관점에서 당시 실크로드는 사실상 세계의 중심이었다. 중앙아시아 교역로는 그곳에 물건을 사고 팔 사람이 있었을 때부터 존재했다.

로마가 사치 풍조로 쇠락해 가고 있을 때 비단은 필수불가결한 유행 상품으로 급속히 보급되었다. 동로마 황제 유스티니아누스 1세 Justinianus I. 재위 527~565는 중간 판매의 침탈을 피하기 위해 양잠을 제창하기도 했다. 잠란蠶卵이 동로마에 전래된 것은 551년의 일이었다. 일설에 의하면 네스토리우스 교단의 승려가 속이 빈 나무 지팡이 속에 누에고치를 넣어 비잔틴으로 밀반출함으로써 중국의 독점 체제는 무너지게 되었다고 한다. 무명씨를 붓뚜껑에 넣어 반입한 문익점文益漸의 고사가 상기되는 대목이다. 그러나 양잠은 발달되지 않았고, 비단은 무역에 의존할 수밖에 없었다.

이제까지 정말 딱딱한 이야기만을 했다. 또 편집자들로부터 욕을 얻어먹을 것이 뻔하다. 그들은 나에게 '더욱 쉽게', '될 수 있는 한 선정적으로' 글쓰기를 은근히 강요한다. 그런 글은 내 체질에 맞지 않는다. 대중을 위한 글쓰기가 이렇게 어렵다는 사실을 최근 들어 더욱 절실하게 느끼고 있다. 고교 동창 친구들은 만나면 하나같이 연재되고 있는 나의 글이 어렵다고 말한다. 내 글을 읽고 "역사적 교훈은 물론이고 인간의 삶의 모습을 간접적으로나마 체험할 수 있는 기회였다"는 어느 열성 독자가 있기에 용기를 잃지 않고 있을 뿐이다.

비단길을 여행하면서 비행기를 타고 간다면 그건 참으로 어리석은 짓이다. 낙타를 타고 가면 더할 나위가 없겠지만, 비행기보다는 기차로, 기차보다는 자동차로 가는 것이 더 좋다. 우리는 가욕관~돈황~토로번~오로목제烏魯木齊로 이어지는 여정을 때로는 기차로, 자동차로, 그리고 가끔은 낙타와 말을 타면서 여행을 계속했다. 간혹 칠흑 같은 어둠 속에서 사막길을 자동차로 달리기도 하였다. 유원柳園역에서 자정 가까운 시간에 마이크로 버스에 올라 새벽 2시 반에 돈황에

교하고성. 토로번 서쪽 10km 지점에 위치한 이 고성은 두 강이 만든 버들잎 형상의 섬 위에 조성되었다.
길이 1650m, 너비 30m. 기원전 108년부터 기원후 450년까지 이곳에 존재했던 거전국 車前國의 도성이다.
당나라 초기(640~658) 서역 최고 군정 기구인 안서도호부가 이곳에 설치되었다.

도착하기도 했다. 운전기사도 우리도 서로를 믿지 못했다. 기사는 예고 없이 건장한 청년 7~8명을 동승시켰다. 우리 일행, 법사와 몇 명의 종자들은 그들이 갑자기 강도로 변하지 않을까 노심초사했다. 법사는 신심이 깊어서인지 어떤 어려움에 처해도 항상 태연함을 잃지 않았다. 작은 일에도 벌벌 떨기만 하는 종자들의 노는 꼴이 역겨워서인지 법사는 돈황에서 우리 종자들을 모두 해고시키고 독자 행동에 들어갔다. 우리는 법사와 이별한 후 토로번으로 향했다. 토로번에서 자전거를 빌려 타고 유유히 시내를 주유하던 그 법사는 이후 모습을 드러내지 않았다. 구법 여행을 성공적으로 끝내고 귀국할 수 있었는지 못내 궁금하다.

　가욕관 고묘에서 뽕잎 따는 위·진 시대 여인을 직접 만날 수 있

화염산. 『서유기』에 나오는 유명한 경승지. 모양 그대로 불타는 형상을 잘 보여 주고 있다.
토로번 시내에서 고창고성으로 가는 공로변 북방에 펼쳐져 있다. 해발 851m.

었고, 문서 두루마리 하나 없는 빈 동굴이었지만 장경동 안에서는 스타인이나 된 것처럼 상기되기도 하였다. 오아시스 도시 돈황의 잘 정리된 농토가에 서니 할당한 뽕나무를 심었는지를 확인하던 옛 관리들의 호령이 들리는 듯했다. 또 토로번의 아스타나묘에서는 균전제의 실시 상황을 알리는 문서 조각으로 만든 종이관[紙棺]과 종이신[紙鞋]을 도굴꾼들에게 빼앗기고 벌거벗은 채 육신을 드러내고 누워 있는 균전 농민을 만날 수 있었다. 나름으로 균전제 연구를 위한 여행치고는 소득이 컸던 여정이었다.

　사람이 죽으면 육체는 바로 썩어 없어지거나 불태워져야 한다는 단순한 진리를 깨닫게 해주었던 곳이 토로번이었다. 영혼은 이미 이 세상을 떠난 지 천 몇백 년이 지났지만 육체는 말라비틀어진 채 땅 밑

에 누워 있고, 폐성 교하성 交河城 한 귀퉁이에는 수천 년 전에 죽은 어린아이의 유골이 나동그라져 있었다. 그 위로 여름 햇살은 사정없이 작열하고 있었다. 오아시스 마을에 저녁이 드니 어디에 있다 나타났는지 모를 장사꾼 등 인파가 장사진을 이루었다. 토로번에는 오랜 옛날 서양에서부터 전래된 포도 송이들이 주렁주렁 달려 있고, 사막 어디서 풀을 뜯다가 돌아가는지 모를 양떼들이 열을 지어 시내를 분주히 걸어가고 있었다. 삼장법사의 법어에 반하여 그 여행을 진심으로 도왔던 고창국 국왕의 흔적은 어디론가 사라지고, 폐허가 된 고창성에는 파란 눈의 위구르인이 방울 단 마차를 몰고 관광객을 실어 나르고 있었다.

불타는 모습의 화염산, 그 기슭에 제국주의 세력들이 뜯어간 벽화 자국만을 안고 있는 베제클릭 사원, 그 모습들이 새삼 왜 그렇게 그리운지 알 수가 없다. 언제 또다시 그 길을 갈 수 있는 기회가 주어진다면 아내와 단둘이 홀가분한 마음으로 그곳을 찾고 싶다. 그 여행 귀로의 열차칸에서 비단길 탐방에서 느낀 감회를 핑계삼아 어느 젊은 여인에게 달콤한 사연의 엽서를 써보냈는데, 그것이 아내를 한동안 못내 가슴 아프게 했기 때문이다.

어느 권력자의 모정의 세월

● 육진의 난과 우문호 활동 지역도

최근 몇 년 동안 우리는 남북 이산 가족의 상봉 문제로 들떠 있었다. 이산 50 년. 인간이 오래 살아도 백 살을 넘기기가 쉽지 않다는데 하늘이 이산 가족들에게 부여한 시간은 그리 길어 보이지 않는다. 1400여 년 전 중국에서 일어난 어느 권력자의 이산 이야기가 문득 떠올랐다. 사료를 읽다가 우연히 만난 것이지만 나에게는 쉽게 잊혀지지 않았던 이야기였기 때문이다. 당시에도 이산 가족이 수없이 많았지만 그들의 통곡을 기록한 전적은 찾을 수 없었다. 이산이란 과두寡頭 몇 사람의 권력욕에 의해 만들어지고 또 지속된다. 그들의 권력욕에 비하면 억조億兆 민중은 한낱 보잘것없는 존재일 따름이다. 그들이 항상 내거는 거창한 이념이나 민중을 위한다는 지상의 명분도 한낱 허울에 지나지 않는다는 것이 고금동서 공통된 현실이었다. 우리나라에는 현재 1천만 이산 가족이 있다. 그에 비해 재상봉의 기회를 얻은 사람의 수를 생각할라치면 그들이 만들어 둘러씌운 이산의 조처만큼이나 잔인하다. 대표적인 이산 가족 집거지인 속초의 아바이 마을, 그리고 풍기의 어느 이산 마을 사람들의 낙담 어린 한숨은 당연한 일인지도 모른다. 병아리 눈물보다도 더 적은 아량에 우리 민초들은 그저 감동해 마지않고, 언론마저 제 소리를 내지 못하고 과두의 눈치 보기에 급급하다.

우문호宇文護는 북주北周 시대 황제를 능가하는 권력자였다. 그가 적국 북제北齊에 있는 어머니와 상봉을 위해 보인 노력은 처절하기까지 했다. 그가 읊은 35년간의 사모곡은 송환 협상 과정에서 보낸 편지에 잘 드러나 있다. 그가 당시 민초들의 이산離散에 대해서는 어떤 생각을 가지고 있었는지 알 수 있는 자료는 별로 없다. 그가 적국에 두고 온 어머니에 대한 그리움과 간절함을 민초에게도 베풀었는지 나는 모른다. 국가도 권력도 인간이 만들어 낸 것이다. 권력을 향한 경쟁이 아무리 치열하더라도 인간 본연을 잃지는 말아야 하지 않을까? 이산 문제의 접근도 인도적인 데 기반해야지 특정 정치인의 사익에 기반해서는 안 된다.

남북 정상 간의 이른바 '6·15 공동선언'에 따라 분단 50여 년 만에 이루어지는 이산 가족의 상봉 사실을 두고 가슴 설레지 않은 사람이 거의 없을 것이다. 월남한 71세의 할아버지가 북한에 남겨 두고 온 109세 어머니의 믿어지지 않는 생존 소식에 환호하는 모습은 어느 작가도 감히 묘사할 엄두를 내지 못했던 한 편의 생생한 드라마다. 그 외에도 최근 소개되는 이산 가족의 기막힌 사연들은 혈육의 정이라는 것이 얼마나 뜨거운가를 우리로 하여금 다시 한 번 실감하게 한다. 이 두 모자의 길고도 질겼던 이산의 아픔을 생각할라치면 이산 가족의 입장에 서 있지 않은 필자마저 새삼 가슴이 저려 온다. 그러나 우리 민족에게 가해진 이런 어처구니없는 '이산'의 생성과 경과, 그리고 그에 얽힌 저간의 민족 분단사를 곰곰이 생각하면 울컥 치미는 울분이 나만 느끼는 감정은 아닐 것이다. 지척의 거리를 두고 살을 나눈 모자가 오매불망 그리워하며 떨어져 사는데도 지구상에서 가장 가기 어려웠던 곳이 북한이었다. 아직도 법률상 당국의 허가 없이 만나서는 범법자가 되는, 이 세상 사람들 가운데 가장 만나기 어려운 사람들이 바로 북녘 땅의 우리 부모 그리고 형제들이 아니던가? 동서를 나누던 이념의 벽은 허물어진 지 이미 수년이 지났건만, 지구상 유일한 분단 국가라는 불명예에 아랑곳하지 않는 이런 불가사의한 남북 관계를 만들고, 또 유지하고 있는 것은 무슨 연유인가?

내가 고등학교에 다니고 있을 때인 1960년대 초반에 일어난 일로 기억한다. 당시 농림부 장관이었던 C씨의 이야기는 우리를 매우 흥분시키고 남았다. 당시 북한에 거주하고 있던 그분의 부모님이 제3국_중국~홍콩을 거쳐 아들이 살고 있는 한국으로 귀환한 것이다. 도하 신문에 대서특필된 것은 물론이고, 세간에도 크게 화제가 되었던 것으로 기억한다. 당시 냉전 체제 하에서 남북 대화의 통로가 완전히 막혀 있던 때였는데, 어떤 접촉 경로를 통해 그분들이 한국으로 올 수 있었는

음산산맥에서 바라본 무천진. 우문호의 고향 무천진은
현재 내몽고자치구 수도 호화호특 북방 43km 지점에 위치해 있다. 음산산맥을 넘으면 광활한 초원이 펼쳐진다.
그 초원이 시작되는 지점이 바로 북주·수·당 3왕조 창업자들의 조상들이 살았던 곳이다.

지 아직도 그 의문은 잘 풀리지 않고 있다. 장관이란 지위가 그때나 지금이나 고관임에는 틀림없지만, 대통령의 부모라 하더라도 그렇게 순조롭게 모셔 오기란 쉽지 않다는 생각이 들었기 때문이다. 당시 C씨의 끈질긴 노력과 장관이라는 그의 높은 지위가 가져다 준 결과였다고 어림짐작하고 있을 뿐이다. 아무리 극한 대립 속에서라도 정부 간에는 뭔가 대화가 이루어지고 있다는 것이 사실인 모양이다. 출세돈이나 지위, 아니면 유명 연예인이든, 또는 이민을 가서 외국 국적을 얻든 한 사람은 어떤 방식으로든 북녘의 부모 형제를 만날 수 있다. H재벌 왕회장님이 북한에 있는 고향을 몇 차례 방문하여 일가친척을 만났고 정부 고관들도 어떤 형식으로든 인척들과 접촉하고 있기 때문이다. 그러고 보니 이산의 아픔이라는 것도 힘 없고 배경 없는 민초들만의 것이라는 생각이 든다.

그러나 출세한 사람들의 부모 송환, 친척 상봉이라는 것도 당해 보지 않은 사람은 잘 모를 고충이 있었을 것이다. 권력이 있는 사람의 친인척일수록 그만큼 이용 가치가 더 클 것이므로 그 협상 과정은 더 복잡하고 많은 시간을 필요로 할 것이기 때문이다. 전쟁을 유리하게 이끌기 위해서거나 혹은 국가 경영상 꼭 필요로 하는 인사를 얻기 위해 부모 등 가족을 인질로 하여 협상에 나서는 일은 중국 역사에서 그리 드물지 않은 일이었다. 그러나 이산 가족의 소환이나 상봉 문제를 해결하는 방식은 각기 달랐다. 이것과 관련된 이야기 두 토막을 여기 소개해 본다.

한나라 창업주 유방劉邦과 그의 숙적인 항우項羽 사이에 일어난 일이다. 양자 사이에 숨막히게 진행되던 전쟁 중에 유방은 팽성彭城 전투에서 그의 아버지와 부인 여후呂后가 항우에게 사로잡히는 궁지에 빠지게 되었다. 그 후 광무廣武 전투에서 유방군과 대치하면서 그 돌파구를 찾지 못한 항우는 유방에게 지금 당장 투항하지 않으면 아비 태공太公을 삶아 죽이겠다고 협박했다. 그러나 유방의 대처 방안은 단호하면서도 간단했다. "우리 둘은 초楚 회왕懷王으로부터 형제의 의를 맺으라는 명을 받은 사이가 아닌가? 그러니 나의 아버지는 곧 그대의 아버지다. 만약 아버지를 삶아 죽인다면 그 국 한 그릇을 나누어 주면 고맙겠다"고 냉랭하게 대답했던 것이다. 항우는 격노하여 태공을 죽이려 했으나 항백項伯이 "천하를 차지하려는 자는 집안일 따위는 고려하지 않습니다. 태공을 죽여 봤자 아무 이익도 없고 다만 골치 아픈 일만 더 생길 뿐입니다"라고 말리는 바람에 그만두었다고 한다. 이 같은 유방식 대처 방안은 일반 범인으로서는 쉽게 행동으로 옮길 수 없는 것이리라.

소설 『삼국지』에 나오는 조조와 모사謀士 서서徐庶 사이에 생긴 이야기는 유방과는 상반된 내용이다. 서서는 원래 제갈량의 친구로서 먼저 유비에게 의탁하고 있었다. 관도官渡 전투에서 승리한 조조가 부하 장수인 여광呂曠·여상如翔·조인曹仁 등을 보내 유비를 치게 하니 서서가 선봉에 서서 그들을 격파하고 요충인 번성樊城을 공격하여 빼앗는다. 조조는 서서가 모사로서 능력이 빼어남을 알고 유비로부터 그를 빼내기 위해 정욱程昱이 제시한 계략을 펼친다. 당시 자기 영내에 살고 있던 서서의 모친을 허창許昌으로 잡아오게 한 다음 그녀의 필적을 흉내낸 편지를 보내 서서로 하여금 항복하게 한 것이다. 어머니를 구하기 위해 서서는 마지못해 유비 곁을 떠나면서 제갈량을 추천한다. 제갈량과 같은 인재를 얻기 위해서는 최고의 초빙의 예를 갖추어야 한다는 것이 서서의 충고였다. 이로써 삼고초려三顧草廬라는 만고의 가화佳話가 성립된 것이다. 서서가 허창에 도착하여 어머니를 만나니 모친은 "거짓 편지에 눈이 멀어 전후 생각도 하지 않고 현명한 군주를 버리다니……"라며 꾸짖고는 자살해 버린다. 서서는 이 일로 인해 몸은 조조 진영에 있었지만 마음은 항상 유비에게 있어 종신토록 한마디도 하지 않고 어떤 계략도 조조에게 바치지 않았다는 것이다.

이상의 두 이야기는 우리가 익히 아는 것에 불과하지만 두 삽화를 굳이 소개한 것은 나름의 이유가 있다. 적대 세력 사이에서 인간의 정의에 입각한 소위 인도적 협상 혹은 그에 기반한 대응은 당초 국가라는 거대 조직에서는 한낱 장식에 지나지 않는다는 사실을 강조하고 싶기 때문이다. 이 문제와 관련하여 내가 전공하는 시대의 사례를 소개함으로써 이 문제에 대한 접근을 시도해 보려 한다.

북조 시대 가운데 가장 마지막 왕조인 북주北周, 556~581의 실질

적 창업자인 우문태宇文泰의 조카우문태의 형인 宇文顯의 아들였던 우문호
宇文護가 바로 이 글의 주인공이다. 그는 한때 북주 정국에서 황제를 능
가했던 권력자였다. 정치적 대전환기에 살았던 조조가 그랬듯이 우문
태도 20여 년간 새로운 우문씨 왕조〔北周〕를 창업하기 위해 혼신의 노
력을 다하던 중, 그 결실을 눈앞에 둔 시점인 서위西魏, 535~556 공제
恭帝 3년556 10월 북방 전선을 순시하다가 52세의 나이로 병사한다.
그는 셋째아들인 열다섯 살의 우문각宇文覺을 후사로 지정한다. 그리
고 친조카인 동시에 우문씨 집안의 최연장자인 우문호에게 "나의 여
러 아이들이 모두 어리고 밖으로 적들이 아주 강하니 천하의 일은 네
가 맡아서 힘을 다해 나의 유업을 이루어 달라"는 유탁을 남긴다. 우문
호는 숙부 우문태로부터 정권을 인수받은 지 두 달 후, 서위의 공제로
하여금 조카 우문각에게 황제위를 선위하게 하여 북주 왕조를 개창하
게 한다. 잘 알다시피 서위 시기는 우문태를 비롯한 여러 명의 유력한
장군들이 자기 위주로 새로운 왕조를 창업하기 위하여 각자 치열하게
경쟁하던 때였다. 당시 우문태는 그들 가운데 가장 강력한 세력을 구
축하는 데 성공하기는 했지만, 그의 사후 정국이 반드시 우문씨에게
유리하게 전개된다는 보장은 없었다. 이런 와중에 우문호는 우문태의
죽음을 비밀에 부치고 먼저 수도 장안을 확보한다. 서위의 궁정 금위
군을 장악함으로써 분산된 군사권을 우문씨 아래로 회수하여 집중시
키기 위해서였다. 우문호는 그 후 원훈대신元勳大臣과 유력 장군들을
거세하는 등 북주 창업의 기초를 닦는 데 혁혁한 공훈을 세운다. 이런
공로와 그의 뛰어난 정치적 수완으로 그는 북주 초 실질적인 최고 권
력자로서 16년간이나 군림한다. 그는 통치 기간에 북주를 실질적으로
창업했을 뿐만 아니라 조카인 우문각孝閔帝, 재위 556~557ㆍ우문육宇文
毓:孝明帝, 재위 557~560 등 북주 황제들도 마음대로 폐살시켰으니 당시
그의 위치가 어느 정도였던가를 짐작할 수 있다.

그러나 우문호는 북조판 대표적 이산 가족이었다. 이상과 같은 정치적 비중에도 불구하고 그의 열전『周書』권11 晉蕩公護傳은 절반이나 되는 분량12쪽 중 6쪽을 그가 그의 어머니와, 그리고 북제 정부와 나눈 세 통의 편지에 할애하고 있다. 내가 우문호에 관심을 갖게 된 것은 모자간에 나눈 편지의 내용이 이산의 아픔을 너무도 절실하게 표현하고 있기 때문이다. 우문호의 열전은 한 권력자의 정치 인생의 기록이라기보다 그의 통곡 소리가 배어 있는 한 편의 사모곡思母曲이다. 역사적 사실을 어떻게 기록하느냐는 사가史家의 고유 관할 부분이지만, 이 열전을 편찬한 역사가의 눈에 무엇보다 강하게 다가온 것은 우문호의 그 화려하고 거대한 정치적 족적이 아니었다. 바로 30여 년간을 적국에서 살고 있는 어머니에 대한 깊은 애정과 자식으로서의 마음가짐이 그를 사로잡았던 것이다. 우문호가 그랬듯이 정치판에서는 냉정하기 짝이 없는 철혈 인간도 어머니 앞에서는 착하기 그지없는 동치童稚로 돌아가는 것이 인간인 것이다.

우문호와 그 어머니인 염씨閻氏 : 통상 '閻姬'라고 함가 남북으로 700리나 길게 흘러내리는 황하 중류를 사이에 두고 동서로 다른 나라에

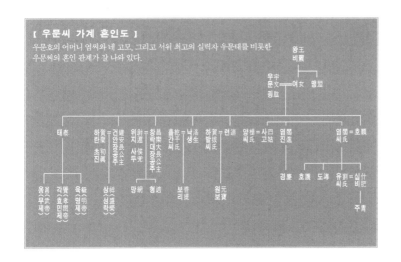

【 우문씨 가계 혼인도 】
우문호의 어머니 염씨와 네 고모, 그리고 서위 최고의 실력자 우문태를 비롯한 우문씨의 혼인 관계가 잘 나와 있다.

나누어 사는 이산 가족이 된 것은 북위 효문제孝文帝, 재위 471~499가 낙양으로 천도하고, 이른바 한화漢化 정책을 실시한 데 반발하여 일어난 반란인 '육진六鎭의 난'의 결과였다. 이것은 북위의 주체 세력인 탁발족이 중심이 된 선비인이 일으킨 반란이었다. 북위 시대 선비인들은 그들이 새내塞內로 들어온 이후 초원 지역의 패자가 된 유연柔然 등 북방 유목 민족의 방어를 대대로 담당해 왔다. 그들이 주둔하는 지역은 음산산맥陰山山脈 남북에 걸친 방어 기지인 옥야진沃野鎭·회삭진懷朔鎭·무천진武川鎭·무명진撫冥鎭·유현진柔玄鎭·회황진懷荒鎭 등 여섯 개의 진이었다. 효문제의 낙양 천도는 이제껏 북방 방어 위주의 정책에서 남진南進을 통한 중국 통일로 그 정책 방향을 변경한 것이었다. 육진의 병사(鎭人)들은 직업으로는 군인, 계급으로는 귀족, 종족으로는 선비라는 세 가지 특징을 갖고 있었다. 그러나 낙양 천도로부터 30년이 지난 후 다른 것은 변하지 않았으나 사회 계급만은 떨어져 천민으로 되었다. 250년 전 북위를 창업하는 데 혁혁한 공훈을 세웠던 영광의 전사들이 이제 노예나 다름없는 계층으로 전락한 것이다. 이런 흐름에 반발한 진인들은 낙양 조정에 반대하여 반란을 일으켰다. 524년 옥야진에서 시작된 반란은 육진 지대로 급속히 확산되어 갔다. 이들 난민 가운데 세계 제국인 수·당 왕조 창업자들의 아버지와 할아버지가 끼어 있었다. 그래서 수나라와 당나라를 창업한 사람들을 육진의 하나인 '무천진 집단'의 후예라 하는 것이다. 우문태의 아버지 우문굉宇文肱은 당시 하발씨賀拔氏 등과 함께 난민이었다.

'육진의 난' 자체는 실패로 돌아갔지만 그 후 아사 상태에 빠진 육진의 민중들은 반란측에 가담했든 안 했든 먹을 것을 얻기 위해 중국 내지, 즉 산서·하북 지역으로 유동하기 시작했다. 북위 관군에 항복해서 비호를 구하는 진민의 수는 20만 명에 이르렀다. 조정은 이들을 하북 중부 기冀·정定·영瀛 3주에 분산시켜 취식하도록 했다. 우문씨는 정주에 배속되었던 이른바 '항호降戶'였다. 이 하북의 항호에서 반란의 불씨가 재연되었다. 내란이 일어나게 된 불씨의 하나는 오원五原의 항호 선우수례鮮于修禮 등이 정주의 좌인성左人城 : 河北 唐縣 西北에서 거병한 것이었다. 이때 선우수례의 무장으로 활약하던 우문굉은 관군과 싸우다가 전사하고 말았다. 곧이어 선우수례의 부하 갈영葛榮이 다시 반란 세력의 지도자가 되어 상곡上谷에서 봉기했던 유현 진민 두락주杜洛周 세력을 병합해 하북 일대를 제압했다. 갈영은 우문굉의 셋째 아들 우문락생宇文洛生에게 어양왕漁陽王의 왕위를 주며 아버지가 이끌던 군대를 다시 지휘하도록 했다. 그 동생 우문태도 이때 장수로 임명되었다. 우문태 등은 갈영이 결국 성공하지 못할 것으로 예상하고 탈출을 도모하지만 실행에 옮기기 전에 갈영이 또 다른 대군벌로서 북위 왕조를 멸망시키는 데 가장 큰 계기를 마련한 이주영爾朱榮에게 패함으로써 갈영 밑에 있던 방대한 수의 북방 진민들은 그대로 이주영 수중으로 들어가게 되었다. 이주영의 본거지는 진양晋陽 : 현 山西省 太原이었으므로 우문태 등도 진양으로 옮겨졌다. 나중에 북주를 세우는데 일익을 담당한 독고신獨孤信 · 조귀趙貴와 하란賀蘭 · 울지尉遲 씨 등의 가문도 이때 우문씨의 비호 하에 이주씨 밑으로 들어갔다. 이들은 모두 무천진 출신이다. '육진의 난' 이래 여러 북방 세력은 이주씨에 의해 통일되었기 때문에 이처럼 무천진을 출발한 각 가家는 다양한 경로를 거쳐 진양의 이주씨 밑으로 모이게 된 것이다.

진양에서 합류한 그들은 곧 군사 행동을 같이하게 되었다. 무천진 출신의 대표였던 하발악賀拔岳이 이주영의 조카 이주천광爾朱天光의 부장으로 관롱關隴 지방, 즉 현재의 감숙 남부와 섬서 서부 지역에서 일어난 반란을 토벌하기 위해 부임했다. 무천진 사람들은 대부분 그를 따라 종군길에 나섰다. 종군자들의 처자식들은 거의 진양에 남았다. 이 관롱 지역 반란 토벌에 참가한 것이 곧 무천진 군벌 형성의 기원이 되었지만, 토벌군 참가 여부가 나중에 각 가의 운명을 결정짓는 중요한 분기점이 되었다. 곧 화북은 동위534~550와 서위라는 두 정권으로 양분되었기 때문이다. 특히 종군자의 남은 가족들은 곧 북제의 영역 내에 억류되고 말았다. 이때 우문호의 어머니와 사랑하는(?) 그의 아내 등 일가친척들이 고스란히 진양에 남게 되었다.

한편 북제 정권을 사실상 창업했던 고환高歡은 하북성 발해渤海 수인蓚人의 한인漢人으로 되어 있지만, 그 역시 육진의 하나인 회삭진에 살던 선비족 출신이라는 것이 학계의 정설이다. 고환은 동지들과 함께 처음에는 두락주에게 의탁했으나, 이후 갈영에게 의탁했다가 결국 이주씨 밑으로 들어갔다. 고환이 투신할 즈음 이주씨는 북위 정국의 본무대에 등장하고 있었다.

이주영이 북위의 실권을 장악하고 여러 지방의 토벌을 진행하는 과정에서 고환은 여러 전투에 참가하여 급속하게 두각을 나타냈다. 그리하여 이주영의 후계자 이주조爾朱兆로부터 걸출한 인물로 인정받아 진주자사晉州刺史로 임명되었다. 이것은 고환에게는 우리 안에 든 호랑이를 들판에 풀어 주는 것이나 다름없는 일이 되어 버렸다. 528년 이주영이 당시 북위 조정을 좌지우지하던 호태후胡太后와 그 이하 조정 대신 2천 명을 낙양 망산邙山 너머 황하변인 하음에서 학살했다. 이것을 '하음의 변[河陰之變]'이라 한다. 이주영은 효장제孝莊帝, 재위 528~530를 황제로 추대하였지만 그가 세운 황제에 의해 살해되고 말았다. 효장제도 북위 조정에 저지른 이주씨의 행위에 복수하기 위한 음모의 선봉에 섰기 때문이었다. 이때 고환은 황제를 탈취해 그를 끼고 자립하려 했으나 그 기회를 잃고 말았다.

고환이 관동의 패자가 될 기초를 마련하게 된 것은 갈영의 나머지 무리 20여만 명을 장악하게 된 덕분이었다. 이들은 이주씨 밑으로 들어왔으나 그 대접에 불만을 품고 자주 반란을 일으켜 이주씨의 두

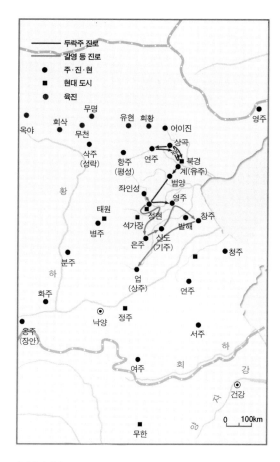

두락주 진로
갈영 등 진로
● 주·진·현
■ 현대 도시
● 육진

무명
회삭
옥야   무천
삭주
(성락)
항주   연주
(평성)
좌인성
황

태원
병주

분주

화주

옹주
(장안)

유현   회황
어이진
상곡
북경
계(유주)
범양
영주
영주

석가장   정현   발해
온주   산도
(기주)

업
(상주)

낙양   정주

여주

건강

0   100km

무한

육진의 난 전개도

통거리가 되고 있었다. 고환은 이들을 자기에게 배속시키면 그 문제
를 해결하겠다고 제의했다. 허락을 얻은 고환은 드디어 이들을 데리
고 하북으로 취식就食을 떠난다는 명목으로 동방 평원 지역으로 이동
했다. 531년 1월 신도信都에 도착한 고환은 이주씨 타도의 깃발을 내
걸었다. 그는 이곳에서 지방 세력인 한인漢人 호족들과 연합하는 데 어
렵지 않게 성공을 거두었다. '하음의 변' 이후 한인들은 모두 이주씨

'하음의 변'과 맹진. 북위 말 '육진의 난' 이후 최대 군벌로 떠오른 이주영이 당시 조정을 좌지우지하던 호태후와
조정 대신 2000여 명을 학살했던 하음은 현재 낙양 북망산 너머 맹진현 구마孟馬 일대 황하변이다.
사진은 맹진 구마향의 회맹대. 서주 무왕이 은을 정벌하기 위해 여덟 제후와 회맹한 곳이다.

세력에게 등을 돌렸기 때문이다. 복수의 칼날을 갈고 있던 한인 호족
들이 고환과 제휴하는 것은 당연한 결과였다. 531년 이주씨를 격파한
고환은 업성鄴城을 점거하고는 그곳에 대승상부大丞相府를 두고 효무제
孝武帝 : 元脩, 재위 532~534를 낙양에서 추대했다. 고환은 다시 진양을
점령하고는 대승상부를 그곳으로 옮겼다. 그러나 효무제는 고환과 원
래 관계가 좋지 않았다. 534년 효무제는 우문태에게 몸을 의탁하기 위
해 그가 세력을 장악하고 있던 서방 관중으로 달아났다西奔. 고환은
그를 추격했으나 성공하지 못하자, 대신 효정제孝靜帝 : 元善見, 재위
534~550를 황제로 세웠다. 이로써 동위東魏가 성립되었다. 이렇게 되
자 곧이어 우문태가 효무제를 중심으로 서위西魏를 세우니 화북은 동
서 두 개의 정권으로 양분되었다. 두 개의 과도 정권이 성립한 셈이다.

하음 나루터. 맹진은 하북 지역과 하남 지역을 연결하는 역사상 가장 유명한 나루터였다.
황하는 백년에 한 번도 맑기 힘들다[百年何淸]는데 요즈음은 댐막이 등 자연 파괴로 맑은 곳이 간혹 나타난다.
이 맹진 나루터의 황하 물도 푸르다.

고환은 당시 수도였던 낙양이 '적들인' 서방의 서위와 남방의 양(梁)의
국경으로부터 너무 가깝다는 이유로 수도를 업성으로 옮겼다. 이제까
지 다소 장황하게 우문호 모자가 이산 가족이 된 배경과 당시 화북이
두 개의 정권으로 분열된 과정을 설명했다.

　　우문태가 서위에서 실질적으로 정권을 잡은 549년 이후 우문호
는 하동河東 : 현 산서성 서남부 지역에서 주로 근무했다. 그의 어머니가 억
류되어 있는 북제의 진양 지역과 아주 가까운 곳이었다. 그가 그곳에
자진해서 근무하기를 원했는지, 아니면 당시 내륙 최대의 소금 산지현
재도 소금을 대량생산하고 있는 運城 지역에 鹽池가 있다로 경제적 가치가 높았
던 이곳을 당시 우문씨의 거점으로 성장시키려는 우문태의 의도가 있
었는지는 확실하지 않다. 다만 우문호가 정권을 장악한 후 자신을 진

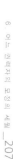

국공晉國公으로 명명했던 것은 그의 주된 근거지가 하동이었다는 것을 의미한다.

우문호는 북제와의 전선에서 근무하는 동안 어머니 염씨와 친척들의 소식을 백방으로 탐문했으나 허사였다. 특히 내가 관심을 갖고 있는 것은 두고 온 그의 아내에 대한 우문호의 태도였지만, 그 점을 명쾌하게 설명해 주는 사료를 아직 찾지 못했다. 여하튼 당시 양국 관계란 적대국의 한 유력자 어머니의 생사나 안부까지 챙겨 알려줄 만큼 우호적이지도 인도적이지도 않았다. 문득 35년이라는 세월이 흘렀다. 모자간의 연결은 뜻하지 않게 이루어졌다. 양국과는 상관없는 북방의 새로운 강자 돌궐突厥의 출현이 그 계기가 되었다. 당시 양국의 위정자들로 하여금 가장 인도적인 것처럼 가면을 쓰게 만든 것은 북주·북제 당사자가 아니라 바로 돌궐이었던 것이다. 모자의 상봉은 인도적 차원이 아니라 국가 간의 철저한 이해 득실의 계산에 기초한 외교전의 결과물이었다. 거기에는 오랜 협상 과정이 가로놓여 있었다. 어머니의 생존 소식을 전해 들은 우문호는 제정신이 아니었다. 그에게는 기다렸던 35년의 세월보다 송환 협상이 진행된 몇 년간이 더 피말리는 세월이었을 것이다.

주변국을 이용하려 한 나라는 동방의 동위와 북제였다. 북위의 정통을 이었다고 자부하면서 외교적 권위를 승계한 동위는 북방의 유연, 남조의 양, 서방의 토욕혼吐谷渾 등 서위의 주변국들과 연계하여 서위를 포위·압박하려 했다. 이런 움직임에 대처하기 위해 분주하던 서위가 당시 알타이 산 근방을 중심으로 국가를 건설한 후 점차 막북漠北 지역으로 세력을 확장하던 돌궐과 관계를 가지려고 노력한 것은 자연스런 행동이었다. 유연이 북방의 지는 태양이라면 돌궐은 떠오르는 태양이었기 때문이다. 돌궐은 551년 유연의 가한 아나괴阿那瓌를 격파하여 이듬해 그를 자살시키더니 556년 마침내 유연을 완전 붕괴

태원 쌍탑사. 해발 800여m에 위치한 태원은 현재 산서성의 수도지만 역사상 '진양'으로 더 잘 알려져 있다.
연평균 강수량 470mm, 평균 기온 9.6°C로, 위진남북조 시기에는 전 지역이 초원이었다.
사진은 태원의 대표적 상징인 쌍탑사의 전경이다.

시켰다. 대유목 제국으로 등장한 돌궐은 유연 붕괴 이후 주로 서방으로 그 발전 방향을 잡았다. 그리하여 562년 주요 경략 대상이던 에프탈Hephthaliti：嚈噠 원정을 대충 마무리한다. 제국 내부에서도 서돌궐이 성립되었기 때문에 이제까지 소극적이었던 동방으로의 확장에 치중하게 되었다. 국제 관계가 점차 북제에게 불리하게 전개된 것이다.

북주는 창업 후 곧 돌궐과 화친을 맺고 동쪽의 숙적인 고씨高氏 북제 세력을 도모하려 했다. 바로 그해 주국柱國인 양충楊忠：훗날 수나라를 창업하는 文帝 楊堅의 아버지을 보내 돌궐과 연합군을 편성해 남북으로 협격하는 동벌東伐에 나섰다. 북제가 쌓은 장성長城을 부수고 그들의 본거지였던 병주幷州：현재 太原 일대까지 진출했다가 돌아갔다. 일종의 연합군의 실체를 시위해 보인 것이었다. 철군하면서 다시 재침할 것을 공언하니 북제로서는 두 나라의 연합군이 매우 두려운 존재로 느껴지지 아니할 수 없었다.

돌궐의 지원을 얻어 일거에 북제를 공략하려는 북주의 예봉을 피하기 위해서 당시 북주의 최고 권력자였던 우문호의 어머니가 최고의 흥정거리로 떠올랐다. 우문호의 어머니 염희와 당시 황제의 넷째 고모와 척속들이 아직 북제에 유폐되어 있었던 것이다. 우문호는 재상이 된 후 매번 밀사를 보내 어머니를 송환하려 애썼지만, 북제는 생사소식마저 들려주지 않았다. 이제 마지못해 북주 황친들을 돌려보내기로 하고 화친 교섭에 나선 북제는 우선 황고皇姑를 돌려보냈다. 그러나 북주의 실질적인 집정자인 우문호의 어머니만은 돌려보내지 않고 후일의 큰 몫을 기대했다.

북제측은 염씨가 우문호에게 주는 편지를 만들어 보냈다. 모자간의 애타는 정리에 더욱 불을 지피려 했던 것이다. 우문호에게 보낸 염씨의 편지는 그녀의 자필이 아니고 북제측 사람들이 작성한 것이지만, 그 내용은 그녀가 구술한 것을 바탕으로 한 것이다. 외교상의 교섭

과 거래를 위해서는 그 내용의 정확성이 중요하기 때문이다. 거기에
는 동란 가운데 살아왔던 우문씨 일가의 운명이 여성다운 필치로 간
결하면서도 애절하게 서술되어 있다.

하늘과 땅이 나누어지고, 아들과 어미가 다른 곳에 살게 된 지 어언 30여 년이란
세월 동안 죽고 사는 소식마저 끊어져 있으니 간장의 아픔을 참을 수가 없구나. 너
도 슬퍼하는 마음을 다시 어디 안정시킬 만한 곳이 없을 것이라 생각한다. 내 스스
로 되돌아보니 열아홉 살에 너희 집에 시집와 이제 80이 넘었다. 엄청난 난리를 만
나 갖가지 위험과 곤란을 다 겪었다. 너희들이 장성하여 하루만이라도 안락한 날을
얻을 수 있기를 항상 바라 마지않았다. 무슨 죄가 이다지 무거워 이렇게 죽고 살고
나뉘어 이별하여 살게 될 줄이야 어찌 상상이나 했겠는가? 내 너희 3남3녀를 낳
았으나 이제 눈앞에 한 사람도 볼 수 없구나. 말이 여기에 미침에 슬픔이 뼈를 에고
살을 도려내는 듯하구나. 제[北齊]나라의 은휼思恤에 의지하여 그나마 노년을 다소
편안하게 보내고 있다. 또 너희 양씨 楊氏 고모와 숙모 흘간 紇干, 형수 유씨 劉氏, 그
리고 너의 신부 新婦 등이 같이 사니 또한 자못 자적할 수 있다. 그러나 약간의 귓병
이 있어서 큰 소리를 질러야만 겨우 들을 수 있다. 움직이고 먹는 것에는 다행히 큰
근심이 없다. 이제 대제 大齊의 성덕을 널리 입은데다 특별히 커다란 자비를 내리니
이미 내가 너희에게 갈 수 있도록 허락되었고, 또 그에 앞서 소식을 너에게 보낼 수
있게 되었다. 오랜 세월 동안 쌓인 슬픔을 환하게 펼 수 있게 되었으니, 이는 곧 어
짊이 가져다 준 조화[仁作造化]라 할 것이니 장차 무엇으로 그 은덕에 보답할 수 있
으랴!
내가 너와 헤어질 때 네 나이가 어려 이전에 일어난 집안일을 자세하게 알지 못할
지도 모르겠다. 옛날 무천진에서 너희 형제를 낳았는데 큰놈은 쥐해(508)에, 둘째
는 토끼해(511)에, 너는 뱀해(513)에 낳았다. 선우수례가 난을 일으켰을 때는 우리
가족 모두가 박릉군博陵郡:현 河北省 定州에 살고 있었다. 우리는 좌인성으로 가고자
하여 당하唐河 북쪽에 이르렀을 때 정주의 관군에게 패하여 너희 할아버지[宇文肱]

와 두 숙부[宇文連+?]가 모두 전사하셨다. 너희 숙모 하발賀拔과 그 아들 원보元寶, 너희 숙모 흘간 및 그 아들 보리菩提 그리고 나와 너 여섯이 같이 잡혀 정주성에 끌려갔다. 얼마 후 나와 너는 원보장元寶掌:北魏 宗室에게 보내졌다. (너희 숙모인) 하발·흘간과는 각기 헤어졌다. 보장이 너를 보고 "나는 너의 조부를 알고 있는데 그 형상이 비슷하구나"라고 했다. 그때 보장의 군영은 당성唐城:定州 中山郡 唐縣城 내에 있었다. 3일을 머무르니 보장은 약탈해 온 남부男夫 부녀 대략 60~70명을 모두 서울로 송치하려 했다. 나는 그때 너와 같이 송환자 명단에 들어 있었다. 정주성 남에 이르러 동향인 회고근姬庫根의 집에서 야숙하였다. 여여茹茹:柔然인 노예가 선우수레 군영의 불을 바라보고는 나에게 "나는 지금 본군本軍을 향해 도망칠 것입니다"라고 하였다. 그가 군영에 이르러 우리가 여기에 있다는 것을 알렸다. 이튿날 일출 무렵 네 숙부[宇文洛生 혹은 宇文泰]가 병사를 이끌고 와서 너와 나를 빼앗아 가니 다시 군영으로 돌아갈 수 있었다. 네 나이 열두 살 때의 일로서 우리 모두 말을 타고 군대를 따라 갔는데, 아마 너는 이 일의 경과를 잘 기억할지 못할지 모르겠다. 후에 나는 너와 함께 수양受陽:太原郡 壽陽縣에 살았다. 그때 원보, 보리 그리고 너희 고모 아들 하란성락賀蘭盛洛:賀蘭祥과 너 네 명이 같이 공부했다. 선생인 박사는 성이 성成씨였는데 사람됨이 독하고 악하여 너희들 네 명을 가해하려고 하였다. 나와 너희 숙모 등이 그 이야기를 듣고 각기 자기 애를 데리고 와서 때렸다. 성락만은 엄마가 없어 맞지 않았다. 그 후 이주천주대장군爾朱天柱大將軍:爾朱榮이 망한 해(530)에 하발아두니賀拔阿斗泥:賀拔岳가 관서關西에 있으면서 사람을 보내 가속들을 맞아들였다. 그때 너희 숙부 또한 하인 내부來富를 보내어 너와 성락 등을 데리고 갔다. 너는 그때 비릉포緋綾袍를 입고 은장대銀裝帶를 하고 성락은 자색으로 짠 염색 무늬가 있는 통신포通身袍:두루마기와 황색 비단 속옷[黃綾裏]를 입고 같이 나귀[驟]를 타고 갔다. 성락은 너보다 작아 너희들 세 사람은 모두 나를 '아마돈阿摩敦'이라 불렀다. 이와 같은 일을 분명히 기억할 것이다. 이제 또 너에게 어릴 때 입던 금포錦袍 껍데기 하나를 보내니 도착하거든 의당 검사해 보고 몇십 년 동안 쌓인 나의 슬픔을 가늠해 주기 바란다.

천년 만에나 찾아올 운수를 만나고 늙은이를 긍휼히 여기고 은혜를 열어 주는 대제의 은덕을 입어 이제 서로 만나 볼 수 있도록 허락되었다. 이 말을 듣자마자 죽은 시체도 썩지 않을 것 같은데, 하물며 지금처럼 살아 있음에랴! 필시 우리는 이제 같이 모여 살게 될 것이다. 금수와 초목도 모자가 서로 의지하는데 나는 무슨 죄가 있어서 너와 나뉘어 있어야 했던가? (낙담)하다가 이제 다시 무슨 복이 있어 돌아가 너를 만나 볼 희망을 갖게 되었단 말인가? 슬픔과 기쁨을 표현하자면 죽었다 다시 소생하는 것과 같다. 세상에 있는 것은 구하면 다 얻어지는 법인데 어미와 아들이 다른 나라에 속해 있으니 어느 곳에서 구할 수 있단 말인가? 설사 너의 귀함이 왕공王公을 넘어서고 부함이 산해山海를 넘친다고 하여도 80여 세나 되는 노모 하나가 표연히 1000리나 떨어져 죽음이 아침 저녁 언제 닥칠지 모르는데 한나절이라도 잠시 볼 수 없고, 하루라도 같은 곳에 있을 수가 없으며, 추워도 네가 주는 옷을 얻을 수가 없고, 배고파도 네가 주는 음식을 얻을 수가 없으니, 네가 비록 영화가 극성하여 빛남이 세상을 다 비춘다 해도 네가 나에게 무슨 소용이 있으며 나에게 무슨 보람이 된단 말이냐? 오늘 이전에는 네가 이미 나에게 공양을 펼 수 없었으니 내가 지나간 일을 따져 무엇하리. 오늘 이후 나의 남아 있는 목숨은 오직 너에게 걸려 있다. 위로는 하늘을 이고 아래로는 땅을 밟고 살아가며 그 사이에는 귀신이 있으니 멀리 어두운 곳에 살고 있다고 하여 나를 속일 수 있다고 말하지는 말아라. 너의 양씨 고모는 이제 비록 염서炎暑이지만 먼저 출발할 수 있게 되었다. 관문이 막고 황하가 길을 끊어 오랫동안 우리를 나누어 놓았다. 편지글을 일반 형식으로 쓰게 되면 너의 의심을 불러일으킬 것 같아 이런 까닭으로 매 경우마다 실제의 증거를 대고 아울러 내 성과 이름을 썼다. 당연히 이 이치를 알아서 괴상하다고 생각하지 말아라.

이 편지를 받고 "본래 효성이 지극했던 우문호는 슬픔을 이기지 못하니 좌우의 사람들이 그를 차마 바라보지 못했다"고 한다. 그러나 이 편지를 보면 북제 정권이 이산된 모자 관계를 이용하려는 책략이 얼마나 교묘한지를 쉽게 짐작할 수 있다. 나는 이 편지를 읽을 때마다 고향에 계신 어머니를 생각하곤 한다. 미수米壽:88를 넘긴 노모와 50대의 막내아들, 어쩌면 그들의 처지가 나와 비슷하다는 생각을 떨칠 수 없기 때문이다. 어머니는 몇 년 전부터 갑자기 큰 소리로 이야기하지 않으면 아들의 말을 알아듣지 못한다. 그저 바쁘다는 핑계로 전화로 안부를 묻곤 하지만, 전화 거는 사람이 막내아들임을 확인시키는 데도 한참이 걸린다. '진주가 1000리 길'이라 하나 비행기를 타면 한 시간 거리에 불과한데도 1년에 두세 번 찾는 것이 고작이기 때문이다. 우문호가 어머니에게 보낸 답장의 내용은 이러하다.

세상이 뒤바뀌고 재화災禍를 우연히 만나 (어머니의) 슬하를 떠난 지 어언 35년이 되었습니다. 몸을 만들어 주시고 기를 갖게 한 사이가 모자 관계라는 것은 모두가 아는 사실인데 어느 누가 저 살보薩保와 같이 이처럼 불효한 자가 있다는 말입니까? 오랜 재앙과 쌓이고 쌓인 뒤틀림이 오직 저에게 주어지는 것은 당연한 일이지만, 어찌 응보의 그물이 위로 자애로운 어머니에게 걸리게 하였단 말입니까? 단지 몸을 세우고 행위를 세우는 데 하나의 어긋남이 없다면 식견을 가진 밝은 신령에서 마땅히 애련하게 볼 것입니다. 그런데 아들은 공후公侯가 되고 어머니는 부예俘隸가 되었으니 더워도 어머니가 더워하는 줄 모르고, 추워도 어머니가 추워하는 줄 모르며, 옷이 있는지 없는지, 먹는 것도 배를 곯는지 배불리 먹는지를 알 수가 없습니다. 하늘과 땅 밖에 있는 것처럼 잠시라도 그 소식을 들을 방법이 없었습니다. 밤낮으로 슬피 울어 피눈물을 쏟아 내어도 분단의 아픔은 원한이 되어 이 일생이 끝날 때까지 이어갈 것이라고 알고 있었습니다. 만약 죽어서 그 소식을 알 수 있다면 황천에서라도 만날 수 있기를 바랄 뿐이었습니다. 그런데 예상치 않게 제나라 조정에서 그물을 걷고 은혜롭게 덕음德音을 주어 마돈摩敦:어머니라는 선비어과 네 분의 고모를 모두 긍휼히 여겨 풀어 준다고 제안하였습니다. 처음 이런 뜻을 전해 듣고는 혼이 넘고 날아가 하늘을 우러러 소리지르고 땅에 머리를 쳤을 정도로 저 자신을 자제할 수가 없었습니다. 네 분의 고모님께서는 바로 정중한 송환 절차에 따라 편안하게 국경을 넘어 이번 달 18일 하동河東에서 만나 뵈올 수가 있었습니다. 멀리서 얼굴색을 뵈옵고는 제 간장이 무너지는 듯 박동쳤습니다. 그러나 (고모님들은) 다년간 떨어져 살아온지라 죽고 살아온 소식에서 멀리 떨어져 있었으니 서로 처음 만났을 때 입에서 차마 말이 나오지 않고 오직 제나라 조정의 관대함과 너른 마음만을 말하고 제나라가 얼마나 큰 덕을 베풀었는지만을 말할 뿐이었습니다. 마돈께서 비록 궁금宮禁에 계시지만 항상 특별 대우를 받고 있고 특히 이번에 업鄴으로 와서 은혜로운 대접을 더욱 융숭하게 받고 있다고 말해 주었습니다. (제나라 조정이 저를) 긍휼하고 애처롭게 여겨 마돈께서 편지를 보낼 수 있게 허락해 줌으로써 슬픔과 아픔을 곡진히 하고 가사를 갖추어 상세히 말할 수 있게 하였습니다. 엎드려 읽기를 끝내기 전에 오정五情이 칼로 잘린 듯하였습니다. 편지 속에서 하신 말씀 어찌 감히 잊을 수 있는 일이 있겠습니까? 마돈께서 나이가 많으신데다 근심과 아픔마저 더해 잠자리도 편하지 못하고 잡수시는 것도 거르는 일이 자주일 것이라 매양 생각하고 있습니다. 말씀하신 것을 엎드려 받드니 점차 모든 것이 분명해집니다. 한편으로는 슬프고 한편으로는 행복합니다. 향리가 파패破敗하던 날, 살보의 나이 이미 10여 세라 고향의 옛일을 스스로 기억해 낼 수 있는데, 하물며 가문의 화난과 친척의 유리流離 사실을 잊을 리 있겠습니까? 헤어질 즈음에 주신 자애로운 가르침은 살과 뼈에 새겨져 있고 마음속을 항상 휘감고 있습니다.

하늘이 상란喪亂을 키우고 사해四海마저 이리저리 멋대로 흘러갔습니다. 태조太祖:宇文泰가 때를 타고 제나라 역시 운수를 쫓아 양하雨河 : 東河와 西河, 즉 冀州 땅이니 北齊와 삼보三輔 : 北周에서 각각 신기神機를 만났습니다. 그 사적을 되짚어 보면 서로 저버리고 배신한 바가 없습니다. 태조가 승하하고 하늘의 보호(天子)가 아직 정해지지 않았을 때 살보가 조카들보다 연장에 속하므로 친히 고명顧命을 받았습니다. 비록 몸은 무거운 임무를 지고 있으나 직위상 근심과 책임이 큽니다. 세시를 맞아 경축할 때에 이르러 자손들이 모두 뜰에 모이면 돌아봄이 슬프기 그지없고 가슴이 끊어지는 듯하니 무슨 얼굴로 땅을 밟고 하늘을 바라보며, 신명 앞에 이 부끄럼을 견

덜 수가 있겠습니까? 제나라가 단비와 같은 은혜로 대지를 이미 촉촉히 적셔 주었으니 사랑하고 경애하는 지극한 마음이 옆 사람에게도 베풀어졌습니다. 초목도 마음이 있고 금수나 물고기도 은택을 느끼는데 하물며 사람들 사이에서야 그 뜻을 받들고 가슴에 새기지 않을 수 있겠습니까? 집과 나라를 가진 자는 신의를 근본으로 삼으니 삼가 생각건대 머지않은 어느 날 응당 만날 수 있을 것입니다. 자애로운 어머니 얼굴을 한 번만이라도 뵐 수 있다면 영원히 바라온 필생의 소원이 이루어지는 것입니다. 그것은 죽은 사람을 살리고 뼈에 살을 주는 것과 같으니 어찌 이런 은혜를 능가하는 것이 있겠습니까? 산山을 등에 지고 악岳을 머리에 인다 해도 이 은혜보다 무겁지 않을 것입니다. 두 나라가 나뉘고 떨어져 있으니 당연히 서신 왕래가 있을 수 없는 법인데, 주상主上께서 제[北齊] 조정의 자식과 어미의 관계를 끊지 않으려는 은혜를 감안하시어 역시 답장을 쓸 것을 허락하시었습니다. 오늘 문득 집 소식을 전할 수 있게 되니 종이에 엎드려 소리 높여 울 뿐 말로써 저의 마음을 제대로 표현할 수가 없습니다. 이별할 때 남겨 두었던 금포 껍데기를 보내 주셔서 그것을 받으니 이미 오랜 세월이 지났으나 완연히 알아볼 수가 있어 그것을 안고는 한없이 울었습니다. 삼가 뵈올 수 있을 때까지 할 수 있는 것은 죽음을 참는 일 외에 다시 무슨 다른 마음을 갖겠습니까?

위 편지를 보면 그 상황이 어쩌면 현재 우리의 것과 그렇게 유사할 수 있을까라는 생각이 들 정도다. 먼저 송환된 우문호의 네 고모는 상봉장에서 만난 남한측 가족에게 "위대한 장군님" 운운하며 북한 체제를 칭송해 마지않은 북한측 가족들과 너무도 닮았다. 이 편지는 전근대 왕조 시대의 한 국가 권력자의 편지로서는 매우 굴욕적이다. 어쩌면 현재 한국이 북한을 대하는 태도와도 유사하다. 이다지 굴욕을 감수하면서도 송환 협상을 진행시키는 것을 우리는 어떻게 받아들여야 할 것인가? 그러나 제나라는 우문호의 어머니를 곧장 보내지 않았다. 다시 그 어머니로 하여금 우문호에게 보내는 편지를 쓰게 하고 우문호의 답신을 요구했다. 서로 편지가 오고 가기를 여러 차례 했으나 그 어미는 쉽게 북주로 돌아오지 못했다. 북제로서는 이용 가치가 큰 우문호의 어머니를 최대한 이용할 만큼 이용하려 한 것이다.

북제측의 능장부리기로 송환 협상이 교착 상태에 빠지자, 북주 조정에서는 제나라가 국제적 신의를 잃었다고 판단하여 사신에게 최후 통첩성 국서國書를 가져가게 하였다.

대저 의리가 있으면 존속할 수 있고 신의가 없으면 지도자가 될 수 없는 것입니다. 신의에 비해 산악山岳은 가벼운 것이며 무기나 양식 또한 중요하지 않습니다. 그런 까닭으로 (原과의) 서약을 어기지 않았으니 중이重耳：晉文公가 왕위를 유지할 수 있었고(『左傳』僖公 25년조), (제사 지내는 神官인) 축사祝史가 읽는 제문에 (신에게 말해도) 부끄러운 말이 하나도 없었으니 수회隨會：范武子・士會가 진나라의 회맹을 도울 수 있었습니다(『左傳』襄公 27년조). 백성을 사목司牧하는 군주로서 나라를 다스린 사람 가운데 의리를 잃어버리고 식언을 많이 하는 자가 아직 있어 본 적이 없었습니다. 우주의 수가 (『易經』에 나오는) 돈屯과 명이明夷로 속하게 되고, 시時가 나뉘어 구분된 이래로 황가 친척의 (타국에) 윤함淪陷됨이 거듭되어 왔습니다. 인자한 고모님, 세모님世母：어머니 등, 살아서 돌아올 희망을 포기하신 분들을 그대 조정에서 지난 초여름 마침 덕음德音을 펴 이미 인자하신 고모는 송환되셨고, 세모도 귀환시키기로 허락했습니다. 그러나 그때 번잡함과 더위를 핑계로 다가오는 가을에 세모를 송환하기로 약속하였던 것입니다. 우리는 그 신의가 충정에서 나온 것으로 생각하였고, 선한 말은 절대 거짓이 없을 것이라고 여겼습니다. 이제 떨어지는 나뭇잎이 계절을 알리고 얼음과 서리의 계절이 곧 닥칠 것 같은데, 세모를 두고 거짓 이야기만을 늘어놓고 있을 뿐 귀환에 대한 구체적 논의는 하지 않고 다시 우리에게 어떤 보답을 얻으려 하고 있습니다. 여자와 옥玉과 백帛도 이미 소용되는 것이 아니며, 국경을 보전하고 백성을 안녕하게 하는 것도 또 보답이 아니라고 그대들은 말합니다. 이 뜻을 깊이 살펴보면 본래의 의도와 전적으로 어긋진 것입니다. 사람을 사랑하는 것은 예로써 해야 하거늘 어찌 잠시의 응변에 급급한단 말입니까? 아들에게는 성의를 다하라 하고, 친척들에게는 보답을 끈질지게 요구하는 것은 실로 평화 분위기를 해치는 것이며 하늘의 법도를 어기는 일이기도 합니다. 우리 주(北周)나라 왕실은 태조의 천하인데 개인의 집안일을 돌아보기 위해 어찌 국가에 손해를 입힐 수 있으며, 국가의 명예를 손상시키고 실질을 훼손시킬 수 있겠습니까? 기른 자를 해치지 않는 사람을 일러 인자라고 합니다. 엎드려 북을 치고 무기를 감추는 것(휴전을 논의하여 평화협정을 맺는 것)이 사려 깊은 계책이 아니겠습니까? 만약 그대들이 척촌尺寸의 땅을 다투고 양자가 사소한 일로 송곳과 칼을 겨누게 되어 (趙나라의) 장평長平이 무너지고 흔들리게 되면 조나라가 둘로 나눠고, 병사를 함곡관函谷關 밖으로 나가도록 하면 곧 한韓나라가 찢어져 셋으로 된 것과 다를 바 없게 될 것입니다. 어찌 그대가 온전함을 얻을 수 있겠으며 손익에 차가 없다고 할 수 있겠습니까?

대총재大家宰:宇文護는 그 지위가 장상長相을 겸하고 그의 감정에 따라 종실과 나라가 좌지우지되고 있습니다. 슬픔이 피를 심키는 듯하니, 이산되어 있다는 사실도 죽어서 한으로 남을 것인데, (어머니가 아들을 찾아) 손가락을 물어뜯으면 (아들은) 곧 달려가야 하고, (어머니가) 문에 기대고 있으면 바로 집으로 돌아가야 하는 것이 아들의 도리라 하지 않았습니까? 좋은 시작만 헛되이 듣고, 좋은 결과는 끝내 듣지 못하였으니 수많은 관료들이 놀라 떨고 삼군三軍:御軍이 노하고 실망하고 있습니다. 효자가 될 수 없다면 당연히 충신이 되기를 바랄 것입니다. 지난해 북군北軍:突厥이 그대의 국경에 깊이 들어가 성 밑에서 수많은 포로를 데려왔습니다. 비록 군사를 철수시켰으나 나머지 공을 아직 거두지 못했다고 말합니다. 이제 이 말머리를 남으로 향하여 다시 쳐들어가려 하고 있습니다. 진晉나라 사람이 각角을 불면 우리도 (연합 결성에) 화답하는 것이 우리의 책임입니다. (북제의) 도로에는 이미 계엄령이 내려져 있고, 북방(돌궐)을 막을 뿐만 아니라 또 남방(북주)도 공략한다고 들었습니다. 만약 스스로 군대를 보내어 우리와 대적하고자 한다면 이것은 우리의 원하는 바 그것입니다. 만약 성안에서 농성만 한다면 적을 이길 수가 없는 법입니다. 내일 이른 새벽까지 만나기를 원하면 그대를 위하여 주선할 것입니다. 은혜라는 것도 끝

하동 염지. 우문호가 주로 사모곡을 썼던 하동 지역은 대 동위·북제 전선의 중심지였다. 이곳에는 관중·산서·하남 지역에 소금을 공급하던 거대한 염지가 있다. 아직도 소금이 대량으로 생산되고 있다. 하얀 부분이 소금이다.

이 좋지 못하면 원한만 더욱 깊어지는 것입니다. 부모를 사랑하는 것을 태만히 하지 않는 것은 니부尼父·孔子의 가르침이며, 궁박한 노인을 긍휼히 여기는 것은 주周 문왕文王의 가르침을 따르는 것입니다. 억류를 계속할 것이냐 송환할 것이냐의 권리 행사는 두 가르침과 부합되지 않는 것입니다. 스스로 깊이 생각했다면 나의 생각과 어찌 이런 격차가 생길 수 있겠습니까?

　　이 편지는 바로 선전포고였다. 이 편지를 보내는 우문호의 심정이 쉽게 가슴에 다가온다. 이 편지가 도착하기 전인 보정保定 4년564 9월, 북제는 우문호의 어머니를 송환했고 그녀가 장안에 도착함으로써 한 권력자의 어머니를 두고 일어났던 두 적대 국가 간의 흥정은 끝났다. 편지 내용에서 알 수 있듯이 북제측은 염희라는 외교상의 호재를 두고 수많은 요구 사항을 내걸었다. 요즈음 북한 사람들이 그러하듯이. 북주측도 그 요구에 줄곧 응할 수밖에 없었다. 우문호는 돌궐과 연합군을 결성하여 북제를 쳤으나 적극적으로 참여하지는 않았다. 그의 어머니가 북제에 있었기 때문에 그 원정에 적극적이지 않았다는 주장을 펴는 사람도 있다.

우문호가 그의 어머니와 헤어진 곳은 진양, 즉 현재의 태원이다. 그리고 염희가 양국 외교의 흥정거리가 된 때에는 수도 업도로 호송되어 감금되었다. 우문호가 북주 정계의 중심에 서서 조정을 장악했을 때는 장안에 있었지만, 오랫동안 사모곡을 불렀던 곳은 그의 임지였던 하동 지역이었다. 하동이라 하나 당시의 국경이 산서성 가운데 남부 지역에 국한되어 있었으므로 그가 근무했던 곳은 현재의 운성運城 지역이다. 그러나 이상의 지역들에서는 우문호 모자의 애달픈 이산에 얽힌 사연을 말해 주는 유적을 하나도 찾을 수 없다. 나는 우문호에 관심을 가진 이후 몇 차례 이들 지역을 답사했다. 답사 때마다 이 모자에 얽힌 현장을 찾으려 했으나 아직도 이렇다 할 성공을 거두지 못했다. 사실 생각해 보면 지금으로부터 1400여 년 전 어느 권력자, 그것도 나중에 그의 조카 무제武帝 : 宇文邕에게 피살된 이민족 출신 권력자, 우문호의 사모곡에 얽힌 장소를 보존할 정도로 챙길 중국인이 아니다. 인걸은 종적 없이 사라졌으나 산천은 그대로다. 특히 업도現관롱집단河北省 臨漳縣와 태원 그리고 하동 지역은 기찻길에서 차창을 통해 그 산천을 바라볼 수 있다. 산천은 아직도 그 옛날의 두 모자를 상상하기에 족한 모습을 지니고 있다. 나는 이 지역을 지날 때마다 복사한 우문호의 열전을 갖고 간다. 차창 밖으로 펼쳐지는 말없는 산천과 아득한 옛날 한옛날의 흘러간 사연이지만 이 모자에 얽힌 글을 읽고 있노라면 우문호 모자가 흘린 눈물과 한숨이 바로 옆에서 들리는 것 같기 때문이다.

업도 풍경. 동위·북제 수도였던 업도는 현재 하북성 임장현 장수변에 위치하고 있다. 장수대교에 선 필자.

　오늘날 우리는 이산 가족의 상봉을 위해 노력하고 있다. 뿐만 아니라 그것을 계기로 남북 화해의 길을 트기 위해 부산히 움직이고 있다. 이 이산 가족 문제를 해결하는 우리 정부의 방식에 대해서도 점차 견해차를 드러내는 언설이 발표되고 있다. 현재 우리나라가 처한 입장이 물론 내가 앞에서 소개한 1400여 년 전의 북주와 북제의 관계와 똑같다고 강변할 생각은 추호도 없다. 다른 측면도 있지만 유사한 국면도 많다고 믿을 뿐이다. 우리 정부는 북한과의 문제를 이른바 '윈-윈' 전략 차원에서 대처한다고 한다. 따라서 '져주는 것'이 바로 상생相生의 길이라고 생각하는 듯하다. 이것이 우리 정부가 취하고 있는 '햇볕 정책'의 기조라고 한다. 북한에 이해와 관용, 성실과 신의로 대한다면 그들도 감동받아(?) 우리 민족의 앞날을 위해 우리와 굳게 손

잡고 나갈 것이라는 것이다.

북한에 살고 있는 우리 부모 형제들이 굶고 있고, 중국 각지를 떠도는 탈북자가 수십만 명을 헤아리는데 그깟 쌀과 비료쯤 원조하는 것은 문제될 게 없을지도 모른다. 그러나 대북 사업도 결코 일방적이어서는 안 된다. 더구나 한 정치가의 개인적 동기에 좌우되어서는 더욱더 곤란하다. 우문호의 경우에서 보듯이 '상호주의'만이 문제 해결의 요체다. 이러다간 앞으로 이산 가족 상봉수를 돈으로 계산할 날이 아니 온다고 장담할 수 있을 것인가? 1000만 이산 가족 가운데 상봉자수를 100명으로 제한한 것은 어느 측 인도주의의 발로인가? 그 100명에 끼지 못한 어느 할아버지의 주름진 얼굴에 흘러내리는 굵은 눈물이 자꾸만 어른거리는 것은 그 할아버지를 권력자 우문호의 처지에 비추어서 생각한 탓만은 아닐 것이다. 아! 산이 막혀 못 오시나, 물이 불어 못 오시나! 통한의 50여 년 세월 동안 남북한 두 정부가 그들을 위해 무엇을 했단 말인가?

우리나라 최대의 H재벌이 대북 사업으로 흔들거리고 있는데 또다른 대재벌에게 대북 사업에 뛰어들라고 종용했다는 뉴스를 최근 들었다. 우리 경제가 그렇게도 튼튼한가? 뿐만 아니다. 북한이 일방적으로 그들에게 우호적이었던 인사예컨대 미전향 장기수 등를 보호하는 데 비해 우리 정부는 너무 수세적이고 방관적이다. 우리 학교 학생들이 북한 지역의 고구려·발해 유적 답사를 위해 통일부의 허가를 받고 북한에 들어가려 했으나 '한총련'의 허가를 받고 오라는 북한영사관측의 통보를 받고 북경에서 되돌아왔다는 이야기를 들은 적이 있다. 요즈음 와서 우리 '대한민국'이라는 나라가 도대체 우리 민족에게 어떠한 국가인지 더욱 알 수가 없어졌다. 쉽게 선악善惡을 따져 나눌 수 없는 것이 역사 속에 전개되었던 숱한 사건과 인간의 행동들이라고 하지만, 지금 우리 주위에서 일어나고 있는 일인들 헷갈리지 않는 것이 얼마나 있을까? 우리는 국가를 위해 목숨까지 희생하는 것을 의로운 일로 여겨 그런 일을 행한 자에게 '의사義士' 혹은 '열사烈士'라는 명예로운 칭호를 붙여 준다. 나는 오늘도 대한민국을 위하여 숭고한 목숨을 버리고 산화한 젊은 영령들이 누워 있는 국립묘지를 바라볼라치면 알 수 없는 것이 인간 행위에 대한 평가라는 생각을 지울 수가 없다. 그들은 한때 '빨갱이'들로부터 조국 대한민국을 지키기 위하여 목숨을 초개처럼 버렸고, 이역 월남 땅에서 공산당을 몰아내기 위하여 귀한 젊은 생명을 산화했던 사람들이 아니던가? 처절한 비극이 보다 철저한 희극으로 변하지 않는다고 누가 장담할 수 있단 말인가?

화려한 대당 제국의
조출한 태동

● 우문태 관계도

관롱집단關隴集團과 부병제府兵制 창설의 주역

우문태宇文泰의 묘를 찾아서

수천 년의 중국 제국의 역사 가운데 당대는 뭐라 해도 위대한 시대 중 하나였다. 세계 각처의 사람들이 장안으로 몰려들었다. 장안은 단순히 당 왕조의 수도만이 아니었다. 장안은 100만 명의 인구를 가진 당시 세계 최고의 국제도시였을 뿐만 아니라, 빛나는 문명의 중심이었다. 한반도로부터 온 유학생과 불승들이 그곳에 살고 있었다. '장안의 봄'은 황사 바람만을 상징하는 것이 아니다. 역사상 전례없는 화려함과 풍성함의 대명사다. 그곳은 당시 가장 모범적이고 각종 최신 유행의 시발점이었다. 무엇이 당 왕조로 하여금 이런 엄청난 풍요와 생동성을 갖게 하였는가?

여기에는 우수한 문물이라면 앞장서 수용했던 당시 지배층의 열린 마음이 전제되어 있었다. 당나라의 문화는 절충성을 특징으로 한다. 당시 지배층을 일러 '관롱關隴집단'이라 했다. 지역적으로는 관중關中(關隴)을 핵심 구역으로 하면서 종족적으로는 호胡와 한漢, 문화적으로 재지才智(文)와 무력武力(武)을 겸수한 집단이었다. 이들은 자기 지역, 자기 문화만을 고집하지 않았다. 그들은 진정한 의미의 세계인世界人이었다. 그들이 수·당이라는 세계 제국을 만들어 냈던 것이다.

수·당 세계 제국은 하루아침에 출현한 것이 아니다. 멀리는 호족에 의해 성립된 오호십육국 시대와 가까이는 관롱집단을 형성시킨 우문태라는 인물에게 그 공을 돌리지 않으면 안 된다. 지난 2002년 4월 관중 평원 어느 시골 소학교 교정 귀퉁이에 남아 있는 우문태의 묘를 찾았다. 무익하게 세상을 보낸 역대 황제들의 우뚝 솟은 무덤과 달리 그의 무덤은 너무나 초라했다. 이런 대접은 아마도 그가 호족 출신이고, 황제에 등극하지 못했기 때문일지도 모른다. 무덤의 크기나 거느린 배장묘陪葬墓의 유무가 그 사람이 세상에 끼친 공과功過의 척도가 되는 것은 결코 아닐 것이다. 그것과 상관없이 그는 인간의 희망인 초등학교 학생들의 해맑은 웃음소리를 항상 들으며 편히 잠들고 있었다.

한 사람의 인생이 화려했든 그렇지 못했든 그 인생을 결산해 보면 거기에는 우연과 필연이 씨줄과 날줄이 되어 짜여져 있게 마련이다. 학문 하는 사람의 인생 역시 그러할 것이다. 대학에서 역사를 전공하기 시작한 지 30여 년이 지난 지금까지 나는 역사학과 잠시도 떨어져 있어 본 적이 없었다. 역사와의 인연은 이보다 훨씬 오래되었다. 초등학교 시절 이후 가장 흥미를 가졌던 과목도 단연 역사였다. 아마 형들의 영향이 크지 않았나 생각한다. 그러나 당초 이 역사학으로 밥을 먹을 줄은 꿈에도 생각하지 못했다. 그것은 우리 세대 보통 사람들의 꿈이 아니었고, 그리고 우리 가족, 아니 나의 꿈과도 거리가 멀었기 때문이다. 요즈음에 와서는 다시 인생을 시작한다 해도 역시 역사, 그 가운데서도 지금 하고 있는 분야에 대해 더 많은 정열을 불태우는 교수가 되리라고 생각하고 있으니 알 수 없는 것이 인생이란 생각이 든다. 별로 돈벌이도 되지 않고, 또 자기의 것도 아닌 남의 나라 역사에 대해 나는 이렇게 끈질긴 애착을 갖고 있다. 그러니 나의 인생에서 그것이 우연이든 필연이든 중국 중세사는 피할 수 없는 '인연'의 끈으로 묶여 있다고 할 것이다.

나는 중국 위진남북조와 수·당 시대의 역사를 연구하고 가르치고 있다. 대학원에 들어갈 때에는 수·당 시대의 역사를 공부하려고 마음먹었다. 그러나 지금까지 주로 위진남북조 시대 연구에 매달려왔을 뿐, 수·당 시대 역사에 대해서는 아직 제대로 연구하지 못하고 있다. 그렇게 게으름을 피운 것도 아니었는데 당초 공부하려는 분야를 본격적으로 연구하기도 전에 인생의 석양을 맞게 되니 한 사람의 인생 역정이란 초로草露의 그것과 별로 다를 바 없다는 비감에 빠지지 않을 수 없다.

학부 졸업을 위해 급조한 논문이 당나라 시대 한 지식인의 행동과 사상에 대한 분석이었다. 그것도 참으로 우연한 계기에서였다. 당시

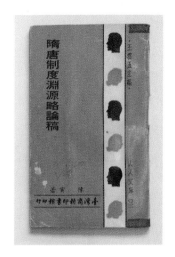

『당대정치사술론고』와 『수당제도연원약론고』. 필자가 입대시 가져간 진인각의 두 책.
대만 출판이라 진인각 대신 저자를 '진인'이라 쓴 것이 눈에 띈다.

학과 조교로 근무하던 분이 석사학위 논문 주제로 송나라의 사상사를
잡고 있었는데, "송학宋學을 제대로 이해하려면 당나라의 사상을 먼저
이해해야 했는데……"라 하시던 그분의 아쉬움 섞인 혼잣말을 엿들은
것이 계기가 된 것이다. 논문을 쓰는 과정에서 나는 당나라를 이해하
기 위해서는 그보다 앞선 위진남북조를 알아야 한다는 당위성을 다시
깨닫게 되었던 것이다. 이것이 나와 위진남북조 시대의 첫 만남이다.

  대학원 1년을 제대로 채우지 못하고 어느 날 갑자기 사병으로 입
대한 내가 들고 간 것이 『수당제도연원약론고隋唐制度淵源略論稿』와 『당
대정치사술론고唐代政治史述論稿』라는 두 책이었다. 1969년에 사망한 대
학자 진인각陳寅恪의 저술로서 당시 대만에서 발간된 이 두 권의 포켓
판이 병영 생활 30여 개월 동안 거의 유일한 벗이었다. 한자투성이의

책을 읽고 있는 늙은 병사를 특이하게 여긴 부대원이 한둘이 아니었고, 결국 당시 참모장이었던 L장군의 눈에 띄는 계기가 되었다. 그리하여 사병 신분으로 격에 맞지 않게 공관에 초대되어 장군과 담소하는 시간을 자주 갖기도 하였다.

1944년에 초판이 나온 이 두 책은 중국뿐만 아니라 세계적으로 대학자로 존경받는 진인각의 대표작이다. 책의 이름에서 알 수 있듯이 수·당 제국의 형성 과정과 수·당 시대 정치사에 대한 그의 주장이 표현된 것이다. 그가 주장한 소위 '관롱집단'설은 50여 년이 지난 지금도 여전히 학계에서 변함없는 지지를 받고 있다. 관롱집단설이란 수·당 제국의 창업자 및 창업 집단이 관롱, 즉 관중關中:關西·關右과 농우隴右:隴은 현재 감숙성 淸水縣를 지역적 기반으로 한 일군의 정치 집단이었다는 것이다. 어느 시대를 막론하고 정치를 장악한 집단이 지역을 그 기반으로 하는 것은 당연한 일이지만, 관롱집단은 현재의 TK 혹은 PK 등과 같이 동향이라는 끈으로 자연적으로 맺어진 것이 아니라 다분히 인위적 조작에 의해 재조직된 정치 집단이라는 데 그 특징이 있다. 관롱집단의 이와 같은 독특한 성격은 수·당 세계 제국의 출현과 밀접한 관련이 있다.

'관롱집단'이란 용어를 처음 쓴 진인각의 주장을 아래에서 살펴보자. 관롱집단의 창설 작업을 주도한 사람은 서위西魏 왕조의 실력자이자 북주北周 왕조의 실질적인 창업자인 우문태宇文泰, 507~556였다. 우문태는 지역적으로 관롱을 중심으로 하고, 종족적으로는 호胡와 한漢을 혼합하고, 능력면에서는 무력武力:武과 재지才智:文를 겸수한 자들을 한덩어리로 만들어 냈다. 북주와 수나라는 물론 당나라 300년 간의 통치 계급의 변화도 이 관롱집단의 흥쇠 그것이라 해도 과언이 아니다. 우문태가 이 집단을 창건할 때 내걸었던 표어가 바로 '관중본위關中本位'였다. 북위 효문제의 이른바 한화 정책에 반발해 일어난 '육진의 난' 이후 전개된 전란 시기에 각처로부터 관롱 지역으로 모여든 다양한 사람들에게 우문태는 '관중'이라는 새로운 깃발을 내걸고 그를 따를 것을 호소하였다. 그는 "관중의 위대한 역사"를 상기시키면서 "관중의 옛 영광"을 재현하자고 외쳤다. 관중은 중국인의 영원한 유토피아 서주西周 왕조가 자리했던 곳이기 때문이다.

지난 세월 동안 사회를 분열시켜 왔던 호胡와 한漢이라는 종족적 구별이나 문文과 무武라는 직능적 차별을 잊어버리고 이제부터 관중인으로서 자부심을 갖고 관중을 위해 궐기하자는 것이었다. 우문태의 이런 노력은 복잡다기한 이들 구성원을 하나의 불가분의 집단인 소위 '관롱집단'으로 만들어 내는 결실을 맺게 되었다. 우문태식 '사회 통합', 혹은 '정계 개편'이었다. 서위라는 과도 정권 하에서 우문태는 집정 20여 년간 이렇게 만들어진 관롱집단의 힘을 키우더니 마침내 북주 왕조를 개창하기에 이르렀다. 이후 그들은 정권 재창출을 위해 단결했다. 그 결과 수와 당 왕조가 출현하여 우문태가 제시한 정치 이념을 잇고, 또 그것을 더욱 확충시켜 나갔던 것이다. 당나라 초기까지 이 집단의 힘은 여전히 강성하여 황실은 물론 창업 공신 장상將相·대신들 거의 모두가 서위 이래의 관롱 출신에서 나왔다.

그러나 그 씨족이 원래 서위 이래의 관롱집단이 아니었던 측천무후가 그녀의 정치적 야심을 달성하기 위해 먼저 당실 세력을 괴멸시키기 위한 파괴 공작을 개시함에 따라 관롱집단은 위기를 맞게 되었다. 그녀는 먼저 진사문사과進士文詞科라는 과거로 파격적인 용인用人 정책을 확립하여 새로운 관료 세력을 키우는 동시에 관롱집단의 힘의 근원인 부병제府兵制를 점차 훼손시켜 갔다. 한편 관롱집단은 서위로부터 측천무후 시대까지 이미 150년이란 오랜 세월 동안 정계에 군림해 왔기 때문에 스스로 부쇠腐衰한 상태였다. 여기에 측천무후의 끈질긴 파괴 공작이 개시되니 마침내 분열·타락하였다. 현종 때에 이르러서 이 집단에 대한 파괴 공작은 마침내 완성을 보게 되었다.

이상이 진인각의 관롱집단설을 필자 나름으로 정리한 것이다. 세계 제국인 수·당 왕조를 창업하고 정치권력을 장악한 그룹을 진인각은 종족적으로는 호한 혼혈이고, 문화적으로는 문무를 겸비한 인사들이라고 하였지만, 그 속살을 들여다보면 대부분 유목 민족[胡族]의 피와 기질을 물려받았던 자들이다. 중국 황제 가운데 가장 위대한 군주의 한 사람이었던 당 태종의 면면을 살펴보면 북주~ 수~ 당으로 이어지는 일련의 왕조들이 어떤 성격을 가졌는지 금세 알게 된다. 주변 국 특히 유목 국가들의 왕들은 태종을 그들 수장 가운데 최고의 칭호인 '천가한天可汗, 혹은 天至尊'이라 불렀다. 633년貞觀 7년 12월 태종은 당시 태상황이었던 이연과 함께 옛 한나라의 미앙궁未央宮 터에서 술자리를 열고는 돌궐 힐리가한頡利可汗에게 춤을 추게 하고, 남만南蠻 추장酋長 풍지대馮智戴에게 시를 읊게 했다. 태종은 이런 광경을 보면서 "호와 월이 한집안이 된 것은 자고로 있어 본 적이 없다[胡越一家 自古未有也]"고 하면서 감격해했다. 그의 이 말 속에는 '세계 제국'의 진정한 뜻과 당나라가 중국 역사상 갖는 의미가 상징적으로 표현되어 있다. 수·당 왕조는 대외적으로 어떤 문물이나 습속에 대해서도 개방적이었고, 어떤 얼굴색의 이민족도 구별하지 않았으며, 성별에서도 차별하지 않았던 왕조였다. 태종은 "이적 역시 사람이다. 그 감정은 중화와 다르지 않다. 임금은 자신의 덕택이 그들에게 가해지지 않을까 염려할 것이지 다른 족류라고 미워해서는 안 된다. 덕택을 흡족하게 베풀면 사이를 한집안으로 만들 수 있다.……자고로 모두 중화만 귀하게 여기고 이적은 천하게 생각했다. 짐은 단지 그들을 사랑하기를 하나같이 하였더니 그 종락이 모두 짐을 부모처럼 의지하게 되었다[夷狄亦人耳. 其情 與中夏不殊 人主患德澤不加 不必猜忌異類 蓋德澤洽 則四夷可使如一家…… 自古皆貴中 華 賤夷狄 朕獨愛之如一 故其種落依朕如父母]"고 하였다.

그리하여 당나라의 공주가 이민족의 수령과 결혼한 것이 스물세 번이나 되었고, 당조에 직임을 가진 이민족의 신장臣將도 공주, 혹은 종실의 여인을 부인으로 취하는 경우가 많았다. 가령 당 고조 이연의 딸 열아홉 명 가운데 이민족을 남편으로 삼은 경우가 거의 반이나 되었다. 신민臣民들 사이에서도 호한 사이의 통혼이 날로 광범위하게 퍼져 갔다. '민족주의는 반역이다'라는 명제는 당나라의 경우를 비추어 보면 옳다. 당나라 황제 그리고 조야가 이와 같은 민족 사상을 지닐 수 있었던 것은 결코 우연한 일이 아니다. 위진남북조 시대 이래 각 민족이 대이동 과정을 거쳐 중국 경내에 잡거함에 따라 민족 간의 동화와 융합이 촉진되었고, 또 황제 자신이 호한 혈통이 섞여 있어 민족적 편견이 적을 수밖에 없었던 것이다.

이런 사실을 명백하게 밝힌 관롱집단설은 한족지상주의자漢族至上主義者들은 물론이고 일반 중국인들로서도 별로 기분 좋은 학설이라 할 수 없다. 한나라와 더불어 중국 역사상 가장 위대한 왕조의 하나로 여겨 왔던 당나라가 사실상 호족의 주도 하에 창건되고 통치되었다고 정리되기 때문이다. 잘 알다시피 세계 각처에서 모여든 각종각양의 사람들이 펼친 페스티벌인 '장안의 봄'의 무대는 호족들의 불편부당한 민족관과 열린 사고가 전제되어 있기에 가능했던 것이다. 그러나 화려했던 장안의 봄이 사라진 것은 바로 관롱집단이 그 힘을 잃어 간 시기부터였다. 서양의 로마 제국보다 훨씬 '세계적인' 제국을 창건하고 주도해 나갔던 자들이 바로 관롱집단이었다. 이런 거대한 역사의 소용돌이는 의외로 조촐하게 시작되었던 것이다.

이제 그 시작에서부터 세계인들이 즐겼던 장안의 봄꽃이 시들어 가는 시기까지의 역사를 살펴보고 우리 함께 그 현장 답사에 나서 보자. 사실 진인각의 관롱집단설은 과감한 가설이었지만 세밀한 논증이 수반된 것은 아니었다. 민족, 습속, 그리고 지역적 기반이 다른 잡다한 사람들이 어떤 위기 앞에서도 쉽게 분열되지 않는 결속력을 갖는 하나의 집단 세력으로 다시 태어난다는 것은 쉬운 일이 아니다. 사회 통합이나 정계 개편이란 이렇게 하겠다는 선언만으로 이루어지는 것이 아니다. 투명한 이상과 치밀한 공작이 함께 어우러져야 그 성공을 기약할 수 있기 때문이다.

수·당 제국은 오호십육국 시대 오호족의 중원으로의 이동과 그들과 한족의 융합 과정에서 탄생했다. 그러나 융합 과정은 매우 길고도 극히 굴곡진 노정이었다. 한시漢詩의 작법에 따르자면 오호십육국의 성립이 기起라고 한다면 북위 왕조는 승承에 해당한다. 그중 이른바 '한화 정책'을 채용한 북위의 효문제는 승의 정점에 서서 그것을 주도했던 인물이라 할 수 있다. 그리고 북위 말 '육진의 난'에 의해 마련된 두 왕조인 동위-북제와 서위-북주는 전轉이라 할 수 있고, 수·당 왕조는 결結에 해당한다 할 것이다.

학계에서는 효문제를 고도의 한문화에 혹한 야만인 출신의 군주로 치부하는 자가 많다. 그러나 유목적이라고 해서 어찌 야만이라 할 수 있단 말인가? 단지 유목민들은 자기 것만을 최고로 생각하지 않는다는 특징이 있다. 중국 역사상 유목 민족이 통치하던 시기에 다종교多宗敎 시대가 열렸다는 것은 잘 아는 사실이다. 효문제는 다른 황제들보다 한족의 문화를 섭취하는 데 적극적이었을 뿐이다. 새로운 개혁은 그 시대를 일보 전진시키지만 그에 뒤따르는 부작용도 있게 마련이다. 또 기득권 세력의 반발이 언제나 큰 문제다. 북위 효문제의 개혁이 그러했다. 그의 다소 급진적인 한문화 섭취는 중심축이 적어도 한족에게로 기운 것처럼 보였다. 병참기지이기도 한 수도를 산서고원 평성에서 남방 중원 왕조의 고도 낙양으로 옮긴 것이 그러했다. 북위를 창업하고 그것을 지키기 위해 삭풍이 몰아치는 음산산맥을 사이에 두고 동서로 길게 뻗은 북방 전선에서 불철주야 뼈를 에는 추위와 싸위 왔던 '육진'의 병사들에게는 나라를 한족에게 공짜로 넘기는 것처럼 여겨졌다.

사실 효문제의 개혁은 필자가 파악하기로는 결코 한족 중심적인 개혁이 아니었다. 육진 병사에 대한 대우가 소홀했던 것이 효문제 시기에 시작된 것도 아니었다. 그의 천도와 개혁 조치는 왕권 강화를 통해 통치권을 확립한 후 자기 손으로 중국의 통일을 성취하겠다는 야

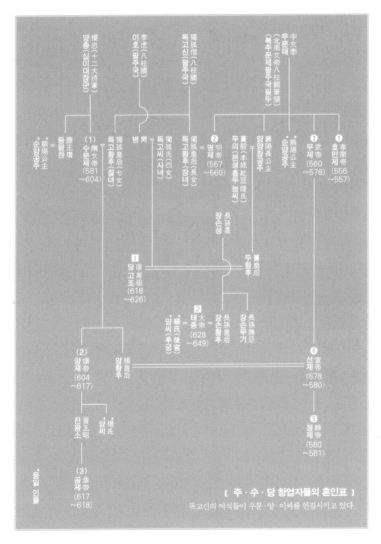

【 주·수·당 창업자물의 혼인표 】
독고신의 여식들이 우문·양·이씨를 연결시키고 있다.

심찬 계획의 첫걸음에 불과하였다. 통일을 위해서는 정치체제의 조직화가 필요했고, 폭넓은 인재 등용이 불가결의 조건이었다. 효문제는 외형적으로는 호족과 한족을 동열에 두었다. 그러나 효문제의 개혁 조치 이후 관료의 종족 성분을 분석한 최근의 연구에 따르면 여전히 호족의 압도적 우위에는 큰 변화가 나타나지 않았다. 옛날이나 지금이나 사람들은 체감 경기, 체감 온도에 의외로 민감하게 반응한다. 기득권에 조금만 손상이 가도 모든 것을 빼앗길 것 같은, 아니 빼앗긴 것처럼 호들갑을 떠는 법이다. 역사 속의 점진적인 개혁이 성공한 경우가 드문 것은 이런 이유 때문이다.

옥야진·회삭진·무천진·무명진·유현진·회황진 등 여섯 개의 진, 즉 육진 병사의 사기는 떨어지고 대신 중앙 정부에 대한 반감은 높아 갔다. 호감과 달리 반감은 빨리 퍼지고 그 연대 또한 의외로 쉽게 결성되는 법이다. 폭발력 또한 대단한 것이다. 524년 옥야진의 진민鎭民인 파육한발릉破六汗拔陵에 의해 시작된 반란은 북진 일대로 급속히 확산되어 갔다. 그러나 '육진의 난' 자체는 실패로 돌아갔다. 그렇게 된 데에는 여러 가지 요인이 있다. 북위 병참의 주선主線이 이미 남방 전선으로 바뀌어 비축된 군량이 별로 없었던 까닭에 반란 자금이 턱없이 부족했다. 명분 하나만을 믿고 맨주먹만으로 일으킨 반란이 성공한 예는 자고로 찾아보기 힘들다. 또 반정부 운동도 사람이 많이 모이는 데서 해야 효과가 있지, 아무도 보지 않는 산골에서 그 부당성을 소리 높여 보아야 아무 소용이 없다. 그래서 박 대통령은 반정부 시위의 효과를 극소화하기 위해 서울대를 사면이 꽉 막힌 관악산 아래 자하紫霞골로 옮겼던 것이다. 반란 군중은 남방 수도를 향하여 그 모순상을 알리려고 했지만 수도는 그들로부터 너무 먼 곳에 있었다. 육진이 그런 대로 협력했지만 역시 그들만의 외침이었다. 이 난민 가운데 북주를 창건한 우문씨도, 수·당 왕조 창업자들의 아버지와 할아버지도 끼여 있었다. 그들은 육진의 하나인 무천진武川鎭:현 內蒙古 呼和浩特 북방 43km의 진민들이었다.

'육진의 난' 자체는 실패로 돌아갔지만 그 반란의 여파는 쉽게 가라앉지 않았다. 굶주린 육진의 민중들은 먹이를 얻기 위해 중국 내지, 즉 산서·하북 지역으로 유동하기 시작했다. 북위 관군에게 항복해 비호를 구하는 진민의 수가 20만 명이나 되었다. 북위 조정은 이들을 하북 중부의 기冀·정定·영瀛 3주에 분산시켰다. 우문씨 등 후세 관롱집단의 주축이 된 가문들은 정주에 배속되었던 이른바 '항호降戶'였다. 피난살이는 언제나 고달픈 법이다. 고달픔은 불만으로 급속하게 변한다. 이 하북의 항호에서 반란의 불씨가 재연되었다. 항호 선우수례鮮于修禮 등이 정주에서 다시 병을 일으킨 것이다. 이때 우문태의 아버지 우문굉은 선우수례의 무장으로 활약하면서 관군과 싸우다 전사했다. 곧 선우수례의 부하 갈영葛榮이 다시 반란 세력의 지도자가 되어 상곡上谷에서 봉기했던 유현 진민 두락주杜洛周 세력을 병합해 하북 일대를 제압했다. 우문태는 갈영의 장수로 임명되었다. 그러나 갈영이 또 다른 군벌인 이주영에게 패함으로써 '육진의 난' 이래 결성된 여러 북방 군사 세력들은 이주씨에 의해 일단 통일되었다. 방대한 수의 북방 진민들은 이주영 밑에 편입되어 그 본거지인 진양晉陽:현 山西 太原으로 옮겨졌다. 이때 북주를 세우는 데 일익을 담당했던 독고신獨孤信,조귀趙貴와 하란賀蘭씨, 울지尉遲씨 등도 우문씨와 함께 이주씨 밑에 들어갔다. 이들은 모두 무천진 출신이다.

진양에 합류했던 이들은 곧 군사 행동을 같이하게 되었다. 무천진 출신의 대표였던 하발악이 이주영의 조카 이주천광의 부장으로 관롱 지방에서 일어난 만사추노萬俟丑奴의 반란을 토벌하기 위해 관중으로 들어갔다(入關). 무천진 사람들은 대부분 그를 따라 종군했다. 이 관롱 지역 반란 토벌에 참가한 자들이 곧 '무천진 군벌', 다시 말하면 관롱집단 형성의 중추가 된 것이다.

이주영이 북위의 실권을 장악하고 여러 지방에 대한 토벌을 진행하는 과정에서 동방에서는 북제의 사실상 창업자인 고환高歡이 여러 전투에 참가하여 급속히 두각을 나타내기 시작했다. 고환은 하북성 발해 수인修人의 한인漢人으로 자칭했지만, 그 역시 육진의 하나인 회삭진에 살던 선비족 출신이다. 고환은 동지들과 함께 처음 두락주에게 의탁했으나, 다시 갈영에게 의탁했다가 결국 이주씨 밑으로 들어갔다. 528년 이주영은 당시 북위 조정을 좌지우지하던 호태후胡太后와 그 이하 조정 대신 2000명을 낙양 북망산 너머 황하변인 하음河陰에서 학살했다. 이 사건을 '하음의 변'이라 한다. 이주영은 효장제孝莊帝, 재위 528~530를 황제로 추대했다. 그러나 이주영은 효장제와 불화 관계에 빠짐에 따라 그에게 갑자기 암살되었다.

이주영의 죽음이라는 이주씨 가문의 위기 상황이 발생하자 이주천광은 낙양으로 급거 회군하게 되고, 관중 지역의 반란 진압 임무는 하발악과 후막진열侯莫陳悅 두 사람의 주도 하에 맡겨지게 되었다. 이주씨 세력은 동방의 실력자인 고환에게 결국 망했다. 후막진열은 고환과 연결하여 스스로 관중 토벌군을 장악하기 위해 하발악을 살해했지만 그는 곧 하발악 부하들에 의해 다시 살해되었다. 당시 하투河套: 오르도스 지방의 군사적 요충인 하주夏州:統萬鎭 자사로 있었던 우문태는 하발악의 부장들에 의해 최고사령관으로 추대되었다.

이런 사태는 당시 관롱 지방에 하발악을 중심으로 한 군사 세력이 어느 정도 형성되고 있었다는 것을 의미한다. 우문태는 그 세력을 고스란히 물려받았던 것이다. 535년 낙양에서 고환 세력과 불화 관계에 있던 북위 황제인 효무제孝武帝가 장안에 주둔하고 있던 우문태에게 몸을 의탁해 옴으로써 커다란 원군과 어느 정도의 정통성을 확보하게 되었다. 이로써 북위는 서위와 동위 두 나라로 분열되었다. 장안에서는 효무제가 서위 황제로, 낙양에서는 고환에 의해 옹립된 효정제孝靜帝가 동위 황제로 이름을 걸게 된 것이다. 우문태는 곧 사이가 좋지 않았던 효무제를 살해하고 다시 문제文帝：元寶炬를 세워 괴뢰 황제로 삼았다.

우문태가 주도하는 서위 정권은 인재·지리·문화 모든 면에서 동위와 남조의 양나라에 뒤져 있었다. 우문태는 관중으로 들어온 소수의 호족과 그곳에 살고 있던 한족을 기초로 서방 한구석에 할거할 뿐이었다. 힘에서는 동위에게 밀렸고, 정통성에서는 남조의 양나라에게 꿀렸다. 재부병강財富兵强한 동방의 고씨高氏와 중국의 정통 왕조로서 명맥을 이어가는 양나라의 소씨蕭氏와 함께 정족鼎足의 형세를 이루는 것이 우문태로서는 급선무였다.

'육진의 난' 이전 선비인이 집중적으로 거주했던 지역과 난 이후 난민의 남하 지역이 모두 동방에 위치해 있었기 때문에 무력 증강이 매우 곤란한 문제로 부각되었다. 고환이 10주에 걸쳐 '수십만'이라 칭해지는 다수의 선비들로 자기의 친군親軍：중앙군을 편성한 반면, 우문태는 총수 1만 수천 명을 넘지 않는 선비인만으로는 자기의 중앙군을 편성할 수가 없었다. 이런 곤경에서 나온 것이 바로 '관중 본위 정책'이었다. "시인은 가난해야 좋은 시를 짓는다窮而後工"고

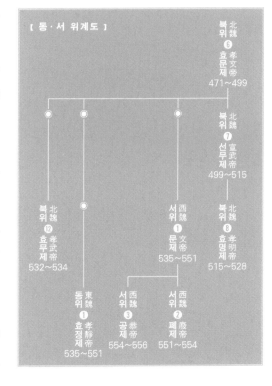

[동·서 위 계도]

북위北魏
⑥ 효문제孝文帝
471~499

북위北魏
⑦ 선무제宣武帝
499~515

서위西魏
문제文帝
535~551

북위北魏
⑧ 효명제孝明帝
515~528

북위北魏
⑫ 효무제孝武帝
532~534

동위東魏
❶ 효정제孝靜帝
535~551

서위西魏
❸ 공제恭帝
554~556

서위西魏
❷ 폐제廢帝
551~554

하지 않았던가? 역시 "궁하면 통한다"는 옛말이 빈말이 아니었다.

　이것은 구구한 사정으로 관롱 지구에 모여든 호·한 여러 종족의 인심을 우문태 자신에게 걸러매기 위한 정책이었다. 그 정책은 크게 두 가지로 나뉘었다. 하나는 정신적 측면이고, 다른 하나는 물질 군사적 측면이었다. 정신적 통일을 위해 서주 시대 이래 중국인의 정신적 지주였던 『주례』를 통치 이념으로 채용했고, 군사력을 제고시키기 위해 혼한합일胡漢合一 · 병농일치兵農一致 · 국민개병國民皆兵을 그 특징으로 하는 부병제를 창건했다. 후한이 수도를 낙양에 둔 이래 문화의 중심은 관중에서 관동關東:山東으로 점차 옮아갔다. 북위 시대 한족 문벌을 집중적으로 배출한 지역이 바로 산동이었다. 관중 지역 출신들은 그들에게 멸시당했다. 우문태는 산동에 빼앗긴 자존심을 되찾기 위해 『주례』를 채용한 것이다. 『주례』는 이상적인 제도다. 이상과 현실은 별개인 경우가 많다. 전한 시대 이래 『주례』를 모방해 제도를 정비했던 왕조들이 여럿 있었지만 모두 실패하여 후세인들에게 비웃음을 샀다. 하지만, 우문태만은 역사가들로부터 칭송받았다. 그가 『주례』의 문장 하나하나에 구애되지 않고 당시 관롱 호한 민중의 자존심을 회복시키고 단결시키는 데 그것을 이용했을 뿐이기 때문이다.

　나는 우문태의 이런 정책을 관중이라는 "새로운 향리鄕里의 창설"이라 명명했다. 종족이나 민족의 벽을 넘어 향리에 대한 충성으로 정신적인 변화를 시도한 것이다. 전통 시대나 지금이나 동양인들에게는 '향리'가 가지는 의미가 크다. 아무리 타파하자고 해도 쉽게 없어지지 않는 것이 지역주의이고 지역감정이다. 평소에는 지역주의 타파를 외치면서도 정작 '큰일'이 벌어지면 그것을 부추기는 것이다. '향리'란 동성同姓 혹은 혼인으로 이러저리 얽힌 친척들이 모여 사는 촌락을 상징한다. 우문태는 관중이라는 대향리를 설정함과 동시에 이들을 모두 '친족화親族化'하는 작업을 병행했다.

이를 위해 채용한 정책이 바로 '호성胡姓:複字姓의 재시행'이란 조치다. 사실『주례』를 채용함으로써 한족들에게 상당한 배려를 한 것처럼 느껴지게 한 후, 북위 효문제의 한성漢姓:單字姓 강제 정책으로 바뀐 유목 민족의 성을 복원시킨 것이다. 그러나 호성의 재시행에는 호한 인민의 이런 정서적 차원을 넘어 복잡한 계산이 깔려 있었다. 잘 알다시피 한족에게 성이란 이름과 함께 고치는 것을 터부시한다. "나가서 이름 고치지 아니하고 태어나서 성을 바꾸지 않는다[行不更名 生不改姓]"란 말이 있다. 조상 대대로 내려오는 성이나 부모가 지어 준 이름을 함부로 고칠 수 없는 것이 한족의 성명 관념이다. 그러나 유목 민족의 성명 관념은 이와는 판이하다.

어느 인류학자가 지적한 바 있듯이, 유목 민족이란 한마디로 "계보系譜의 기억상실증 환자"들이다. 유목민에서의 계보는 의식적으로 혹은 무의식적으로 조작될 수 있으며, 그때그때의 필요와 특수한 역사적 상황에 따라 넓어지기도 좁아지기도 하고, 나누어지기도 합쳐지기도 한다. 특히 유목 민족은 공격 혹은 방위라는 전투 행위를 앞두고 집단 의식을 공고히 하기 위해 수시로 계보 조작을 통해 '공통의 혈통'이라는 유대를 다짐하곤 한다. 이런 계보 조작을 통해 외부의 다양한 유목 집단들을 자기 성원으로 부드럽게 개조하고 통합시키는 것이다.

유목민의 이와 같은 독특한 성씨 관념의 표현은 후한 시대의 오환선비烏桓鮮卑의 경우에서뿐만 아니라, 현재 감숙성과 청해성 교계 지역에 거주하는 몽구르Monguor족의 경우에서도 찾아볼 수 있다. 즉 어떤 가족이 지금까지의 주인을 떠나 다른 주인의 영역으로 옮겨갔을 때, 그들은 자연스럽게 새로운 주인의 성을 따르는 것이다.

각기 다른 연원을 가진 민족들에게 나누어질 수 없는 하나라는 집단 의식을 갖게 하려면 먼저 그 지역에 대해 애향심을 갖도록 해야 하고, 다음으로 그들이 서로 친족이라는 의식을 갖도록 해야 한다. 친족화를 위해서는 먼저 같은 성씨를 갖게 하는 방법이 가장 유효하다. 혼인이라는 방법이 있지만 번잡한 절차가 필요하고 의식을 치르는 데 돈도 든다. 그러나 줄세워 두고 같은 성이라고 선언하면 끝나는 개성改姓 작업이야말로 식은 죽 먹기다. 유목 민족 출신이었던 우문태가 당시 전시 체제 하에서 이렇게 쉬운 의제적擬制的인 친족 관계의 재창출 작업을 통해 전투력을 강화하려 했던 것은 당연했다. 우문태가 호성을 재시행한 이유는 바로 '호한의 친족화' 작업이었다.

우문태는 선비족의 황금 시대인 동시에, 유목 민족이 사이좋게 '공존'했던 시대를 상징하는 '삼십육국三十六國 구십구성九十九姓' 시대의 성씨 체계로 회귀한다는 명분을 내걸었다. 북방 유목민들의 '요순堯舜 시대'인 셈이다. 이러한 복고적인 성씨 체제로의 회귀는 언뜻 보기에 북위 효문제의 한성漢姓 강요와 정반대되는 반동적 조치로 이해하기 쉽다. 그러나 효문제는 호족의 성씨 체제를 부정하고 호한의 모든 인민에게 반드시 한성을 쓰도록 강제한 데 반해, 우문태는 한족의 성씨 체제를 부정한 것은 아니었다. 다만 한족이 원할 경우 그들에게 호성을 사성賜姓해 주고, 그 경우 관직과 작위를 높여 주고 봉읍封邑을 대폭 하사하는 형식을 취하여 '호한의 친족화'에 동참하도록 적극 유도했을 뿐이다. 대규모의 호성 사성은 중국 역사상 단자성單字姓 체제를 붕괴시키는 역할을 했지만, 한편으로는 호성과 한성이 공존하는 성씨 체제를 정립시켰던 것이다. 현재 중국에는 5600여 개의 성이 있는데 단자성이 3480여 개, 복성複姓이 2030여 개, 삼자성이 240여 개 있다고 한다. 두 자 이상 성의 원류는 대개 이민족에 있다고 해도 틀린 말이 아니다.

호성의 재시행 및 사성 정책은 관중에 모여든 호한 인민의 친족화를 시도한 것이었지만, 종국적으로는 관롱집단의 권력 기반인 부병제를 형성시키고 원활하게 운영하기 위한 조처였다. 우문태는 537년

10월 사원沙苑:현 陝西省 大荔縣 관내 전투에서 동위 군대를 크게 물리치고 그 영역을 하동河東:山西省으로 펼칠 기회를 잡았다. 대동위 전선의 전초기지인 요충 동주同州, 현 大荔縣城 일대에 막부幕府를 열었다. 그러나 그의 군대는 턱없이 수가 적은데다 거의 고향을 떠나 있는 유사流徙의 병사이므로 잦은 전쟁으로 소모된 병사를 보충할 항구적인 모체가 없었기 때문에 장기전을 도저히 감당할 수 없었다. 543년 낙양 북망산 전투의 대패로 많은 병력을 잃은 사건은 우문태로 하여금 근본적인 조치를 강구하게 만들었다. 이제 손상된 병력의 보전 차원이 아닌, 근본적인 방책을 강구하지 않으면 안 되었다. 그는 선비인들만으로 구성된 병사들로는 감당할 수 없다고 생각했다. 그때 나온 시책이 바로 "널리 관롱 지역의 호족豪族들을 모집하여 군대를 증강시킨다[廣 募關隴豪右 以增軍旅]"는 유명한 조치였다. 종족을 초월하여 관롱 지역의 토착 한인 세력을 그의 병력에 가담시킨 것이다. 이것이 바로 550년에 편성된 '이십사군二十四軍'의 출발점이 되었다. 24군은 우문태의 중앙군이며, 부병제의 골간이다.

부병제의 기본 조직은 24군으로, 24명의 개부의동삼사開府儀同三司가 각각 1군의 사령관이 된다. 이것은 2군씩 위로 12명의 대장군大將軍에, 또 그 위에 4군씩 6명의 주국柱國, 혹은 柱國大將軍에 소속되는 형식이다. 우문태는 당시 중외군中外軍을 지휘하는 도독중외제군사都督中外諸軍事의 직현재의 합참의장격에 있었지만, 그도 주국의 한 사람이었다. 이른바 집단지도 체제다. 너무 지위를 높이면 '제왕적' 지도자라 하여 무리에서 탈퇴하여 독자적 노선을 걷는 자가 나올 것이므로 카리스마가 완전히 정립되지 않은 시기에는 집단지도 체제가 무난하다. 과도기에는 챙겨야 할 사람도 많고 신경써야 할 부분도 많다. 북위 황제를 명분적으로 모시고 있으니 그들 집안도 배려해야 했다. 그래서 주국 한 자리를 더 만들었다北魏 宗室인 廣陵王 欣. 그리하여 실제 6주국이 8주국이 된 것이다.

인사 탕평책을 편다는 등 아무리 호들갑을 떨어도 믿을 건 고향 사람들뿐이다. 또 국가 권력이란 거대한 전리품을 얻게 되면 그동안 권력 쟁취 과정에서 고생한 동료와 이웃들끼리 나눠 갖는 것이 상식이다. 클린턴도 아칸소 그룹을 중용하지 않았던가? 그래서 원래 무천진에서부터 동고동락하던 사람들이 권력의 중추인 주국 자리를 차지했다. 24군 성립기550의 구성을 보면 8주국 가운데 우문태·이호李虎·독고신·조귀·후막진숭侯莫陳崇 등 5명이 무천진 출신이다. 그 외에 이필李弼·우근于謹 등이 있지만 이들도 무천진 군벌이 유동하는 과정에서 일찍부터 가입한 자들이다. 12명의 대장군 중에는 우문도宇文導·후막진순侯莫陳順·하란상賀蘭祥·양충楊忠 등 4인이 무천진 출신이고, 개부의동삼사 24명은 명확하지 않지만 그중에 적어도 5명이 무천진 출신이다. 이렇게 보면 이 24군, 즉 부병제의 지휘 계통은 무천진 출신자가 거의 장악했다고 할 수 있다.

이들 가운데 우문씨는 북주를 세웠고, 수나라를 세운 문제 양견의 아버지 양충은 12대 장군 중 한 명으로서 당시 주국이었던 독고신 밑에 있었다. 당나라를 세운 고조 이연의 할아버지 이호는 주국이었다. 이처럼 우문·양·이씨 등이 모두 북위 초기부터 북방 유연족을 방어하는 전초기지인 무천진에 살고 있었던 한동네 사람들이었다. 무천은 지금 내몽고자치구의 수도 호화호특 북방 음산산맥 너머의 초원에 있는 작은 군진이다. 이래서 청대 고증학자 조익趙翼은 "주·수·당 세 나라는 모두 무천에서 나왔다[周隋唐皆出自武川]"고 했던 것이다. 이처럼 관롱집단의 핵심은 '무천진 군벌'이다. 그의 말을 빌리자면 "탄환같이 작은 땅"에서 세 왕조가 잉태하고 있었으니 하늘과 땅 사이를 무상하게 흘러다니는 제왕 출현의 천기가 문득 무천진 하늘에 모였다가 쏟아진 결과였다. 북주는 강역이 그리 넓지 않았으나 수나라는 중국을 통일했고, 당나라는 중외中外에 그 위력을 떨친 세계 제국으로 300여 년이나 존속했으니 말이다.

우문·양·이씨는 혼인 관계로도 이러저리 얽혀 있다. 이연의 아버지 이병李昞:北周의 安州總官, 桂國大將軍은 독고신의 딸과 결혼하여 이연을 낳았다. 이연의 어머니가 바로 양견의 부인인 독고황후의 언니이니, 이연은 양견의 외생外甥이며, 양제煬帝와는 이종 형제가 된다. 이연은 선비 망족望族으로서 수나라 정주총관定州總管인 두의竇毅의 딸[竇皇后]에게 장가갔고, 또 두황후竇皇后의 어머니가 북주 무제武帝:宇文邕의 누님인 양양장공주襄陽長公主다. 이연은 두황후와의 사이에 건성建成·세민世民·현패玄覇·원길元吉 등 아들 넷을 두었다. 세민이 바로 유명한 당 태종이다. 이들을 연결시키는 중요한 역할을 한 사람이 독고신으로 그의 큰딸은 북주 명제明帝의 황후이고, 넷째 딸은 당 고조의 어머니이며, 일곱째 딸은 수 문제의 황후였다. 딸을 낳으려면 이 정도는 출중하게 낳아야 하는데…….

이들은 무천진에서 같이 살았을 뿐만 아니라 서위 시대에도 이웃 사촌으로 가까운 곳에서 살았다. 우문태는 막부 동주궁同州宮에 살았다. 당나라의 창업 과정을 다룬 『대당창업기거주大唐創業起居注』라는 책에 의하면 경황제景皇帝:李昞와 양견의 집이 동주성 서북과 성 동남에 2리 정도의 사이를 두고 위치해 있었다고 기록되어 있다.

이제 이들 세 가문의 종족적 유래와 집권 과정을 살펴보자. 우문태에 대한 공식 기록은 『주서周書』「문제기文帝紀」다. 우문태의 선조는 염제炎帝 신농씨神農氏로 기술되어 있지만, 원래 요동 흉노 남선우의 후예라는 설이 유력하다. 그의 현조부 후두귀侯豆歸가 선비 모용황慕容皝에게 멸망하자, 그의 아들인 능陵:우문태의 고조부이 갑기甲騎 500을 이끌고 북위에 귀순했다. 천흥天興, 398~403 초에 호걸들을 대군代郡으로 옮길 때 능도 무천으로 옮겨졌다.

우문씨의 민족적 근원에 대해서는 종래 여러 설이 제시되었지만 그들이 흉노냐 아니면 선비 계열이냐의 문제였지, 호냐 한이냐 하는 문제는 아니었다. 그런데 수나라의 황실 양씨와 당나라의 황실 이씨는 한족이라고 주장하는 사람이 아직도 많다. 특히 중국인 학자들이 그러하다. 사실 이런 주장을 하는 글을 읽으면 딱하다는 생각이 든다. 한족이라는 것도 역사상 나타났다 사라진 90여 개 소수민족의 집체다. 그런데도 그들이 우리 한민족처럼 단일 민족이나 되는 것처럼 생각하니 말이다. 여하튼 우문씨의 북주가 분열 왕국에서 벗어나 중국을 통일했더라면 이 역시 한족이라고 기록되었을 가능성이 많다. 우문·양·이씨를 중심으로 한 무천진 군벌들이 그들의 혈통에 상관없이 호속胡俗에 깊게 빠졌던 것은 누구도 부정할 수는 없는 사실이다. 따라서 혈통을 따지는 것은 사실 그렇게 의미 있는 일도 아니다.

나는 역사에서 피보다 더 중요한 것은 그들이 어떤 문화적 체질을 가졌느냐라고 생각하지만, 오해를 피하기 위해 양·이씨의 피의 성분부터 분석해 보도록 하자. 『수서隋書』·『신당서新唐書』·『책부원구冊府元龜』 등의 기록[宰相世系表]에 의하면, 수 문제 양견은 섬서성 소재 홍농군弘農郡 화음華陰의 문벌 양씨의 가문이라고 하여 그 세계世系는 후한의 태위太尉로서 '관서關西의 공자孔子'로 지칭되는 양진楊震『後漢書』 권54까지 거슬러 올라간다. 그러나 그것은 믿을 바가 되지 못하고, 아래에서 올라가면 양견의 6대조로서 전연前燕 북평태수北平太守를 지낸 것으로 알려진 양현楊鉉까지 연결된다. 양현의 아들 양원수楊元壽가 무천진의 사마司馬라는 벼슬에 있었는데, 당시 무천진에는 양원수를 비롯해 우문태·이연 등의 4~5세조가 같이 살고 있었다.

그래서 양씨를 선비풍에 젖은 한인, 혹은 한인과 선비인의 혼혈로 보는 견해가 제시되기도 했다. 이 양씨 집안의 중흥 시조는 양충楊忠,『周書』 권19으로 북위 말년이라는 혼란기에 이주씨 세력을 추종하다가 그 후 독고신을, 다시 우문태를 추종하는 곡예 끝에 북주 시대에 들어 북제와의 전투에서 큰 공훈을 세우면서 크게 부상했다.

당 황실에 대한 기록『舊唐書』권1 高祖紀, 『新唐書』高祖紀 및 宗室世系表, 『唐會要』권1 帝號 上 등을 종합하면 대체로 이연의 7대조로서 오호십육국의 하나인 서량西涼 무소왕武昭王 이숭李暠 ; 그는 漢族 趙郡 李氏에게 연결시키고 있으며, 이연의 고조부로서 북위의 금문진장金門鎭將이었던 이희李熙가 호걸들을 이끌고 무천으로 간 후 계속 무천에 살았다고 되어 있다. 나는 당 황실 이씨를 서량의 이숭에게 연결시키는 사실 자체가 그 혈통의 시비 여하를 떠나 의미가 있다고 생각한다. 한족과 오호족의 융합이 진행된 오호십육국의 한 건국자에게 그 조상의 원류를 찾는 것 자체가 당 왕조의 성격을 상징하고 있다고 생각하기 때문이다. 서량이야말로 호한 합작의 전형이 될 수 있는 최초의 소왕국이었기 때문이다.

양씨와 이씨는 관중에 들어온 후 우문태의 관중 본위 정책으로 본적〔本望〕을 홍농 양씨와 농서隴西 이씨로 고쳤으며, 호성 재시행 때는 양충은 보육여씨普六茹氏로, 이호李虎는 대야씨大野氏로 되었다.

양충의 큰아들인 양견은 우문씨가 창업한 북주 관계에서 1대 민제閔帝 : 宇文覺, 557, 2대 명제明帝 : 宇文毓, 557~560, 3대 무제武帝 : 宇文邕, 561~578 초까지의 실권인인 우문호宇文護의 반대파였던 독고신파의 1인이었다. 무제 초 양충은 우문호에게 살해되었으나, 그 후 우문호가 살해되고 무제가 집권하여 전제 정치를 펼치게 되었다. 이 시기에 양견은 그의 큰딸을 당시 황태자[후에 4대 宣帝 : 宇文贇, 579]의 비妃로 만드는 데 성공하였다. 그녀는 나중에 선제의 5황후 중 정황후正皇后 : 楊后 = 宣皇后가 되었다. 양견이 외척으로 등장한 것은 외척으로서 세력을 펼칠 위험이 없다고 여겨지는 상류 귀족 중 하류라는 점이 고려되었다고 한다. 양견은 외척으로서 그리고 북제를 멸망시키는 전투에서 군공을 세움으로써 그의 위치를 부상시켜 갔다. 선제가 580년 22세의 나이로 재위 2년 만에 병사하자 들어선 5대 황제인 정제静帝：宇文闡는 겨우 여덟 살의 나이로 어린데다 어리석기까지 하여 정사를 제대로 처리할 수 없었다. 그 틈을 타 양견은 선제가 남긴 유조遺詔를 후부后父인 자신이 정사를 총재[輔政]하도록 변조하였다. 양견은 이 사건 '宣帝矯詔事件'을 계기로 수나라 탄생의 기초를 마련한 것이다.

수 문제 양견은 중국 역사상 그 유례를 찾기 힘들다는 평가를 받을 정도로 손쉽게 정권을 획득했다[古來得天下之易 未有如隋文帝者]. 중국 역사에서는 왕조 교체의 방식으로 '선양禪讓'이라는 형식이 왕망王莽에서부터 열렸다. 실제로는 정권을 뺏는 것이지만 황제가 양보하였기 때문에 마지못해 받는다는 이 방식은 요와 순 임금 사이의 아름다운 이야기를 모델로 한 것이었다. 한마디로 정권 탈취를 미화한 사기극이다. 그래서 이런 정권교체 과정을 '선양극禪讓劇'이라고 한다. 여하튼 왕망 이래 오호십육국과 북조의 호족 왕조를 제외하고는 10세기의 후주後周~송宋 혁명에 이르기까지 이 방식은 거의 예외없이 취해졌고, 1980년대 초 우리나라의 군사정권 때도 한 차례 채용되었다.

한 사람의 권력자가 새 왕조를 창건하는 데는 신중한 고려와 인내, 그리고 수많은 시일이 걸린다. 옛 왕조의 관료들과 일반 민중들의 정신적 준비, 그리고 그들의 인정을 얻기 위해서는 찬탈자가 실권을 잡고도 보통 15~20년 정도의 세월이 걸렸다. 조위 조씨曹氏, 서진의 사마씨司馬氏, 유송의 유씨劉氏, 북제의 고씨高氏와 북주의 우문씨가 그러했다. 그러나 양견은 그 과정이 채 1년도 안 걸렸으니 역사상 가장 빨리 정권을 탈취한 자라 할 것이다. 양견의 정치적 수완 때문인가, 아니면 당시의 분위기 때문이었던가. "위진남북조 시대는 충신이라 해도 순절殉節하는 자가 없다"는 지적처럼 시대 분위기 덕분도 있었을 것이지만, 양씨의 곡예술도 고단수였던 것은 부정할 수 없다. 그 결과 양견의 정권 획득에 대해 "사기쳐서 천하를 얻은 것이다[詐取天下]"라는 말이 나왔다.

양견은 581년 북주 정제로부터 제위를 양도받고 수 왕조를 개창함으로써 400년 가까운 거대한 분열 시대에 종지부를 찍었다. 그가 천자가 되는 과정이 이처럼 아주 짧은 기간에 너무 쉽사리 되었기 때문에 등극 이후 아주 의심이 많은 인물로 돌변했다. 자기와 같은 행운의 주인공이 다시 나타날지도 모른다는 불안감 때문이었다. 혹시 북주를 부활시키려는 가능성도 있어 보였다. 이를 봉쇄하기 위해 양견은 우문씨 일족을 모조리 죽여 버렸다. 589년 남조의 진陳나라를 멸망시킨 후 후주後主를 비롯한 제왕 종실을 서북 여러 주州에 땅을 주어 살도록 한 것과는 너무도 대조적인 조치였다.

이것은 관롱집단의 결속력에 큰 위기를 자초했다. 이제껏 함께 힘을 합쳐 위기를 극복하면서 정권을 장악해 온 무천진 군벌을 중심으로 한 관롱집단의 단결을 파괴한 행위로 주위로부터 혹심한 지탄을 받게 된 것이다. 수나라가 망한 것은 장성長城을 재정비하고 대운하를 개착하는 등 대토목 공사와 수 양제의 사치와 방탕이 그 원인이라고 하지만, 실제로는 관롱집단의 분열이 더 큰 문제였다. 분열이라기보다 관롱집단의 주류가 수 왕조를 외면했던 것이다. 수나라 말기에 일어난 반란은 수나라 관료[관롱집단]가 주축이 되어 일으킨 것이었다. 이는 다른 시대에는 찾아보기 힘든 현상이다. 공교롭게도 수나라 양제의 목숨을 빼앗은 사람은 바로 우문 성을 가진 우문화급宇文化及이었다. "하늘의 도道란 되갚기를 좋아한다"는 평범한 진리를 보인 것이다. 이른바 보응報應의 설은 본래 묘망渺茫한 것에 속하지만 그렇다고 무시할 수만은 없는 것이다. 여하간 관롱집단 입장에서 보면 배신자에 대한 응징이었다. 어째 조폭組暴들의 생리를 따온 것 같아 나로서도 꺼림칙한 해석이다.

수나라를 대신한 이연은 관롱집단의 결속이라는 점을 유의하지 않으면 안 되었다. 이연이 가장 주저한 부분은 이유가 어디에 있건 관롱집단이 세웠던 왕조인 수나라에 반기를 들고 기병한다는 사실이었다. 이연의 당 왕조 창업 활동에 대해서는 그동안 학계에서 많은 논란이 있었다. 수나라 말기 나라 전체가 군웅들의 반란으로 갈기갈기 찢어져 그 존망이 풍전등화격이 되었을 때, 수 황실로서는 그래도 믿을 만한 사람은 친척이고 같은 무천계인 이연이었다. 그래서 그를 전략 요충이며 별궁이 있는 태원太原 유수留守직에 임명했다618. 반란 토벌과 돌궐 방어라는 두 가지 임무가 그에게 부과되었다. 그러나 이연은 돌궐에게 패하고 말았다. 당시 강도江都:현 揚州에 머물고 있던 수 양제는 이연이 돌궐에게 패했다는 소식을 듣고, 사자를 보내 이연을 잡아들이도록 명령했다. 그러자 이연은 휘하의 병사들을 이끌고 칼과 창끝을 수도 장안으로 돌렸는데, 이를 '태원 기병'이라 한다.

이상이 이연의 '태원 기병'에 대한 총론적 설명이지만 각론에 들어가면 다른 견해가 많다. 이연보다 아들 이세민, 즉 당 태종이 기병에 주도권을 가졌다는 주장이다. 즉, 당 건국의 공은 이세민에게 있다는 것이다. 사실 거의 모든 사료가 그렇게 쓰여 있다. 이연은 우유부단하고 결단력이 없었기 때문에 이세민이 하는 수 없이 아버지를 협박하여 기병을 획책했다는 것이다. 아무리 급해도 아버지를 협박하는 데 아들이 직접 나설 수는 없는 일이다. 그래서 이세민은 궁감宮監 배적裴寂을 시켜 아버지를 협박했다. 배적은 사사로이 이궁離宮에 있던 궁녀를 이연의 방에 집어넣고 모시도록 했다. 그리고는 신하로서 궁녀를 범했으니 병을 일으키지 않으면 안 된다고 협박했다. 그 배후에는 당연히 이세민이 있었다. 권력과 돈에 눈이 어두우면 자식도 천하에 몹쓸 것들이 된다. 배적은 이연에게 "둘째 아드님이세민께서 의로운 깃발을 든 것은 바로 제가 궁녀로 하여금 공을 모시도록 한 일이 발각되면

북주의 무제 및 수 문제·수 양제 상. 제일 앞 관을 쓴 자가 북주의 무제 우문옹이고,
그 뒤에 관을 쓴 자가 수 문제 양견이며, 맨 뒤쪽이 수 양제 상이다. 당나라 초 염립본이 그린 『고대제왕도권古代帝王圖卷』의 일부로,
현재 미국 보스턴 박물관에 소장되어 있다.

족주族誅당할 것을 두려워했기 때문입니다"라고 설명했다. 이에 이연
은 결심을 굳혔다고 사서에는 적고 있다. 이것이 사실이라면 당나라
의 창업은 실은 여색女色에서 비롯된 것이다. 그래서 당대 역사가 유난
히 여난女難으로 얼룩졌다는 주장도 있다. 중국 역사상 유일한 여황제
가 탄생했고, 여자가 당을 중절中絶시킨 시대가 바로 당대였기 때문이
다. 여자로 일어선 자 여자로 망한다. 첫째 단추를 잘못 낀 이연에게
모든 책임이 있다는 주장이다.

대부분의 사료가 고조 이연보다 이렇게 태종에게 창업의 공을 돌
리고 있지만, 최근 학계에서는 당 태종의 치적에 과대포장된 면이 많
다는 점을 부각시키려는 학자들이 나타났다. 창업 과정에서의 이세민
의 역할은 물론, 그가 엮어 낸 '정관貞觀의 치세治世'라는 것도 허구에
불과하다는 것이다. 기존의 학설을 수정하고 뒤집지 않으면 만족하지
못하는 것이 사실 학자들이 공통적으로 앓는 고질병이다. 당 태종은
십전십미十全十美한 제왕은 물론 아니다. 사실 인간에게 그런 것을 요

구하는 것 자체가 무리다. 추모는 후세 사람들의 몫이고, 그것도 비교론적 평가에서 나온 것일 뿐이다. 또 추모와 사실은 반드시 일치하는 것이 아닐지도 모른다. 추모의 계기는 다양하다. 태종 이후의 정치가 난맥상을 드러냈던 것도 그의 정치를 미화시킨 측면이 있다. 추모자의 수가 많아지고, 추모 기간이 길어지면 질수록 사실은 전설로, 다시 신화로 분장된다. 사실 무식하다고 욕할 독자들이 많겠지만 노자는 5000자를 남겼을 뿐이고, 공자는 사실 남긴 저작이 하나도 없다는 설이 있는데 천추의 성인 학자로 존경받고 있다. 다른 사람들은 수만~ 수십만 자를 써내도 이름마저 기억해 주지 않는 것을 생각할라치면 사실 억울할 때가 많다. 그래서 학자는 제자를 잘 두어야 하고, 정치가는 무조건 정권을 잡아야 하고, 정권王朝은 재창출을 거듭하여 길게 지속되어야 하는 것이다. 그래야 신화는 창조되지 않더라도 욕은 얻어먹지 않고 감옥에 가지도 않는 법이다. 당 태종에게도 역시 그런 측면이 없지 않다.

당 태종은 도덕적으로 문제가 많았지만 역시 위대한 군주였다. 의심이 들면 『정관정요貞觀政要』를 정독하고 곰곰이 생각해 보라. 자기 주장만을 고집하지 않았고, 혼자만 잘난 체하지 않는 역사상 보기 드문 군주였다. 당 태종이 중국이 낳은 가장 위대한 군주로 그동안 평가되어 온 데는 나름의 이유가 있다고 생각한다. DJ는 물론, 책 안 읽기로 유명한 YS도 『정관정요』를 청와대로 가져갔다고 한다. 최근 CEO들도 모두 이 책을 읽지 않으면 안 된다고 하여 집무실에 반드시 꽂아 두고 있다고 한다. 이 책의 요점은 용인用人과 허심납간虛心納諫, 개명적 민족 정책이다. 사실 이런 덕목이 요즈음처럼 절실한 때가 없었을 것이다. 만약 『정관정요』를 읽었다면 '친인척 비리', '측근 정치'는 나타날 수 없고 나라꼴이 이 모양이 되지는 않았을 것이기 때문이다. 또 자기만 모든 것을 잘 알고 정확하게 판단한다고 폼잡는 대통령은 절대 나타나지 않았을 것이다. 책은 서가에 꽂아 두기만 해도 안 되고, 읽었다면 따를 만한 것은 그대로 실천해야 한다. 청와대에 가져가기만 하면 뭘 한담…… 흥분을 가라앉히고 이제 이 글의 주인공 우문태의 이야기로 돌아가자.

2002년 4월 중순 중간고사 기간을 이용하여 필자는 같은 전공 연구자 17명과 함께 섬북陝北:陝西北方 지역 답사를 다녀왔다. 필자가 가 보고 싶었던 곳은 북주·수·당 창업자들의 묘역이었다. 함양시咸陽市 양릉구楊陵區에 위치한 수 문제 양견의 묘〔泰陵〕는 이미 1996년에 한 차례 답사한 적이 있다. 이번에는 당대 황릉皇陵 답사가 주목적이었다. 중국 역사상 '수성守成' 군주의 대표인 당 태종의 소릉昭陵은 2001년 여름에도 갔으니 모두 세 번째다. 이연의 묘도 가보고 싶었지만, 오랫동안 우문태의 묘를 꼭 찾고 싶었다. 사실 북주·수·당 삼대의 진짜 창업자야말로 우문태였기 때문이다. 답사 사흘째 되던 날 오후에 삼원현三原縣 동부에 있는 이연의 묘 헌릉獻陵과 우문태의 묘〔成陵〕답사가 일정에 잡혀 있었다. 당초 우문태의 묘는 필자가 우겨서 일정에 집어넣은 곳이었다. 오전 답사에 시간이 많이 소모된 관계로 점심을 서둘러 먹고 삼원 지역의 성황묘城隍廟를 보고 바로 헌릉으로 향했으나, 일반 관광객들의 안내만 맡아 왔던 운전기사와 가이드는 넓디넓은 관중평원에 거미줄처럼 나 있는 길들 가운데 우리가 가야 할 길을 찾는데 애를 먹고 있었다. 몇 차례 정차시켜 길을 묻는 데 상당한 시간이 걸렸다.

겨우 찾아낸 헌릉은 광활하게 펼쳐진 평원 가운데 산처럼 우뚝 솟아 있었으나 그곳으로 접근하는 길은 농로뿐이라 버스에서 내려 걸어 들어가 답사를 끝내는 데만 약 두 시간이 걸렸다. 4월이었지만 그 날따라 구름이 잔뜩 긴 터라 금방이라도 해가 땅속으로 기어들 것 같았다. 괜히 마음이 급해졌다. 어둡더라도 묘를 보는 데는 큰 문제가 없

궁리소학교. 우문태 묘가 위치한 부평현 궁리소학교의 학생들이 저녁때인데도 집으로 돌아가지 않고 공부하고 있다. 나무 밑이 바로 우문태 묘다.

을 터이지만 문제는 독자들에게 그럴듯한 사진을 제공하는 일이었다. 다시 부평현富平縣 경내에 들어가더니 기사는 또다시 헤매기 시작했다. 우문태가 죽은 곳은 운양雲陽:陝西省 涇陽縣 北이었는데, 그의 무덤이 부평현 궁리향宮里鄕 궁리교촌宮里橋村에 있는 궁리소학교 교정 내에 있다는 사실만을 알고 찾아 나선 것이었다.

우문태가 막부를 열고 주로 머물렀던 동주는 서안 동북 대려현大 荔縣:현 渭南市 관내 일대로 추정하고 있다. "관중과 황하를 한 손에 조르는 요충[扼關河之要]"인 동주는 당시 동위-북제 군대의 침략을 막고, 동방으로 진출하기에도 용이한 전략 지점이었다. 그러나 그가 머물렀던 동주궁과 장춘궁長春宮은 지금 어디인지마저 확실하지 않다. 송대에 출판된 지리서인 『태평환우기』에 의하면 "우문태가 '사원의 전투'에서

부평현에서 궁리로 가는 마이크로 버스. 관중평원에서 방향을 잡지 못한 답사 버스는 이 마이크로 버스를 방향타로 삼아 우문태 묘를 찾아갔다.

고환 군대를 깨뜨리고는 그 무공을 기려 기사들에게 각기 버드나무 [柳] 1주씩을 심으라고 했는데 7000그루나 되었고, 사원 지방에 버드나무가 아직도 많다"고 기록되어 있다. 그러나 이것은 이미 1천여 년 전의 일이다. 우문태의 무덤이 있는 부평현 궁리도 당시 동주의 관할이었다. 우문태의 유적으로 남아 있는 유일한 것이 그의 묘다.

　　운전기사가 겨우 감을 잡았는지 속력을 냈다. 앞서가는 마이크로 버스를 보니 뒷유리창에 '부평-궁리'라는 붉은 글씨가 크게 써 있다. 약간 안심이 되었다. 땅거미가 질 무렵 궁리소학교 교문 앞에 닿았다. 일곱 시가 넘었다. 그 시간에도 학교 안에는 아이들이 그득하다. 별안간 일군의 여행단이 카메라를 들고 학교로 들어서니 그들에게는 개교 이래 '큰 사건'이었을 것이다. 저 무덤이 누구의 것이냐고 한 아이에게

(상) 우문태의 묘. 궁리소학교에 있는 우문태 묘는 학교 부지를 확장하기 위해서인지 봉분의 가장자리 부분이 많이 잘려 나가고 없다.
(좌) 우문태 묘비1. 우문태 묘 앞 땅속에 묻혀 있는, 북송대에 만들어진 묘비다.
'대송신수후주태조문황제묘비大宋新修後周太祖文皇帝墓碑'라는 글자가 보인다.
(우) 우문태 묘비2. 우문태의 묘를 나타내는 묘비 '북주문제성릉北周文帝成陵'이라 쓰여 있다. 청 건륭 연간 섬서순무 필원이 세운 것이다.

물었다. 그 애는 "우리의 놀이동산"이라고 대답했다. 그도 그럴 것이 여느 황릉과 달리 배장묘 하나 없이 봉분 하나만이 있을 뿐이다. 그것에 잇대어 학교와 인가를 나누는 흙담이 길게 쳐져 있고, 봉분 사면은 다 깎여 급경사를 이루고 있었다. 기록에 따르면 봉분은 너비[底徑] 40m, 높이[殘高] 12m다. 너무 경사가 급해 별로 높지 않은 봉분인데도 오르기가 쉽지 않다. 봉분의 동쪽 면은 움푹 패여 전체의 3분의 1 가량이 떨어져 나가고 없었다. 그곳에 건륭 연간 섬서순무[陝西巡撫] 필원[畢沅]이 '북주문제성릉[北周文帝成陵]'이라 써서 세운 비석이 하나 서 있다. 그 앞에 묘비 조각이 땅바닥에 반쯤 묻혀 있다. 자세히 들여다보니 북송 개보[開寶] 6년973에 쓴 '대송신수후주태조문황제묘비[大宋新修後周太祖文皇帝墓碑]'라는 몇 글자가 겨우 보인다. 서편으로 돌아가니 공동 화장실이 봉분에 연이어 있다. "소변은 오줌통에[小便入池] 대변은 구덩이에[大便入坑]"라는 표어가 선명하다. 우문태 묘로 오는 길에 들른 주유소 화장실에서 읽은 외설적인 '측소문화[廁所文化]'의 글귀[人在人上 …… 樂在其中]보다는 한결 고상하다. 그러나 대당제국의 실질적인 창업자의 능묘에 잇대어 화장실을 짓다니 이는 아무리 생각해도 조금 심했다 싶었다.

같이 갔던 동료가 "우리의 방문이 이곳 아이들에게 자기 학교에 대한 자부심을 갖게 할 것이다"라고 했다. 우문태! 그는 그 정도로밖에 대접을 받지 못하고 있었다. 그는 새로운 왕조를 세우기 위해 불철주야 노력하다 황제의 위에 오르지 못하고 죽었다. 명분과 실질을 따지자면 그는 황제라는 이름은 얻지 못했으나 어느 창업주 황제 못지않은 역할을 한 위대한 정치가였다. 중국이 개방된 후 이곳을 찾은 사람은 아마도 우리가 처음이 아닌가 생각되었다. 우문태에 대한 이런 대접이 과연 마땅한 것인지 다시 생각해 볼 일이다.

수隋 양제煬帝

이발관과 수 양제 스낵

● 수양제묘 위치도

장강과 대운하의 교차점에 위치하여 사통팔달四通八達의 교통 중심지로서
오랫동안 번성했던 양주揚州! 양주는 인구 28만의 한적한 도시로 이제 중국
육상 교통의 대종을 이루는 기찻길마저 비켜 가고 있었다. 새로운 길이 생기
면 낡은 길은 빛을 잃게 마련이다. 1920년 북경~상해 간을 잇는 경호선京
滬線이 개통되면서 운하의 효용성은 거의 사라져 버렸기 때문이다. 그래서
최치원崔致遠과 일본승 원인圓仁 그리고 마르코 폴로가 찾았던 때와 달리
양주는 그렇게 초라했다.

내가 양주를 찾은 것은 망국亡國을 자초한 황제 수 양제의 묘를 찾아보기 위
해서였다. 권력의 정상에 있었던 황제도 그 자리에서 쫓겨나면 일개 촌로村
老보다 나을 게 없는 법이다. 이미 모든 사람들의 비난의 초점이 된 그를 받
아 줄 곳은 이 세상 어디에도 없기 때문이다. 그런 것이 세상의 인심이다. 나
는 양주 북교北郊 뇌당雷塘의 벼논 가운데 잡목에 둘러싸인 채 세상 사람들
에게 거의 잊혀진 묘 한 기가 실제 양제의 것이라고 믿지는 않는다. 다만 그
가 이 세상에 남기고 간 빛과 그림자를 확인하고자 했을 뿐이다. 다시 태어
나도 황제이기를 원할지는 가늠할 수 없지만 양제를 옛 황제로 대접해 주는
사람은 별로 없었다. 나는 그곳 양주에서 한 도시의 영광과 쇠락의 자취를
보았고, 한 권력자의 영욕의 흔적을 직접 목도할 수 있었다.

어려운 조건 속에서 어느 날 갑자기 권력의 정상에 올랐다가 끝내 천 길 구
렁텅이로 추락한 사람들의 '야망과 좌절'의 스토리가 우리의 가슴을 울린
다. 근년 최고위 법조인들의 영광과 그 좌절의 인생 역정이 우리를 슬프게
하는 것처럼……. 양제의 묘를 지키고 있는 것은 초라하기 그지없는 이발관
과 스낵뿐이었고, 양주 동쪽 고운하에는 거대한 용선龍船에서 흘러나오던
주악奏樂 대신 삶의 대부분을 작은 배 한 척에 기대고 사는 민초民草들의 한
숨 소리만이 들리고 있었다.

나는 지금까지 강소성 양주를 두 번 찾았다. 첫 번째는 1997년 1월 중순이었고 두 번째는 1998년 9월 초였다. 첫 번째 방문은 소흥紹興과 무석無錫 지역을 답사하고 북경으로 돌아가는 길에서였다. 항주에서 저녁 6시 반에 출발하는 배를 타고 무석에서 내리니 다음날 오전 8시였다. 그 옛날 수나라 양제가 개착한 운하 '강남하江南河'를 밤새 타고 온 것이다. 중국을 여행하다 보면 밤에 이동하는 교통수단을 이용하면 나름으로 이점이 있다. 연도에 펼쳐지는 경치를 살펴볼 기회가 줄어든다는 아쉬움은 있지만, 교통비만 내면 여관비는 절약된다. 어둠 속에 배를 타고 운하를 달리는 것은 기차를 타는 것과는 다른 정감을 느낄 수 있다. 항주에서 시작된 운하 길이 무석에서 끝나지만 수·당 시대에는 내가 탄 배로 장강 남안南岸의 진강鎭江을 거쳐 곧장 양주로 직행할 수 있었다.

양주에 간 목적은 두 가지였다. 하나는 수·당 시대 최대의 항구 도시로 번영을 누렸던 이곳의 지형을 살펴보기 위해서다. 양주는 잘 알다시피 남북으로 가로지르는 운하와 장강이 교차하는 교통의 요지로 당대 이후 명·청 시대까지 번성했던 도시였다. 최근 전통 시대 중국의 도시 구조에 관심을 갖다 보니 당대의 상업 도시로 유명한 양주에서 당시 신흥 지방 도시의 전형적인 모습을 더듬어 볼 수 있겠다는 기대를 한 것이다. 또 다른 하나는 수 양제의 묘를 찾는 일이었다. 나는 수·당 시대 황제들이 거듭된 실패에도 불구하고 고구려 침략에 왜 그렇게 매달렸던가에 의문을 갖고 논문 한 편을 발표한 적이 있다. 당시 양제의 독특한 인간성과 기이한 행적에 흥미를 갖게 된데다 직접 망국을 당한 황제의 무덤이 지금은 어떻게 남아 있을까라는 호기심이 발동했던 것이다. 지난번 서안西安을 방문했을 때 그 성패 자체만을 따지지 않는다면 행적 면에서 그와 매우 유사했던 당 태종의 무덤 소릉昭陵의 웅장함에 놀란 것도 양주를 방문한 이유 중 하나였다.

운하 도시 양주, 수·당대의 그 화려함은 사라지고 하루하루를 어렵게 살아가고 있는 민초들의 모습이 고달프게만 보인다.

양주로 가는 길에 수 양제가 판 운하길의 일부를 이용한 것은 내 나름으로 의미가 있는 일이었다. 그러나 그때 양주에는 갔으나 수 양제의 묘를 가보지는 못했다. 그것이 그 후 내내 아쉬움으로 남아 있었다. 무석에서 열차를 타고 남경으로 이동한 후 남경 어디에 숙소를 정해 놓고 하루치기로 양주에 가서 두 가지 목적을 다 이루려는 당초의 계획이 무리이긴 했다. 하지만 수 양제의 묘를 찾아보지 못한 데에는 또 다른 이유가 있었다. 북경을 떠날 때, 여정 중에 양주가 들어 있다는 사실을 중국인 친구에게 얘기했더니 양주 답사는 가급적 하루 만에 끝내라고 충고하는 것이었다. 부득이하여 양주에서 숙박하는 경우, 큰 호텔에 숙소를 잡되, 절대 밤에는 나돌아다니지 말라는 것이었다. 땅거미가 지면 양주 본지인들도 외출을 삼갈 정도로 치안이 좋지 않기 때문에 밤에는 길거리를 다니는 사람이 전혀 없다는 엄포였다. 담이 약하기로는 남에게 빠지지 않는 내가 그런 말을 듣고 하룻밤을 잘 마음을 가질 수 있었겠는가? 그래서 남경대학 외국 학생 숙사인 서원西苑에 방을 정해 두고, 하루치기로 양주 답사를 끝낼 심산으로 남경을 떠났던 것이다.

양주가 역사 속에 등장한 것은 춘추 시대 오왕吳王 부차夫差가 이곳에 고운하인 한구邗溝를 개착하면서부터였다. 양주는 장강에 연해 있고 바다 가까이 있어(瀕江近海) 사통팔달의 교통 요지라는 지리적 조건과 물자 생산이 풍부하여 "쌀로 밥을 짓고 고기로 국을 끓이는(飯稻羹魚)" 소위 '어미지향魚米之鄕'이라는 경제적 조건 때문에 일찍이 다른 지역에 비해 개발이 많이 된 지역이었다. 양주가 우리에게 깊이 각인되기 시작한 것은 전한前漢 초 중앙 정부에 반대해 '오초칠국吳楚七國의 난'을 주도했던 오왕 유비劉濞의 수도당시는 廣陵가 바로 이곳이었기 때문이다. 양주가 비약적인 발전을 하게 된 계기는 수 양제가 장강~회하~황하~대해大海를 연결하는, 즉 중국 대륙 남북을 관통하는 운하를 개착하면서부터였다. 특히 당나라 현종 시기에 일어난 '안사安史의 난' 이후 북방이 난리에 휩싸이게 된데다, 당시 중국 경제의 중심이 점차 남방으로 이동하는 추세 속에서 양주는 문득 전국 최고의 경제 중심 도시가 되었다. 또 인구 47만 명 가운데 아랍 상인이 5000명이나 되었다는 기록에서 보듯이, 당시 세계 굴지의 국제 무역항이기도 했다. 당대 후기 100여 년간 중앙 정권은 양주에서 받아들인 세금에 의존해 국가를 유지했기 때문에, 여섯 명의 재상이 양주의 회남절도사淮南節度使를 역임했거나 재상에서 물러난 후 그곳 절도사로 부임하기도 했다. 당시 양주의 경제적 중요성을 나타내는 말은 "양주의 재부와 인구가 천하의 제일이어서 당시 사람들은 '양일익이'라 칭한다[揚州富庶甲天下 時人稱'揚一益二']"는 문구에 잘 표현되어 있다. 즉, 양주는 익주[四川成都]와 더불어 당시 최대 경제 도시로서 이름을 날린 것이다. 이런 양주의 경제적 지위는 그 후 명·청 시대까지도 변하지 않았다. 남북 조운漕運과 염운鹽運의 중심 거점으로 중국 2대 상인 그룹인 산서 상인山西商人：山陝商과 휘주 상인徽州商人：新安商人이 이 지역 유통권을 장악하기 위해 치열하게 경쟁을 벌였던 곳이기도 하다.

그러나 내가 양주를 찾은 것은 그토록 위대했던 양주의 영광의 옛 자취를 찾아보고자 한 것이 아니었다. 한때 지상 최고의 영화를 누렸지만 이제는 아마도 매우 초라하고 못난 흔적만을 남기고 있을 수양제의 모습을 찾아보기 위해서였다. 오전 10시쯤 남경 시외버스 터미널에서 버스에 올랐다. 고속도로가 그런 대로 잘 뚫려 있어서 약 두 시간 만에 양주 서부 터미널[西站]에 닿을 수 있었다. 아무리 외국인티를 내지 않으려고 노력했지만 허사였다. 배낭을 메고 내리는 나는 택시 기사들에게는 좋은 먹잇감이었던 것이 분명했다. 발을 내려놓기가 무섭게 두 명의 운전기사가 각각 내 손을 하나씩 나누어 잡고는 마구 끌어당겼다. 순식간에 주먹질이 오가더니 결국 두 사람은 땅바닥에

뒹굴기까지 했다. 내가 주역이 된 예상치 않은 사태의 전개에 겁에 질려 어찌할 바를 모르고 있는데, 마침 막 떠나려는 마이크로 버스(小公共汽車)가 보였다. 그래서 '에라 모르겠다' 하고 올라타 버렸다. 그 아수라장을 우선 빠져 나가는 것이 상수라고 생각했기 때문이다. 중국 친구의 말이 그렇게 실감날 수가 없었다. 공포의 땅 양주는 이런 모습으로 나에게 다가왔다. 차안에서 택시 운전기사가 나를 뒤따라오지나 않을까 하는 공포감에 새가슴을 졸이며 뒤돌아보기를 몇 번이나 했다. 그 버스는 마침 시내로 들어가는 것이라 제일 번화가라고 생각되는 지점에서 내렸다.

차에서 내린 후 몇 사람에게 물었으나 양제 묘의 위치를 시원하게 가르쳐 주는 사람은 없었다. 먼저 당대 양주성의 중심인 당성唐城 유지遺址를 찾기로 했다. 그곳에 가면 복무원직원이 소상하게 약도를 그려 줄 것이라 기대되었기 때문이다. 당성 유적지 바로 옆에는 유명한 대명사大明寺가 있다. 이 절은 최치원崔致遠이 한때 머물기도 했지만, 『입당구법순례행기入唐求法巡禮行記』의 저자 일본승 원인과 이곳 양주 태생으로 일본에 건너가 율종律宗을 열었던 감진鑑眞화상이 머물렀던 곳으로 유명한 절이다.

현재 남아 있는 당성 유지는 이전의 양주부揚州府가 소재했던 소위 '아성衙城'의 일부분이다. 당성 위에 올라서니 양주 시내가 한눈에 들어온다. 이 지역을 '촉강蜀岡'이라 부르지만, 양주 시내보다 대체로 해발 100m 정도 높은 곳에 위치해 있는 것 같았다. 당성 앞에는 이전의 해자(護城河)였던 곳인 듯 아직도 긴 호수가 가로질러 남아 있다. 당성 일대를 구경하고 나니 땅거미가 지고 있었다. 당성 복무원에게 수양제의 묘 위치를 대강 안내받았지만, 그곳은 양주 시내에서 상당히 떨어진 교외에 위치하고 있었다. 남경에서 출발한 시간이 늦은데다 게눈 감추듯 지나가는 것이 겨울 해다. 북경 친구가 한 말과 터미널에

양주 당성. 당 왕조 시절 무역항이었던 양주부의 관청이 들어섰던 곳으로 이 지역을 촉강蜀崗이라 부른다.

서 일어난 일이 자꾸 상기되었다. 낮이 이럴진대 밤이야 오죽하겠는 가? 불길한 생각이 뇌리를 떠나지 않았다. 그래서 수 양제 묘 보기를 포기하고 곧바로 장강을 건너 한때 삼국三國 오吳나라 수도의 하나였 던 진강鎭江을 거쳐 남경으로 돌아와 버렸다.

　　해는 바뀌어 1998년 9월 초, 남경에서 열리는 중국위진남북조사 연구회 국제학술토론회 참석차 떠날 때에는 이번엔 수 양제의 묘를 꼭 찾고야 말겠다고 굳게 결심했다. 9월 11일 같이 학회에 참석했던 동료 교수 세 명과 남경대학에 유학하고 있던 J씨 등과 함께 마이크로 버스를 전세 내어 다시 수 양제의 묘를 찾아 나선 것이다. 사전에 남경 박물관 관계자의 전화 소개가 있었기 때문에 양주박물관에 도착하니 관장 이하 여러분이 반갑게 우리를 맞이해 주었다. 그들은 박물관을 구경시키고 나더니 고급 식당으로 우리를 안내했다. 더욱 놀란 것은 그들이 주문하는 고급 요리들이었다. 옆에 앉아 있는 J교수에게 "우리더러 저 식사값 모두를 부담하라고 하면 어쩌지"라고 얘기하면서 그를 보니 그의 얼굴 역시 심각했다. 그러나 그들은 우리를 극진하게 대접했고, 또 수 양제의 묘까지 동행하면서 안내해 주었다. 양주에 유맹流氓: 깡패만이 아니라 이런 문화인도 살고 있다는 사실을 새삼 알게 되었다.

양제는 수 문제 양견의 둘째 아들로 이름은 양광楊廣이다. 그는 젊은 날 여자 문제가 깨끗해 황태자가 되었으나, 황제가 되어서는 여자와 노는 데 정신을 팔다가 그만 나라도 빼앗기고 목숨도 잃었던 황제였다. 그러고 보니 대장부의 일을 일으키는 것도 여자요, 망치는 것도 여자인 모양이다. 그가 황태자였던 형을 밀어내고 대신 황태자가 되었던 것은 어머니 독고황후獨孤皇后 덕택이었다. 남다른 질투심 때문인지, 아니면 윤리적 결벽성 때문인지는 확실하지 않지만, 독고황후는 신하들마저 정처正妻 외에 다른 여자를 곁에 두는 꼴을 그냥 두지 않았다. 우문씨宇文氏의 나라를 빼앗고 다시 천하를 통일한 천하대장부였던 남편 수 문제 양견마저 그녀를 두려워한 나머지 다른 여자에게 눈길 한번 주지 못했다. 그러려면 그 위험한 왕조 탈취를 무엇을 위해 감행했단 말인가! 여하튼 황태자였던 형 양용楊勇이 정처인 원씨元氏가 있는데도 운씨雲氏를 총애한 것이 그녀를 노하게 하였고, 결국 그 일 때문에 태자 자리를 잃게 되었다. 형 대신 양광이 황태자가 된 것이 개황開皇 20년600의 일이었으니 그의 나이 32세였다. 그 혈기 왕성한 나이까지 여자를 가까이하지 않았던 그를 두고 황태자 자리를 겨냥하고 계략을 꾸민 것이라는 지적도 있다. 마음만 먹으면 천하 절색 몇십 명쯤은 쉽게 주위에 둘 수 있는 위치에 있었던 그로서는 그것이 설사 계략이라 하더라도 인내력 하나만은 상 줄 만한 일임에 틀림없다.

그런 그를 이중 인격자로 평가하기도 한다. 그도 그럴 것이 독고황후가 죽었을 때, 당시 황태자였던 그는 통곡하다가 졸도까지 하는 연기를 펼쳤지만, 자기 방에 들어가서는 음식을 마음껏 먹고 평소처럼 담소도 즐겼다는 것이다. 그를 매도하는 학자들이 자주 드는 그의 패륜 행위는 아버지와 한 여자를 두고 벌인 삼각 관계에 대한 것이다. 어머니 덕에 황태자가 되었지만, 30이 넘을 때까지 황태자로 머물러야 했던 그는 무료하고 의미 없는 세월의 흐름에 약간 안달이 났을 것이 분명했다. 사서의 기록에 의하면 아버지 문제가 병으로 위독해지자, 양광은 죽은 뒤의 계획을 적은 밀서를 권신權臣 양소楊素에게 보냈다. 궁인의 실수로 그 문건이 문제의 손에 들어가게 되자 병석의 문제는 격노했다. 연전에 공개되어 파문을 일으킨 '언론 문건'·'사직동 보고서' 등이 그랬듯이, 절대 공개되지 않는 비밀 문건이란 자고로 있을 수 없는가 보다. 여기다가 병석에 누운 문제를 간호하고 있던 아비의 애첩으로 오랫동안 눈독을 들여 왔던 선화부인宣華夫人에게 욕망을 채우려다 실패한 사건이 벌어졌다. 정치판에서 일어나는 사건이란 약속이나 한 듯 함께 터지게 마련이다.

이 두 사건으로 격노한 문제는 양광을 폐태자하고 이미 폐태자된 양용을 태자로 삼으려고 했다. 위기는 또 다른 기회일 수 있다던가? 양광은 양소와 모의하여 문제를 시해하고 그 형마저 죽였다는 것이 양제 등극을 둘러싼 대강의 스토리다. 한마디로 살부살형殺父殺兄의 패륜이라는 것이다. 그의 축생畜生과 같은 행위에 대한 기술은 아버지를 죽인 바로 그날 밤, 아비의 애첩인 선화부인을 범했다烝는 데서 절정을 이룬다. 일종의 쌍패륜이다. 그것이 사실이라면 황제를 향한 그의 욕망을 달성하기 위해 그처럼 오랫동안 참았던 정욕을 통제하지 못한 패륜도 문제지만, 너무 잘난 선화부인에게도 문제가 전혀 없는 것은 아니다. 내가 양제를 너무 두둔했나? 그날 밤의 일에 대한 기록의 진

관서공자關西孔子 양진楊震 상. 수나라 창업자 양견의 먼 조상으로 알려진 후한의 대학자 양진의 상이
화산華山 서악묘西岳廟 구내에 서 있다.

실 여부는 차치하더라도 어머니뻘인 선화부인을 자기 여자로 삼았던
것은 역사적 진실이었다. 그러나 이런 일은 관점을 달리하면 아무 일
도 아닐 수 있다. 사랑의 대상이야 국경도 나이도 사정도 따질 것이 없
다는 것은 고금동서에 다 통하는 진리이기도 하지만, 아비의 여자를
차지하는 것은 당시 풍조에 비추어 볼 때 별로 이상할 것이 없기 때문
이다. 그 점에선 그만이 패륜아라는 멍에를 써야 할 이유도 없다. 또
두둔한다고 힐난하겠지만 역사적 사실이 그러하니 낸들 어떡할 수 없
는 법. 천하 명군으로 지금도 일컬어지고 우리나라 역대 대통령들도
존경해 마지않는 당 태종 이세민도 윤리적인 점에선 양제보다 나을
것이 별로 없는 사람이었다. 그 역시 형과 동생을 암살하고, 아비를 유
폐시키고 황위에 올랐던 사람이다. 이세민은 그가 죽인 친동생 원길元

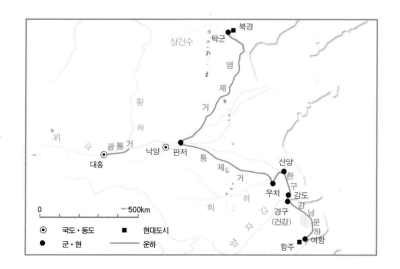

수의 대운하

昔의 아내[楊妃]를 비로 삼았고 그 사이에서 아들[明]도 낳았다. 당 고종
도 아비의 후비인 무측천武卽天을 황후로 삼았으며, 현종 역시 며느리
였던 양귀비楊貴妃를 아내로 삼았다. 대학생 때 이런 역사적 사실을 처
음 접하고는 황제들의 망나니 같은 행위도 그렇지만 그 여인들의 미
모가 도대체 얼마나 절색이었기에 그런 부도덕한 행위가 이토록 자주
자행되었을까 하고 의문을 가진 적이 있다. 그러나 수·당대의 미녀는
'이영자형'이 대부분이라 요즈음 사람들이 별로 좋아하는 스타일이
아니라는 것을 공부해 가면서 알고는 실소를 금하지 못했다.

　수나라와 당나라 황실에 만연된 이런 퇴폐 풍조(?)를 그들의 혈통
과 연결시키는 설이 유력하다. 양씨는 관중 홍농弘農의 명문으로 후한
의 대유大儒 양진楊震의 후예로 기록되어 있지만, 당 황실과 마찬가지

8. 수隋, 일체兼竝를 이룩하고 수 양제 스너_267

로 호한 혼혈의 이른바 '관롱 집단' 출신이었다. 양제의 어머니 독고황후와 당 고조 이연의 어머니 독고씨는 자매간이니 둘 관계는 이종사촌이었다. 수·당 초기 황실 외척의 대부분은 의심할 수 없는 유목 민족 출신이다. 유목 민족은 아버지가 죽으면 자식이 자기를 낳은 생모 이외의 아버지의 처첩을 자기 소유로 하는 풍습이 있는데, 이들도 그런 습속에 따른 것이라는 지적이다.

살부살형의 양제는 천하의 폭군으로, 축부살형제逐父殺兄弟한 당 태종은 천하의 명군으로 후세의 평가가 갈린 것은 무엇 때문인가? 내가 내린 결론은 비교적 간단하다. 자고로 진리란 복잡한 논리 구조를 갖는 것이 아니라 삼척동자도 쉽게 이해할 수 있는 간단명료한 것이다. 우선 후손을 잘 두어야 하고, 그 자신이 직접 망국을 당하지 않아야 한다는 것이다. 그래서 전두환 전 대통령도 일해재단日海財團을 만들어 '상황上皇'으로서 자기 부하를 계속 권좌에 앉히려 했던 것이고, 김영삼 전 대통령도 IMF 사태를 어떻게든 막아 다음 왕조政權로 넘기려 했던 것이다. 수나라는 금방 망했지만 당 태종이 죽은 후 당나라는 200여 년이나 지속되었다. 그동안 당 태종은 그의 후손 황제들에 의해 철저히 보호되고 미화되었던 반면, 양제의 평가는 그를 넘어뜨린 자들과 그 후손들에 의해 시간이 흐를수록 더욱더 왜곡되고 폄하되었다. 정치가들은 걸핏하면 후세 역사에 그 심판을 맡기자고 말하지만, 사실 역사가의 평가란 그렇게 공정한 것만도 아니다. 승자에게는 너무 헤프고, 패자에게는 너무 짠 게 역사가들의 평가다. 그들은 간혹 스스로 자청해서 권력의 시녀가 되기도 하고, 권력자들에게 강요받아 시녀가 되기도 했다. 양제가 당 태종과 별반 다를 것이 없다는 주장이 간혹 제기되기도 하였지만, 시대를 너무 앞서가는 것만을 능사로 삼는 진보 진영의 주장처럼 귀기울여 들어 주는 사람은 그리 많지 않았던 것이 사실이다. 양제의 영혼이 지금도 떠돌고 있다면 아마 이 점을 매우 억울하게 생각할지도 모르겠다. 그렇다고 양제가 나 같은 영향력 없는 역사 연구자에게 그 곡직曲直을 따져 달라고 추파를 던질 일은 만무할 것이니 나도 그의 무덤을 찾아 주는 것 외에는 그에게 베풀 것이 사실 아무 것도 없다.

집안의 내력은 위조할 수 있지만, 타고난 기질을 고칠 수는 없는 법이다. 중국 역사상 양씨가 천하를 얻은 것처럼 손쉬웠던 적이 없었다는 어느 학자의 지적처럼 수 문제 양견은 북주 마지막 황제인 정제靜帝의 외조부라는 지위를 이용하여 "편안하게 앉아서 제위를 훔친[安坐而攘帝位]" 자였다. 양견이 북주 종실의 사돈이 되었던 것은 오히려 그의 집안이 대단치 않았기 때문이다. 2급 귀족이어서 황실을 위협하지 못하리라는 북주 황실의 당초 기대는 완전히 빗나가고 말았다. 잽싸게 정권을 탈취해 버린 것이다. 그러나 별 볼일 없는 가문 출신이 뜻하지 않게 천하를 얻다 보니, 요즈음 졸부들의 그것처럼 하는 일이 다 자연스럽지 못하기 일쑤였다. 쉽게 얻었다는 것은 누구나 인정하는 정상적인 방법으로 권력을 창출하지 않았다는 의미다. 즉, 정권의 정통성에 문제가 있다는 것이다. 그런 데다 창업자들이 유목 민족 출신이거나 그 영향을 짙게 받았던 북조 이래 당조까지의 왕조에서는 황제라는 자리가 고정되어 있지 않았다. 물론 황실 가문royal family이 존재했지만, 그 안에서는 힘세고 능력 있는 자가 계승

【 수 세계도 】

1순위였다. 농경 지역의 왕조에서 그 능력에 관계없이 적장자嫡長子를 중시하는 전통과는 다르다. 이런 형태의 왕권을 농경 지역의 '의례적 왕권ritual kingship'에 비해 '개인적 왕권personal kingship'이라 한다. 개인적 왕권의 특징은 그 당사자의 능력이 적통보다 더 중요하다는 것이다. 당시 황제위를 산에서 저자 거리로 내려온 주인 없는 토끼에 비유한 『수서隋書』의 구절이 있다. 옥좌를 빼앗아 차지하는 자가 임자라는 것이다. 따라서 선황의 유업을 충실히 보수保守하기보다는 새로운 과업을 자꾸 벌여 능력이 출중하다는 것을 과시하는 것이 황제위를 얻고, 또 그것을 유지하는 가장 좋은 방법이었다. 그래서 수 문제도, 양제도, 당 태종도 군대를 끌고 직접 전쟁에 나서〔親征〕 전공을 세우려 한 것이다. 이들이 고구려 침략을 위해 요동 지역까지 몸소 왔던 것은 그 때문이었다.

부자연스럽다는 것은 안정성이 없다는 말이다. 쉽게 얻은 재산은 쉽게 잃어버리듯이 쉽게 얻은 권력 또한 쉽게 잃어버리는 법이기 때문이다. 그래서 벼락부자나 벼락 감투를 얻은 사람의 행동에는 안정성이 없는 것이다. 양제를 다그쳤던 것은 보다 많은 것을 이룩해 내야 한다는 강박관념이었다. 빨리 뭔가를 보여 주어야겠다는, 즉 시간과의 쓸데없는 경쟁에 말려든 것이다. 뭔가 빨리 이룩해야 한다는 초조감이다. 그 사람도 요즈음의 우리처럼 '빨리빨리 환자'였던 것이다. 느긋해야 제정신으로 일할 수 있고, 그래야 그가 가진 실력을 제대로 발휘하는 법인데, 논두렁 밭두렁 출신들은 그게 그렇게 어렵다.

벼락부자는 자기과시가 본성처럼 나타나듯이 벼락 출세도 그 점에서는 마찬가지였다. 못난 것을 억지로 잘나 보이게 하려는 것은 이처럼 꼬인 사람들의 심리 상태의 표현에 다름아니다. 자기과시는 과소비로 표출된다. 과소비는 돈을 너무 쉽게 번 데서 기인한다. 불로소득이 없었더라면 과소비 현상은 결코 생기기 않는다.

수 양제묘와 위치도.
강소성 양주 북쪽 교외 뇌당雷塘의 벼논 가운데
잡목 속에 둘러싸인 수 양제의 묘.
생전 그렇게 영화롭던 자취는 사라지고
이제는 찾는 사람마저 거의 없다.
청나라 가경 연간 절강순무 완원이 세운
'수양제릉'이라는 묘비가 이곳에 수 양제가
묻혀 있다는 사실을 알리고 있다.

우리 기억 속에 가장 뚜렷이 남아 있는 양제 시대의 두 가지 사건은 고구려 침략과 대운하 건설이다. 양제가 연속된 실패에도 불구하고 고구려 침략에 집착했던 것은 여러 가지 요인이 있다. 첫째, 벼락출세로 인한 취약한 황제 권력에 정통성을 확보하기 위한 나름의 불가피한 조처였다. 중국을 통일한 수나라 사람들에게는 쉽게 순종하려 들지 않는 고구려를 그 앞에 어떻게 꿇어앉게 하느냐가 관심의 초점이 되었다. 사서에 의하면 고구려가 먼저 수나라 영역으로 쳐들어왔다고 되어 있다. 가만히 있는 대국 수나라를 아무리 혈기왕성하다 해도 소국인 고구려가 먼저 건드릴 리 없다. 따라서 이 전쟁의 발발은 양제가 빌미를 찾아서 정국을 유리하게 전개시키려는 의도가 전혀 작용하지 않았다고 볼 수 없다. 고구려와의 전쟁은 수나라판 '총풍銃風 사건'이었다고나 할까.

둘째, 수나라는 원래 군벌 연합 정권이었다. 즉, 현재 내몽고자치구의 수도 호화호특에서 음산산맥 너머 40여km에 위치해 있는 무천진의 군벌을 토대로 성립된 정권이었다. 그들이 약간의 문인적 소양을 갖추었다 해도 역시 군인들이 세운 왕조였다. 문제도 양제도 역시 군인이었고, 그를 둘러싼 각료들도 대부분 군인이었다. 군인이란 전쟁에 종군하는 것이 직업이고 전쟁이 없으면 출세할 수가 없다. 그래서 늘상 전쟁이 터졌으면 하고 기대한다. 그것이 바로 군인의 속성이다. 그리고 한번 실패하면 '이번에야말로' 하고 벼르며 명예회복을 위하여 한층 더 전쟁 욕구에 사로잡힌다. 단번에 성공을 거두었다면 몰라도, 실패가 거듭될수록 집착은 더욱 심해 가고 마음은 더욱더 조급해진다. 요즈음 사법고시 지원생들의 모습과 흡사하다. 실패했음에도 불구하고 매년 대규모 군대를 파견한 것은 양제의 이런 조급증 때문이었다. 결국 고구려와의 전쟁은 수나라의 망국을 재촉한 한 축이 되었다.

또 하나의 축은 대규모 토목 공사였다. 그것도 또 다른 의미의 과소비였다. 둘 다 인민의 피나는 노력이 강요되는 일이었다. 과도한 노역은 백성에게는 재난처럼 여겨졌다. 양제는 토목 공사에 누구보다 많은 공력을 들였다. 동도東都 낙양의 건설이 그러하고, 장성長城의 재축조가 그러하며, 운하의 건설이 그러했다. 운하는 진시황이 만든 것이 아니라 수 양제가 처음 만든 것이다. 사실 중국에서 하나의 시설이나 제도가 기능을 제대로 발휘하려면 300년은 지나야 한다는 말이 있다. 과거제가 그러했고, 운하가 그러했다. 공교롭게도 두 가지 다 수나라 때 만들어진 것이지만, 그 효과는 당대를 거쳐 송대에 이르러 나타났다. 양제는 특히 운하 건설에 심혈을 기울였던 황제였다. 영제거永濟渠:黃河 北岸~涿郡 · 광통거廣通渠:長安~潼關 · 통제거通濟渠:洛陽 西苑~淮河 · 한구邗溝:일명 山陽瀆, 淮河~長江 · 강남하江南河:京口~余杭로 이루어진 대운하 가운데, 문제 때 완공된 광통거와 한구를 제외하면 나머지는 양제 때605~610 모두 완성되었다. 6년 동안 공사에 동원된 인원만 550만 명, 그 노역의 처참함이야 이루 말할 수 없어 공사 중에 죽거나 도망친 자가 20만 명에 달했다고 한다. 이런 희생 위에 서는 장안, 북은 탁군涿郡, 남은 여항余杭에 이르는 당시 중요 도시가 수로로 연결되었으니 총길이가 1750km였다. 건설 시초부터 의도했는지는 몰라도 운하는 산업용보다 위락용으로 쓰였고, 그것 때문에 그의 업적은 크게 폄하되었다. 당대의 시인 피일휴皮日休는 「변하회고汴河懷古」라는 시에서 다음과 같이 쓰고 있다.

수나라 망한 것이 이 운하 때문이라 할지라도 盡管隋亡爲此河
지금도 천 리나 그 물길 따라 파도를 헤쳐 가고 있으니 至今千里賴通波
만약 수전과 용주와 같은 것이 없었더라면 若無水殿龍舟事
우 임금의 공과 같이 논해도 적고 많고를 따질 수 없으리니 共禹論功不少多

운하를 이용한 그의 지나친 유락이 없었더라면 그에 대한 후세의 평가는 달라졌을지도 모를 일이다. 운하의 개통과 우 임금의 치수와 진시황의 만리장성을 같이 논하는 경우가 많다. 그만큼의 대역사大役事였다. 피 시인의 말처럼 양제의 운하 건설은 우 임금의 공적과 비견될 만한 것이었다. 중국에서 진정한 의미에서 남북의 정치적·경제적 통일은 이 운하의 개통으로 완성되었기 때문이다. 그가 판 운하는 지금도 이용되고 있으니 어떤 면에서 우 임금의 그것보다 후세에 더 큰 이익을 가져다 준 것인지도 모른다. 분에 넘치는 사치는 누구에게나 나쁜 것이지만, 특히 정치인에게 가장 나쁜 것이다. 그래서 몇 년 전 고관 부인의 옷 로비 사건이 그렇게 세간에 문제되었던 것이다. 양제가 만약 황제가 될 때까지 가졌던 인내와 마음가짐을 계속 유지했더라면 그의 운명의 방향은 달라졌을지도 모른다. 그러나 사람은 누구나 그가 태어난 환경을 초월하기는 힘든 법이다.

수 양제는 양주라는 도시를 무척 좋아했던 인물이다. 그는 젊은 날 강남 원정에 공을 세웠고, 그 후 강남의 반란을 진압하기 위해 양주 총관揚州總管으로 강도江都에 부임해 강남 출신 소씨蕭氏를 부인으로 맞는 등 10여 년 동안 강남 문화의 정수를 맛보며 지냈다. 그는 오어吳語 : 강남어를 자유로이 구사할 수 있을 정도로 강남 문화에 익숙하기도 했다. 양주를 당시에는 '강도'라고 불렀다. 지금도 양주 동쪽 교외의 조그마한 지역을 강도현이라 하듯 옛 이름은 여전히 보존되고 있다. 하지만 수나라 때의 영화는 간데없다. 양제 시기의 강도는 실제 수도나 다름이 없었다. 양제는 세 차례나 그곳에 갔고, 수도에 있었던 기간보다 더 오래 머물렀다. 양제의 1차 강도 출행은 대업大業 원년605 8월이었다. 대운하의 1기 공정인 통제거의 완공을 기념하기 위한 행사의 일환이었다. 이 운하를 건설하기 위해 하남 회북의 백성 총 100여만 명이 동원되었다. 이미 완공된 한구를 너비 40보로 다시 확장하고, 운하 길을 따라 '어도'를 건설하고 버드나무를 심었다. 당대 사회 시인 백낙천白樂天의 신악부新樂府 가운데 「수제류隋堤柳」는 당시 이 운하 길과 버드나무에 얽힌 이야기를 들려준다.

대업 연간 수의 양제　大業年中煬天子

흐르는 물을 끼고 버드나무 심어 행렬을 만드니　種柳成行夾流水

서쪽 황하에서 동쪽 회수에 이르기까지　西自黃河東至淮

푸른 그늘이 일천삼백 리나 되도다　綠影一千三百里

…… (중략) ……

강도로의 남행길 방자한 놀이뿐인데　南幸江都恣佚遊

앞으로 필시 이 버드나무에 용주를 매어 둘 것이니　應將此柳繫龍舟

…… (중략) ……

천하 재력은 이때 바닥나고　海內財力此時竭

배에서 들려 오는 노래와 웃음소리 어느 날에 그칠 것인지?　舟中歌笑何日休

…… (중략) ……

후왕이 왜 전왕을 거울 삼아야 하는가?　後王何以鑒前王

수 운하 둑 위에 심어진 망국수를 보면 알 것을!　請看隋堤亡國樹

　　그의 첫 양주 출행은 사치의 극치를 이룬 것이었다. 낙양의 현인궁顯仁宮을 떠나 낙구洛口에서 용선龍船 혹은 龍舟을 타고 운하를 내려가기 시작했다. 용선의 높이 45척에 너비 50척, 길이 200장으로, 최상층에는 정전正殿·내전內殿과 동서조당東西朝堂이 있었고, 중간의 양층에는 방이 120개 있었다. 최하층에는 내시가 거주했다. 그 화려함은 여기서 상론할 필요가 없지만, 1080명이 3개조로 나누어 이 배를 끌었다. 이동식 궁전인 셈이다. 따로 황후가 타는 상리주翔螭舟：뿔 없는 용선가 있었으니 900명이 끌었다. 미인, 수행 관료 등이 탄 배 9척을 포함해 당시 낙구를 출발한 선단은 모두 5191척으로 구성되었다. 그 뱃머리와 꼬리가 맞닿아 이어진 행렬이 200리에 뻗어 있었다고 한다. 강과 육지가 오색찬란한 장막을 이루었고 말을 탄 기병이 양쪽 언덕을 호위해 행진하니 호위하는 병사들의 갑옷이 햇빛에 반사되어 눈부시게 빛났고, 줄 이은 깃발은 하늘을 가렸다고 한다. 지나는 주州·현縣 500리 내에 영을 내려 음식을 헌상하도록 하니 많은 곳은 한 주에 100수레나 되었다고 하며 모두가 산해진미요, 진수성찬이었다. 후궁들이 실컷 먹어도 남아돌아 떠날 때는 모두 땅에 묻고 떠났다고 한다. 고대 조선사상·해운사상 전대미문의 대파노라마였다.

배만 화려했던 것이 아니다. 용주를 끄는 사람殿脚이라 한다에게는 금채의포金彩衣袍를 입혔다. 채의彩衣를 입힌 자가 9000여 명, 배를 끄는 자를 합치면 8만 명이었다. 양제의 용선과 후비가 탄 배는 오월吳越 지구에서 선발한 미모의 전각녀殿脚女를 썼다. 8월 낙구를 출발한 선단은 10월 강도에 도착했다.

이듬해 정월 동도 낙양이 완공되었다는 우문개宇文愷의 연락을 받고 양제는 가보고 싶은 생각이 났다. 3월 강도를 떠나 4월에 낙양으로 돌아갔다. 그 후 대업 3년 양제는 친히 50만 군대와 군마 1만 필을 거느리고 장성 이북 지역을 순행하였다. 이때 거대한 이동식 궁정인 관풍행전觀風行殿과 둘레가 4km나 되는 조립식 성인 육합성六合城을 만들었다. 수나라의 국력과 부를 과시하기 위한 허세부리기였다. 졸부의 과소비를 연상시킨다. 이런 허세는 백성을 도탄에 빠지게 했다. 대업 8년612 1차 고구려 침략이 실패한 데 이어, 9년 2차 침략 중 반란으로 군대를 철수시킴으로써 이 전쟁은 사실상 중지되었다. 공교롭게도 양제가 황태자가 되는 데 명참모 역할을 한 양소의 아들 양현감楊玄感이 제일 먼저 양제에게 반기를 들었다. 그것도 양제가 고구려 친정길에 나가 싸우고 있던 배후에서 반란을 일으켰으니 말이다. 오늘의 참모가 내일은 자기의 목숨을 노리는 것이 권력의 속성이다.

　권력만큼 좋은 것도 없고, 또 그 세계만큼 비정한 것도 없다. 수나라 문제 양견은 그의 외손자를 사지로 몰아넣고 권력을 장악했다. 권력을 너무 쉽게 얻었기 때문에 또 너무 쉽게 잃을 것을 염려한 양견은 황실 우문씨 자손을 거의 멸문시켜 버렸다. 양씨가 권력을 빼앗고 그 족속을 멸족시켰던 우문이라는 성을 가진 자가 다시 그를 죽인 것은 역사의 아이러니다. 양제의 죽음을 지하에서 지켜본 그 아비 문제 양견이 그때 우문씨 모두를 완전히 청소하지 못한 것을 후회했는지 어쨌는지는 알 길이 없지만, 양제의 가장 가까운 신하였고 두 차례나 고구려 원정의 총사령관을 맡겼던 우문술宇文述의 큰아들인 우문화급이 양제의 목숨을 요구한 장본인이었던 것이다. 그는 양제를 호위하는 친위군인 우둔위右屯衛의 장군이었고, 그의 동생 사급士及은 바로 양제의 딸 남양공주南陽公主의 남편으로 부마였던 것이다. 하늘은 양제를 죽이고 그 자손마저 죽이는 일을 하필 우문씨우문화급이 북주의 황실과 同姓이나 同宗은 아니다의 손을 빌려서 치르게 하였으니 이것은 "하늘이 되돌려주기를 좋아한[天道好還] 결과였다"는 청대 학자 조익趙翼의 지적이 실감난다.

　양제는 고구려 침략 전쟁에 골몰하다가 회군 후에는 장안이나 낙양으로 돌아가기보다 양주로 가 머물렀다. 양주가 좋아서 그곳에 머물렀지만, 그를 근위하는 병사[驍果衛의 兵]들은 그렇지 못했다. 그들은 대부분 장안 부근 사람들이었다. 그들 눈에는 양제가 양주의 기후나 풍물에 빠져 그대로

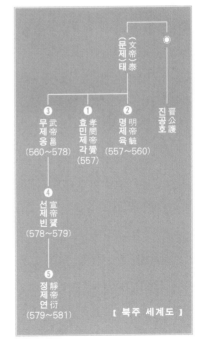

【 북주 세계도 】

晉公護 진공호

（文帝） （문제）太 태

❸ 武帝邕 무제옹 (560~578)
❶ 孝閔帝覺 효민제각 (557)
❷ 明帝毓 명제육 (557~560)

❹ 宣帝贇 선제빈 (578~579)

❺ 靜帝衍 정제연 (579~581)

'수양제릉'이라는 표지판 앞에 선 필자. 그곳 주민 한 사람은 외국인이 왜 이런 곳까지 와서 사진을 찍는 등 법석을 떠는지 의아해 바라보고 있다.

영구히 이곳에 머물 것처럼 보였다. 이미 전국은 반란의 소용돌이 속에 빠져들고 있었다. 당 고조 이연이 장안을 점령했다는 소식을 접한 군인들은 동요하기 시작했다. 그들은 가족이나 친척들의 안부가 몹시 걱정되었다. 강도에서의 양제의 생활은 이렇게 불안의 연속이었다. 궁중 100여 개의 방에 미녀를 집어넣고 매일 밤 한 방씩 골라 찾아가는 향락에 빠졌지만, 그에게 다가오는 죽음의 그림자를 지울 수는 없었다. 매일 점쟁이를 불러 하루의 운명을 점치게 하고 술로 고통을 달래고 있었다.

양제는 결국 근위병의 병변兵變: 쿠데타에 의해 최후를 맞게 된다. 양제는 죽음 직전에도 자기가 지은 죄가 무엇인지를 잘 몰랐다. 그동안 부귀영화를 같이 나눈 자들에게 죽음을 강요당해야 하는 처지를 그는 도저히 받아들이기 힘들었던 것 같다. 한때 그의 부하였던 마문거馬文擧가 그에게 염주알을 세듯 그의 죄상을 늘어놓았다. 각지로의 무분별한 순행과 대토목 공사로 인한 노역, 연속적인 대외 전쟁으로 인한 백성의 사상死傷과 이산, 그리고 간신奸臣을 가까이 하고 올바르고 쓴 소리하는 간신諫臣을 멀리한 죄상 등이 그것이다. 양제는 머리를 떨구며 "백성들에게는 진실로 미안하다. 그러나 너희들은 이제까지 부귀영화를 같이 누리지 않았던가?"라고 책망하는 일을 잊지 않았다. 그는 이승만 대통령처럼 백성이 국가의 주인이라는 불변의 진리는 알았으나 신하에게 망국의 탓을 돌리는 것을 보니, 무한 권력을 휘두른 자는 무한 책임도 져야 한다는 단순한 원리마저 모르고 있었던 것이다.

그를 위해 울어 주던 사람은 그가 만년에 가장 아끼던 열두 살의 어린 아들 양고楊杲뿐이었다. 배거통裵虔通이 한 칼에 그 아들의 목을 치자, 선혈이 양제의 옷을 붉게 적셨다. 조금 전까지 그를 호위했던 근위병들이 고성을 지르며 그의 명을 재촉했다. 이어 근위병 하나가 그에게 자결할 칼을 건네자, 양제는 그동안 앉았던 가자榘子에 올라 황제로서 마지막 명을 내렸다. "제후의 피가 땅에 스며들어도 한발이 생긴다고 하는데, 하물며 천자의 것이랴!"며 짐주酖酒 : 짐조의 독이 든 술를 가져오게 한 것이다. 그러나 그를 고통 없이 죽게 해서는 안 된다는 옛 부하들의 결정에 따라 그의 마지막 소원마저 거절당했다. 그는 이제 마음대로 죽을 수 있는 촌부의 재량권마저 갖지 못한 일개 피체형자의 처지로 내몰린 것이다. 권력자가 권좌에서 물러나면 일개 초동보다 못하다는 것은 이를 두고 한 말인가 보다.

그가 죽은 것은 대업 14년618 3월 11일의 일이었다. 즉위 후 14년 만으로 한창 일할 나이인 50세 때였다. 이 사건을 일컬어 역사서에는 '강도지변江都之變'이라 한다. 외정外征과 순유巡遊로 양제가 서울 대흥성大興城 : 장안에 체류했던 기간은 1년도 채 되지 않았다. 그는 그토

수 양제릉 앞에 있는 수양제 스낵점. 점심때인데도 찾는 사람이 아무도 없다.

록 시간에 쫓기며 일생을 분주하게 살았다. 누구를 위해, 무엇을 얻기 위해서……. 그도 요즈음의 정객들처럼 국가와 백성을 위한다고 입만 열면 뇌까렸지만, 그가 진정으로 추구한 것이 무엇이었는지 나는 지금도 모른다. 양제가 죽었을 때 그를 지켜 준 사람은 그 많던 궁녀도, 그를 따르던 시신侍臣도 아니었다. 양제는 일찍이 죽음을 예상하고 짐주를 준비하여 두 총희에게 맡겨 두었다. 그는 그들에게 "적이 오거든 너희들이 먼저 이 술을 마시거라. 이어 짐도 마시겠노라"고 했다. 사람이 저승사자를 따라 저승으로 가는 길에는 혼자뿐이라지만, 그는 혼자 죽기가 그렇게 싫었던 모양이다. 삼천궁녀는 백제 의자왕의 죽음 앞에 낙화암 아래로 몸을 던졌다는데, 양제가 아끼던 총희들은 반란 병사들이 궁정으로 몰려들자 자기 목숨만이라도 건지기 위해 줄행랑

수양제 이발관. 수양제 스낵점을 마주한 곳에 수양제 이발관이 있다. 이발관 안에는 주인도 손님도 없었다.

을 처버렸다. 그의 죽음을 끝까지 지켜본 자는 그의 갖은 비행에도 35
년간 정비로서 그의 곁을 묵묵히 지켰던 수나라판 조강지처(?) 소황
후蕭皇后뿐이었다. 그래서 "조강지처는 내쫓지 말아야 한다[糟糠之妻不下
堂]"는 말이 생겼나 보다. 그녀는 그의 시신 앞에 눈물을 훔치면서 남
편의 마지막 뒤치다꺼리를 맡았다. 몇 명의 궁녀에게 나무를 쪼개 몇
조각의 판자를 만들도록 한 다음 못을 몇 개 쳐 허름한 관[薄棺]을 하나
준비한 것이다. 그녀는 그 속에 양제와 만년에 가장 총애했던 어린 아
들 고의 시체를 같이 넣어 빈장殯葬했다고 전해진다. 물론 양제의 이런
비참한 죽음과 수 왕조의 멸망에 대해 절의를 지킨 사람이 없는 것은
아니지만, 그 뜻이 진정 양제를 위한 것이었는가는 고찰의 대상이다.
    당 고조 이연은 강남을 평정하고서 그의 이종사촌인 양제를 오공

대吳公臺 동쪽 뇌당雷塘: 현재 양주시 서북 약 3km 지점의 邗江槐泗鄉에 황제의 예를 갖추어 이장했다고 한다. 소황후는 우문화급을 따라 북상하다가 화급이 전쟁에 패하자 다시 반란 집단 두건덕竇建德 진영에 들어가는 운명이 되었다. 돌궐 처라가한處羅可汗이 그 사실을 알고 사람을 보내 영입해 갔다. 하늘이 양씨의 제사만이라도 지내 주도록 유일하게 남겨 둔 혈손[秦王 俊의 子, 文帝의 孫] 호浩도 소황후와 함께 돌궐에 머물다가 당나라 초에 장안으로 돌아왔다고 전하나, 그가 성묘차 한 번이라도 양제 묘를 찾았는지 확인할 길이 없다. 황후로서의 영화와 망국·망부의 아픔을 맛보면서 파란만장한 일생을 보낸 소황후는 당 태종 정관 22년648에 사망한 후 양제와 합장되었다고 한다.

양주 북동쪽 교외에 '수 양제의 능'이라고 일컬어지는 무덤이 있다. 청나라 말 이곳의 지방 장관으로 부임한 저명한 학자인 완원阮元이 당시까지 양제의 무덤이라 전해지던 곳에 묘비를 세워 그가 누운 장소임을 알리고 있을 뿐이다. "수양제릉─대청 가경 12년1807 본향 전절강순무 완원이 돌을 세우고, 양주부 지부 정주 이병수가 쓰다[隋煬帝陵─大淸嘉慶十二年在藉前浙江巡撫阮元建石 揚州府知府汀州伊秉綬額]"라는 묘비는 세워져 있으나 그 묘 안에 누워 있는 주인이 실제 양제인지는 누구도 확언할 수 없다. 역사서에 그렇게 크게 다루어지고 있는 양제의 능묘치고는 너무도 초라하다. 봉분에는 잔디보다 쑥이 더 무성하다. 그 묘는 세인들의 주목을 전혀 받지 못하고 있었다. 안내를 맡았던 양주박물관 직원도 세 차례나 차를 세우고 물어서야 그 장소를 겨우 찾아낼 수 있었다. 수 양제 묘를 찾는 사람은 그렇게도 없는 모양이다. 당 태종의 묘가 그렇게 당당한 것과 달리, 망국의 황제 양제의 묘는 그렇게 버려져 있었다. 수 양제는 전혀 돈이 되지 않는 인물이었다. 조그마한 유적이라도 울타리를 치고 문을 세우고 돈을 징수하는 돈맛 알기로 유명한 중국인들마저 양제 가지고는 전혀 수지타산이 맞지 않는다고 생각한 모양이다. 그 묘 앞의 웅덩이에 몸을 반쯤 담근 채 연방 하품만 해대는 물소 한 마리가 이국에서 온 몇 명의 손님을 대하고 있었다.

웅덩이 앞의 흙길 도로를 사이에 두고 두 점포가 마주하고 있다. 이름하여 '수양제 스낵[隋煬小吃部]'과 '수양제 이발관[隋煬理髮店]'이다. 주인도 손님도 없는 두 점포의 처마에 걸려 있는 간판만이 한낮의 햇살에 바래고 있다. 창문을 통해 안을 들여다보았더니 거미줄이 여기저기 쳐져 있다. 아마도 죽은 수 양제의 영혼이 간혹 와서 이발하고 요기하는 점포이리라. 이런 곳을 보기 위해 우리 저명한 학자들 몇 명씩이나 이곳 양주까지 우겨 데려온 내가 정말 머쓱했다. 중국인들은 나보다는 훨씬 현명했던 것 같다. 이 시대 역사를 공부하고 양제에 대해서 논문 한 편을 발표한 나보다 역사적 현실에 접근하는 태도가 분명나아 보였기 때문이다. 그러나 그 묘주가 양제인지 아닌지가 그리 중요한가. 그 묘주가 양제냐 아니냐의 여부는 고고학자의 몫이지 나의것이 아니다. 역사란 원래 의미 부여를 주로 하는 학문 분야이기 때문이다. 그러나 양제의 묘를 찾기 위해 두 번이나 이 먼 이국 양주 땅을찾았던 내가 얻었던 것은 과연 무엇일까? 장사 안 되는 양제 관계 논문은 이제 그만 써야 되겠다는 결론을 얻은 것이 소득이라면 소득이랄까?

九 세계 제국의 심장 장안과 낙양의 빛과 그늘

연안

황

분

감숙성

닉

임분

하

후마

수

경

하

산서성

한성

운성

삼문협

보계

함양 서안

위남

동관

낙수

낙양

위

수

낙

섬서성

하남성

● 수당의 양도兩都 위치도

장안의 봄은 길지 않았다

장안 그리고 낙양, 우리에게 너무도 익숙한 이름이다. 중국에 대해 전혀 문외한인 사람이라도 이들 고도古都의 이름만은 모르는 사람이 없을 정도다. 그것들은 모두 한때 세계 제국의 화려한 서울이었다. 세계 각처의 사람들이 차이니즈 드림(Chinese Dream)을 안고 찾아갔던 곳이었다. 실크로드의 상인뿐만 아니라 고구려나 백제의 유민遺民들도, 신라의 유학생들도, 구법승求法僧들도 이곳으로 모여들었다. 그곳에 가면 조국에서 못 이룬 꿈을 마음껏 펼칠 수 있다고 믿었기 때문이었다.

장안성長安城이나 낙양성洛陽城은 외면적으로 보면 매우 자유분방하고 질서정연한 도시로 보인다. 그러나 그 질서 속에는 숨막히는 속박과 통제의 사슬이 둘러쳐져 있었다. 중국이란 나라는 주변 민족들을 그 속에 집어삼켜 버리는 거대한 공룡이다. 삼킨 후에는 다시 내놓는 법이 없는 욕심쟁이 나라다. 대량의 이민족이 유입되고 또 이국인들이 몰려들기 시작한 시기가 바로 위진남북조~수·당 시대였다. 그들을 질서 잡고 통제하기 위해 도시 구조를 그에 맞추었다. 그것이 질서정연한 장안과 낙양의 바둑판형[碁盤型] 도시 구조가 출현한 동기다. 황제는 자기 신변을 보호하기에 가장 유리한 지역인 도성 후편으로 거처를 옮기고 그 후방에 광활한 금원禁苑을 마련하여 그를 보위하는 금위병禁衛兵을 상주시켰다. 금원은 통상의 놀이터인 원유苑囿가 아니라 연병장이었다. 그리고 도시는 감옥과 다름없는 1백여 개의 방坊을 만들어 인민들을 가축처럼 그 속에 가두었다. 방의 벽[坊牆]은 성벽과 다름없이 높았고, 인민들은 황제가 치는 북소리에 따라 일상생활을 영위했다. 그것을 어기면 거의 반죽음에 가까운 엄벌이 가해졌다.

화려한 '장안의 봄'을 노래한 시인들이 많다. 장안에 모란꽃이 피면 온 도시가 인파로 출렁거렸다. 그러나 그 자유라는 것도 황제의 기획 하에 펼쳐진 일종의 페스티벌이었을 뿐이다. 이렇게 자유와 속박이 교묘하게 모자이크된 수도 장안과 낙양! 이 화려한 세계 제국의 서울이 갖는 진실을 새기면서 그곳으로의 여행을 떠나 봄이 어떨지?

나는 두메산골에서 태어난 촌놈이다. 버스를 처음 타본 것이 초
등학교 4학년 때였고, 기차를 처음 본 것은 고등학교 입학 시
험을 치르기 위해 진주晉州로 나왔을 때였다. 내가 가지고 있는 최초의
사진은 초등학교 졸업 때 찍은 단체 기념 사진이다. 서울에 처음 온 것
은 대학 시험을 치르기 위해서였다. 외국에 처음 나간 것은 마흔다섯
살 때였다. 초등학교 때부터 어학 연수를 위해 외국에 번질나게 드나
들고 있는 요즈음 애들은 필경 나를 박물관에나 보내 보관해 두어야
할 골동품 정도로 생각할지도 모르겠지만, 내가 지내 온 인생은 에누
리 없이 그랬다. 모르긴 해도 우리 또래의 사람들 가운데 나와 같은 이
력을 가진 사람도 더러 있을 것이라고 생각한다. 촌놈인 내가 도시에
와서 문화 충격을 가장 크게 받았던 시기는 대한민국 '수도首都' 서울
에 처음 왔을 때였다. 관문인 서울역에 도착하여 역사를 막 빠져 나왔
을 때, 앞 건물 위에서는 거대한 '아이디얼 미싱'의 발간 네온사인이
끊임없이 바느질하고 있었다. 나는 한동안 넋을 잃고 바라보고만 있
었다. 당시 그 네온사인이 준 충격을 아직도 잊지 못하고 있다. 수도
서울의 문물들은 하나같이 신기하기만 했다. 그것들은 나의 얼을 빼
놓기 십상이었다. 나는 그 충격에서 벗어나지 못했기 때문인지 대학
시험에서 낙방하고 말았다. 그러나 도시는 나로 하여금 정다운 고향
마을을 떠나 30여 년간을 머물게 하고 있다. 일주일의 짧은 기간이었
지만 첫 서울 나들이 이후 나의 어투에 강한 서울색을 띠게 되었다는
시골 친구들의 판잔을 들어야만 했다. 서울은 사람들을 끌어들이는
강한 흡인력이 있는 것이다.

중국 중세의 서울 장안과 낙양은 더없이 화려했다. 수도의 별칭
으로 되어 버린 '장안', 김세레나의 '성주풀이'에도 나오는 '낙양', 중
국사를 공부하지 않은 사람에게도 너무나 익숙한 이름이다. 그래서
장안과 낙양은 동양인에게 영원한 서울의 대명사인 것이다. 나는 항

괴성루魁星樓의 모습. 서안성 남문 동쪽에 있다.
그 웅장한 모습이 대당 제국의 성벽을 연상시키지만, 실은 명대에 만들어진 것들이다.

상 설레는 마음으로 이곳들을 찾곤 한다. 옛 영화는 사라지고 궁전터에는 무성한 잡초만이 반길 뿐이지만, "썩어도 준치"라고 그곳에 가면 잡초 더미가 서울역 앞의 네온사인처럼 아직도 나를 얼빠지게 한다. 그들과의 만남은 나에게는 모두 소중한 것들이다. 돌아올 때는 몇 가지 지식도 얻어 오게 된다. 나는 낙양과 장안의 도성 구조에 관해 몇 편의 글을 쓴 적이 있다. 촌놈이 도시를 분석한 때문인지 뒤끝이 항상 개운하지 않고 불만족스럽다.

도시를 어떻게 규정할 것인가, 그리고 도시가 언제부터 이 지구상에 나타나게 되었는가의 문제는 논자에 따라 다르다. 도시의 출현은 국가의 출현과 상관 관계를 가진다는 것이 일반적인 견해다. 사람들이 모여 사는 마을을 고상한 말로 '취락聚落'이라고 한다. 이 취락을 크게 두 가지로 분류하면 농촌과 도시가 될 것이다. 도시란 주변에 비해 상대적으로 많은 인구수와 높은 인구밀도를 갖는 대취락을 말하지만, 그렇다고 단순한 인구의 집주지를 의미하는 것은 아니다. 즉, 인구수만을 가지고 도시와 비도시를 구분하는 것은 무의미하다는 이야기다. 농촌의 상대적 개념을 도시라고 한다면 도시의 특징을 농촌과 비교하여 규정할 수 있을 것이다. ①도시 구획상으로 볼 때 성장城墻을 중요 경계로 하고, ②경제적으로 볼 때 상공업이 주체이며, ③사회적으로 볼 때 사士·공工·상商이 주민의 주 구성원이 되는 취락을 대체로 도시라 규정할 수 있을 것이다.

인류의 역사 가운데 출현한 도시란 당시 사람들의 사회질서의 극적인 표현이라고 한다. 사회 질서란 현실적 사회 질서인 동시에 이념적 사회 질서이기도 하다. 여기서 이념적 사회 질서란 우주와 그 우주에서의 자기 위치에 대한 당시인의 견해인 동시에 가치 체계다. 도시를 건설할 때는 실제 생활을 만족시키는 것에 그치지 않고 당시의 제국 질서와 가치 체계를 표현하게 마련이다. 물론 도시가 형성되기 위해서는 물이나 식물이 충분히 공급되는가, 그 장소가 적을 방어하기에 유리한가, 교통이 편리한가, 수공업이라든가 상업 거래의 중심 지역에 위치하는가 등 현실적인 문제가 고려된다. 아울러 그 도시의 건설자나 설계자의 독특한 사상과 연결되는 수도 있다. 예컨대 그 장소가 역사상 어떠했는가, 전설상 그곳이 길지吉地인가, 아니면 내란이나 폭동 등 흉사가 다발하는 지역인가 등이다. 한 도시의 탄생과 건설 과정에는 기능function과 상징성symbolism이 다같이 배려되었던 것이다.

동·서양에 따라 도시의 발달 과정이 다르고, 그에 대한 정의도 각각이다. 같은 동양이라 하더라도 시대에 따라 다르다. 1953년 중국 대륙의 인구 조사 과정에서는 상주 인구 2000명 이상, 비농업 인구 50% 이상, 인구밀도 1ha당 40명 이상의 취락을 도시라고 규정한 바 있다. 이런 공식을 선진先秦 시대에 적용해서는 곤란하다. 선진 시대는 도시에 살고 있는 70~80%가 농업 인구였기 때문이다. 그리고 상주 인구라는 것도 유동이 심한 당시에는 적용하기 힘든 것이다.

사실 인류 역사는 도시화의 방향으로 전개되어 왔다고 해도 과언이 아니다. 지구상에 도시가 출현한 후, 도시화 경향은 처음에는 완만한 발전을 보이다가 오늘날에 와서는 그 경향이 날로 빨라지고 있다. 20세기 초 도시 인구는 세계 인구의 14%에 불과한 데 비해, 1990년 대에는 42%로 늘어났고, 21세기에는 60%에 달할 것이라는 전망이다. 그래서 모든 사람들은 자기 고향을 버리고 도시로 도시로 향하고 있는 것이다. 도시란 문명 발달의 하나의 표지다. 따라서 문명은 도시화와 비례한다고 말한다. 그러나 도시란 활활 타고 있는 화염과 같은 것이다. 사람들은 부나비처럼 그 불덩이 속으로 무조건 몰려든다. 그 속에서 몸을 망치고 말 때까지 도시란 유령에 의해 많은 사람들은 정신을 빼앗긴 채 살아가고 있다.

중국에서 '도시'란 '상인들이 모이는 장소[市場]'라는 본래 뜻을 가지므로 『漢書』 食貨志에 "商賈……日游都市" 지금도 도시 대신 '성시城市'라는 용어를 사용한다. 이것은 행정 구획 단위의 치소治所인 성군城郡과 경제적 요인으로 발달한 시진市鎭이 병칭된 용어다. 도시란 당초 방어 시설인 '성곽'과 상업 시설인 '시장'이 필수적이란 말이다. 특히 고대 도시는 방어와 보호를 위해 흥건된 것이기 때문에 도시와 성곽은 불가분의 관계에 있었다. 그러나 도시와 시장의 관련성은 고대로 올라 가면 갈수록 옅어진다. 시장이란 잉여 농업 생산물의 집적지라고 할 수 있는데, 최근의 연구 성과에 의하면 최초의 도시적 취락은 아직 잉여 농업 생산물이 있었다고 볼 수 없는 약 1만 년 전의 신석기 시대까지 거슬러 올라가는 견해가 정착되고 있기 때문이다. 또 중국에서 성을 쌓는 행위〔築城〕는 신석기 시대 용산문화龍山文化 말기부터 나타나 청동기 시대인 은殷 왕조에 걸쳐 발달의 길로 나아간 것으로 정리되고 있다. 따라서 고대에서 도시라고 불릴 수 있는 가장 기초적인 조건은 시장보다는 오히려 성곽에다 신전神殿·궁전宮殿·상업구〔商工區〕·거주구居住區 등의 가구街區에 질서와 계획성이 있어야 한다는 것이다. 그럼에도 불구하고 도시가 도시답게 되려면 그 이름대로 성곽과 시장이라는 두 가지가 갖추어져야 할 것임은 분명하다.

그러나 시대가 흐름에 따라 가장 기본이 되었던 성곽보다는 시장이 더 도시의 제1요소로 등장했다. 중국에서 도시 발달의 중요한 두 가지 단계가 있다면 첫째가 춘추·전국 시대이고, 둘째가 당·송 시대라고 할 수 있다. 춘추·전국 시대는 잘 알다시피 수많은 도시가 출현하여 후세 도시의 원형을 이루었던 시기였다. 당·송대에 들어서는 고대 도시의 양적 발전 외에 순수한 경제형 도시가 출현했다. 송대 이전에는 성곽이 도시의 중요한 상징이었다면, 송대 이후에는 인구와 상업 활동이 성곽을 초과하여 밖으로 나가면서, 성곽이 도시와 향촌을 나누는 분계선 역할을 하는 것 자체가 무의미해진 것이다.

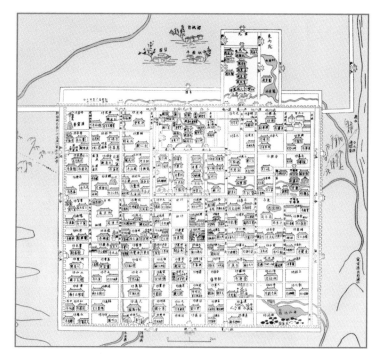

당 장안성 복원도. 장안성은 108개의 방으로 된 '함옥 도시'였다.
장안성은 겉으로는 개방적이지만 저녁때만 되면 모든 주민이 가축 우리와 같은 '방' 속에 들어와야 하는 극히 폐쇄적인 공간이기도 했다.

수많은 도시 가운데 가장 중요한 도시는 역시 수도다. 수도를 도
성都城, 혹은 도읍都邑이라는 용어로 부르기도 한다. 읍이란 원래 사람
들이 모이는 고을을 의미했고[邑, 人聚會之稱也]『釋名』釋州國, 도란 읍 가운
데 종묘와 선군先君의 사당이 있는 고을을 의미했다. 읍에 쌓은 성벽을
'축築'이라 하고, 도에 쌓은 성을 '성城'이라 했다[凡邑有宗廟先君之主曰都,
無曰邑, 邑曰築 都曰城,『左傳』莊公 28年條 ; 有先君之舊宗廟曰都,『說文』'都'. 다시
말하면 도읍이란 천자의 상거常居가 있는 취락을 말하는 것이다[天子治
居之城曰都 舊都曰邑,『華嚴經音義下』. 순 임금이 1년을 거주하자 취락을 이
루었고, 2년을 거주하자 읍을 이루었으며, 3년을 거주하자 도읍을 이

북위 낙양성 복원도. 모든 성곽 안이 바둑판(석쇠)형으로 구획되어 있으며, 궁성은 성안 후면으로 밀려 있다.

루었다 "舜一年而所居成聚 二年成邑 三年成都", 『史記』 五帝紀는 기록처럼 예로부터 취락에는 그 단계가 분명했으며, 정치권력의 핵심인 천자가 있는 곳에 인구가 집중하게 되고 마침내 도성이 되는 것이었다.

　북위 시대 찬술된 『수경주水經注』에 기재된 성읍은 대략 3000개인데, 그 가운데 반 가까이가 현성縣城 이하의 취락으로 소위 '성시도시'에 포함시킬 수는 없다. 따라서 고도古都라고 할 수 있는 것은 180개 정도다. 북위 이후 수나라에서 청나라까지 새로 '설현건성設縣建城'된 곳은 500여 개다. 따라서 중국 역사상 나타난 성시의 총수는 대략 1000～1500개 정도로 추산하고 있다.

중국 고대 성시 중 인구가 100만 명이 넘는 곳은 남조南朝의 건강建康, 당대의 장안과 낙양, 송대의 개봉開封과 임안臨安：杭州, 명나라 초의 남경, 청대의 북경 정도였다고 일컬어지지만, 송대의 개봉과 청대의 북경 정도가 확실하게 100만 명 이상의 인구를 가진 도시였다고 할수 있다. 중국의 도성은 200개 정도인데, 그 가운데 140개 가량은 춘추 시기 제후국諸侯國의 도성으로 규모가 적은 편이었다. 이밖에 50여곳은 통일 왕조의 배도陪都 혹은 부도副都였거나 분열 왕조의 수도였다. 따라서 전국적인 고도는 그리 많지 않다. 1930년대 이후 중국에서는 소위 '전국성全國性'적인 고도로 서안·낙양·개봉·항주·남경·북경 등 여섯 곳을 지정했다. 그러던 것이 1988년 8월에 열린 중국고도학회中國古都學會에서 은허殷墟 안양安陽이 7대 고도의 하나로 인정되었고, 1993년 8월에는 정주鄭州를 '8대 고도'로 하자는 의견이 제시되기도 했다. '6대 고도', '7대 고도', '8대 고도'로 늘어나는 것은 역시 로비의 결과다. 이런 사정을 종합해 보면 통일 왕조의 수도는 전기에는 서안~낙양~개봉으로 이어지는 동서로 하나의 축이 형성되었으나, 후기에 들어서는 항주~남경~북경으로 이어지는 남북의 축이 형성되었다고 할 수 있다.

국도國都, 즉 수도는 그 나라의 정치와 문화의 특징을 나타내는 상징이며[都邑者 政治與文化之標徵也] 그 나라의 정치와 문물은 모두 도읍에서 나오는 것이므로[政治文物所自出之都邑] 그것을 어디에 두느냐 하는 문제는 항상 초미의 관심사가 될 수밖에 없었다. 따라서 그 문제를 두고 항상 쟁론이 일어났다. 첫째, 식량과 물의 충분한 공급, 방어상의 문제, 타지역과의 교통 문제, 상공업 중심지의 존재 등이 고려되는 것은 당연한 것이다. 둘째, 당시 사람들의 문화와도 관계가 있다. 문화란 역사와 신앙, 그리고 우주관과도 연결되는 것이다. 그 지역이 행운의 땅인가, 아니면 죽음과 폭력이 지나간 불운의 땅인가 등이 고려의 대

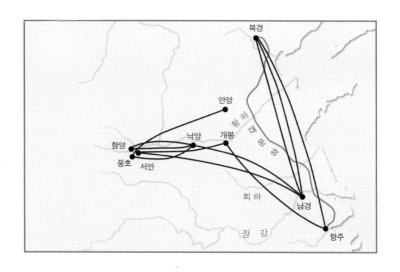

7대 고도 변천도. 중국 역대 왕조의 수도는 서쪽에서 동쪽으로 동진 운동을 하다가 후기가 되면
남쪽에서 북쪽으로 북진 운동을 한다. 그러나 강남 지방에 통일 왕조가 두어진 것은 아주 짧은 시기에 한정되었다.

상이 되는 것이다. 그래서 자주 풍수風水와 점복占卜이 행해지고, 이와
관련하여 태양과 별자리들이 관찰되기도 한다. 이것은 중국만의 현상
이 아니라 그리스·로마에서도 마찬가지였다. 특히 그전까지 기록된
역사와 전례들이 국도 선택 과정에 큰 영향력을 미쳤다. 예컨대 수나
라가 장안에 국도를 정하게 된 것은 장안이 그 이전 2000년 동안 이곳
에서 성공을 거두었다는 역사적 사실이 크게 작용했던 것이다.

　　또한 국도의 위치 변동에 따라 정치와 문화상에 혁명적인 변화가
수반되기도 하였다. 민국民國 시대에 활약한 유명한 역사학자 왕국유
王國維는 일찍이 「은주제도론殷周制度論」이라는 글에서 은나라와 서주
사이에 혁명에 가까운 변화가 일어났으며, 그 원인은 상고 이래 동방
에 있던 수도를 서주 시대 들어 서방으로 옮긴 때문이라는 유명한 이
론을 제시한 바 있다. 즉, 수도 정책과 사회 성격의 연관성을 강조한

것이다.

중국 고대에서 국도 선택 문제에 관한 가장 유력한 이론을 최초로 제시한 책은 『관자管子』가 아닌가 한다. 『관자』의 가장 중요한 내용은 국도는 "한편으로 치우치지 않는 땅[不傾之地]"에 두어져야 한다는 것이었다. 그래야만 사직社稷이 장존長存할 수 있다고 본 것이다. 『여씨춘추呂氏春秋』에서는 국도와 궁전·종묘의 선지選址에 이르기까지 '거중居中'의 원칙을 제시하였다. "옛 왕자들은 천하의 가운데를 택하여 나라를 세우고, 나라의 가운데를 택하여 궁전을 짓고, 궁전 한가운데에 종묘를 세운다[古之王者 擇天下之中而立國 擇國之中而宮 擇宮之中而立廟]"가 그것이다.

중국의 고도 가운데 삼하三河 : 河南·河內·河東 지역의 중심에 위치한 낙양이 바로 '천자거중天子居中'의 원칙에 가장 맞는 장소로서 지칭되어 왔다. 오랫동안 강역疆域 중간에 위치했다는 점 때문이었다. 그러나 낙양은 오랫동안 지방으로부터 세금이나 공물을 수취하는 소위 '공도貢道'의 중심에 위치해 있기 때문에 얻어지는 경제적인 이점 외에는 낙양 자체의 지정학적 위치나 조건면에서 국도로서 그렇게 유리한 것만은 아니었다. 사실 중국 고대의 수도 선지 과정에서 가장 크게 작용했던 '방어'라는 조건만을 가지고 본다면 낙양은 치명적인 약점을 가지고 있다. 낙양에 비해 비교적 해발이 높은 장안이 중심을 이루는 관중 지역에 적대 세력이 발생하면 낙양은 풍전등화의 위험에 빠지게 되어 있다. 그럼에도 불구하고 낙양이 항상 유력한 수도 입지로 거론된 것은 중국인의 '중'에 대한 집착 때문이다. 그들이 사는 곳의 명칭이 '중국中國'이고, 그들이 수많은 민족을 거느리며 세계의 중심에 위치하고 있다는 중화사상中華思想이 낙양에 집착하도록 만든 요인이기도 했다. 지난 2001년 겨울 하남성 허창許昌을 방문했을 때, 시청 앞에 걸려 있는 플래카드가 이 중국인의 '중'의 문제와 관련하여 재미 있는 표현을 담고 있었다. "세계의 중심은 중국, 중국의 중심은 하남성, 하남성의 중심은 허창"이라 쓰여 있었던 것이다. 만약 근대의 세계사가 서세동점西勢東漸이 아니라 동세서점東勢西漸으로 그 국면이 전개되었더라면 지구를 나누는 기점인 그리니치 천문대 대신 낙양 근방의 어느 천문대가 기준점이 되었을 것이다.

그럼에도 불구하고 서주 시대에 중국의 수도가 관중으로 옮겨진 후 오랫동안 중국의 수도는 장안에 위치했다. 사실 장안이 중요한 것이 아니라 관중이 중요했다. 관중은 관우關右 혹은 관서關西로도 불리지만, 일명 사새四塞라고도 지칭된다. 관중은 동쪽의 함곡관函谷關, 남쪽의 무관武關, 서쪽의 산관散關, 북쪽의 소관蕭關으로 둘러싸인 천혜의 요새로서 공수攻守에 모두 유리한 지형이다. 이 분지는 그 자체로 거대한 경제력을 옹유하고 있다. 한대漢代에 관중은 전국 인구의 거의 10분의 3이, 재부財富의 10분의 6이 집결되어 있었다. 지방이 모두 반란에 휩싸였을 때 관중 한 곳만 지키기만 해도 언젠가는 이곳의 힘을 이용해 사방을 다시 제압할 수 있다는 계산이 섰던 것이다. 뿐만 아니라 남쪽으로 풍요한 한중漢中과 파촉巴蜀이 있기 때문에, 북방으로 호족만 잘 통제하면 그 또한 지방특히 關東 통제가 어렵지 않다는 것이다. 이러한 독특한 수도 정책을 작고한 은사 민두기閔斗基 교수는 "근거지로서의 경기京畿"라는 개념으로 정리하는 신설을 학계에 제시한 바 있다.

그러나 관중이 수도의 입지로서 점차 그 가치가 떨어지게 된 것은 인구의 조밀화로 인한 토질의 산성화와 사막화 현상, 그리고 위진 남북조 시대 이후 강남 개발에 의한 경제 중심지의 남방으로의 이동〔南移〕이었다. 이런 상황으로 인해 당대 이후 수도는 조운漕運이 편리한 화북 평원 지대로 옮겨가지 않을 수 없었다. 개봉·북경 등이 수도의 후보지로 등장한 것이다. 화북 평원 지역으로 수도를 옮긴 후에도 관

당 흥경궁 유지. 당 현종이 황제가 되기 전에 살았던 곳에 황제가 된 뒤 궁전인 흥경궁을 세웠다.
지금은 흥경궁 공원으로 서안 시민의 휴식을 위한 유원지가 되어 있다.

중이 갖는 산천지험山川之險은 위정자들에게 항상 미련을 갖게 만드는 요소였다. 송나라 태조 조광윤趙光胤이 개봉에 수도를 정하고 나서도 관중으로 천도를 시도했고, 명나라 태조 주원장朱元璋도 그 유혹에 한 때 빠져 천도를 계획하기도 했다. 잘 알다시피 의화단義和團 사건 때 서태후西太后가 서방 제국주의 연합군을 피해 줄행랑친 곳도 바로 관중의 서안이었던 것이다.

이렇게 관중은 당대 이전 오랜 기간 중국을 지배하는 수부首府가 위치했던 지역이었다. 내가 이 글에서 강조하고자 하는 내용은 수도의 위치 선정에 있는 것이 아니라 수도를 어떻게 경영하는가에 있다. 위정자들에게는 수도의 위치를 어디로 선정하느냐 못지않게 중요한 문제가 수도를 어떻게 꾸미느냐였다. 내가 지금까지 가장 관심을 갖고 연구해 왔던 분야도 바로 이 점의 규명에 있었다. 시실 징안과 낙양의 도시사는 중국사를 연구하는 사람이라면 한 번 정도 다루어 보고 싶은 매력적인 주제다.

서양에 로마가 있었다면 동양에는 장안이 있었다. "모든 길은 로마로 통한다"고 하였듯이 7~10세기 세계의 모든 길은 장안을 향하여 달리고 있었다. "장안으로! 장안으로!"를 외치는 외국인들에 의해 그 길은 온통 메워지고 있었다. 한반도와 일본으로부터 유학생과 불승들이, 돌궐·위구르로부터 부족장과 무사들이, 중앙아시아의 오아시스 왕국으로부터 사신·화가 그리고 음악가들이, 사마르칸드·인도·페르시아 그리고 아랍 등지로부터 상인들이 당나라로 몰려들었다. 당시 당나라는 잘난 사람도, 못난 사람도 가리지 않고 모두 수용하는 강력한 흡인력을 가진 거대한 저수지였다. 장안에는 선진 문물을 배우려는 외국 유학생도, 정치적으로 실패한 망명객도, 고국에서의 어려운 경제 형편으로부터 벗어날 계기를 마련하기 위해 당나라의 꿈Tang Dream을 안고 찾아온 자도 많았다.

수천 년에 이르는 중국 제국의 역사 가운데 당대는 위대한 시대 중 하나였다. 역사상 전례없는 물질적 풍요, 제도의 발전, 사상과 종교의 새로운 시작, 그리고 모든 예술 부문에서 창조성을 이룩한 시대가 바로 당대였다. 장안은 단순히 당 왕조의 수도만이 아니었다. 장안은 100만의 인구를 가진 당시 세계 최고의 국제 도시였을 뿐만 아니라, 빛나는 문명의 중심이었다. 가장 최신의 불교 교리, 최신의 시詩 형식, 모범적인 각종 제도들뿐만 아니라, 심지어 가장 새로운 복식과 헤어 스타일까지 그곳으로부터 나왔다.

장안으로 향한 사람들 중에는 우리 조상들도 상당수 있었다. 한때 고구려 정권을 뒤흔들었던 연개소문의 아들[泉男生, 泉男産]·손자[泉獻誠]·증손자[泉毖] 등도 정치적 망명객이 되어 장안에 새 둥지를 틀었

서안의 성장. 명대 건축된 서안성의 웅장한 성장은 수·당대의 장안성을 연상시키지만 이 성장 내의 도시 규모는
수·당대 장안성의 7.5분의 1밖에 되지 않는다.

다. 보장왕寶藏王의 손자[高震]도, 안서부도호安西副都護였던 고선지高仙
芝도 모두 고구려계 유민들이었다. 백제 의자왕의 아들이었던 부여융
夫餘隆, 한때 백제 부흥군을 지휘했던 흑치상지黑齒常之, 그 아들 흑치준
黑齒俊 등은 장안과 낙양에서 활약했다. 장안과 낙양뿐만 아니라 변방
도시 돈황에도 우리나라로부터 흘러들어온 박朴·김金·윤尹씨 등이
살고 있었다는 기록이 있다. 이들 몇몇은 당 조정의 고관으로 혹은 장
수로 커다란 활약을 펼쳤다.

　이민이 대개 그러하듯 고국을 떠난다는 것은 새로운 도전이요,
고난길이다. 수많은 우리 조상들이 나름의 꿈 혹은 한을 안고 당나라
를 향해 길을 떠났다. 고구려인·백제인들이 망국으로, 전쟁 포로로
압송되어 그곳에 갔던 자가 많았다면 신라인들은 불법 입국이나 노예
등으로 팔려간 자들이 많았다. 어느 시대, 어느 도읍이 다 그러하듯 서
울 생활은 기쁨만을 주는 것은 아니었다. 그들의 말로가 반드시 해피
엔딩으로 막을 내렸던 것은 아니었다. 고선지도, 흑치상지도, 천남생
도 모두 중국인들의 모함을 받아 옥중에서 생을 마쳤다.

　어느 유행가 가사처럼 "서울은 요술쟁이"다. 도시, 특히 서울은
신기롭고 찬란한 곳이다. 특히 촌놈들에게는 포기할 수 없눈 매력이
다. 도시가 신기한 곳이라는 인식을 넘어 위험하기 짝이 없는 곳이라
는 것을 깨닫기 시작했을 때는 이미 때가 늦었다. 그의 발길을 부여잡
는 것들이 너무도 많이 생긴 것이다. 발버둥쳐 살았다지만 촌놈이라
는 꼬리표는 쉽게 떨어지지 않는다. 나도 도시의 올가미에 한번 잘못
빠져들어 고개 들어 돌아보니 30여 년의 세월이 흘렀다. 이만큼 도시
에 살았으면 이제 도시인으로서 손색이 없을 듯하지만, 여전히 촌놈
의 땟국은 여전히 빠져 나가지 않고 있다. 당대 장안에 갔던 이국인들
역시 그러했다.

　천헌성은 무훈을 세워 측천무후로부터 총애를 받았지만 여전히

수당 낙양성 유지. 현재 낙양 서남쪽에 있는 수당 낙양성 유지는 일부는 시가지로, 일부는 농지로 변해 있다.
사진은 낙양성의 남서장 유지다.

진정한 중국인[華人]이 되지는 못했다. 그가 촌놈[非華人]임을 자임하면
서 겸손해 마지않았지만 그를 기다리고 있는 것은 도시인의 모함과
죽음이었다. 유명 인사들이야 역사책의 귀퉁이에나마 기록되거나 혹
은 묘지명[墓誌銘]이라도 만들어 그들 생애를 결산했겠지만, 그보다 수
적으로 훨씬 많은 민초들은 중국이라는 거대한 저수지[漢族]에 빠져 그
물의 양을 조금 증가시키는 것으로 끝났다.

　　도시란 '빛'과 '그늘'이 조화롭게 모자이크된 공간이다. 뭇사람들
을 흥분시키는 찬란함과 신선한 생동감이 있는 동시에 압살해 오는
권력과 숨막히게 하는 제도와 음흉한 음모와 비인간적인 질투와 피비
린내나는 경쟁이 있는 곳이다. 우리 세대가 서울에 올 수밖에 없었고,
지금도 서울로 향해 들어오는 인파가 끊이지 않는 것은 어쩔 수 없는

현실이다. 마찬가지로 중국 중세 시기의 장안과 낙양을 향해 세계인들이 발길을 옮기는 것도 당시의 현실상 불가피한 것이었다. 서양 중세의 도시는 '자유가 숨쉬는 공간'이었다고 하듯이, 동양의 도시 중의 도시 장안과 낙양도 당시인에게는 역시 자유와 생동감이 넘치는 곳으로 비쳤던 것이다.

무엇이 당나라로 하여금 이런 엄청난 생동감을 갖게 하였는가? 무엇보다 당 왕조가 채용한 절충주의 덕분이다. 이전 400년간에 걸친 위진남북조 시대의 혼란스런 역사를 거치면서 호胡와 한漢의 다양한 문화의 가닥들을 한데 끌어모으는 능력을 획득한 결과였다. 북위의 수도 낙양의 번영을 그린 『낙양가람기』에는 당시 낙양의 모습이 다음과 같이 묘사되어 있다.

파미르 고원에서 동로마 제국에 이르는 수백 나라에서 온 대상隊商이나 행상들이 북위 국경을 향해 밀어닥쳤다. 북위는 세상 구석구석에 살던 어떤 사람들도 다 받아들이는 나라였다. 중국을 사모하여 살려고 찾아온 자들의 수를 헤아릴 수가 없었으니 당시 귀화한 외국인만 1만여 가나 되었고, 천하에 얻기 어려운 진귀한 물건들이 없는 것이 없을 정도였다.

당의 장안은 북위 낙양의 복제품이었다. 낙양의 이런 전통의 계승이 바로 당나라의 국제성, 즉 외국에서 발원한 여하한 종류의 인적·물적 요소도 다 수용하는 개방성을 갖게 한 것이다. 이런 개방성은 당 문명으로 하여금 지역과 민족을 초월한 보편적인 호소력을 갖게 했다. 장안은 각종 이질 문화를 수용하여 배양·육성하는 문화 재창조의 거대한 공장이었다.

당의 장안은 북위 낙양이 갖고 있던 개방성이라는 '빛'을 계승했을 뿐만 아니라 그 도시가 갖는 '어둠'과 '그늘'도 그대로 물려받았다.

대명궁 유지(상)와 대명궁 비각(하). 주궁인 태극전이 저습한 관계로 외성 동북 금원 지역에 새로 세운 대명궁은
현재 서안시 동북부에 위치해 있다. 당시 궁전의 범위는 동서 1.5km, 남북 2.5m로 모두 세 개의 문이 있었다. 함원전이 정전이었다.

나는 중국 도성의 경영사상에서 위진남북조~수·당 시대는 하나의 파격의 시대라는 입장에서 글을 써왔다. 그 이전 시기부터 계승해 내려오던 전통에서 일탈한 것이고, 새로운 전통을 세웠다는 이야기다. 나는 그 파격의 형태를 크게 두 가지로 보고 있다. 첫째는 도성의 중핵이 되는 궁성宮城:宮殿·宮闕이 도성의 최북단에 위치하고 궁전과 연이어 광대한 금원禁苑이 부대되어 있다[北宮後苑]는 것이다. 둘째는 시가지 전체가 전통적인 이제里制에서 방장제坊牆制로 바뀌었다는 것이다.

중국 역대의 도성 경영[營國]의 지침이 된 것은 잘 알다시피 『주례周禮』 冬官 考工記 匠人條의 지침이었다. 그에 의하면 ①도성 중앙에 궁궐을 두고[中央宮闕], ②궁궐 앞에는 조정을, 뒤에는 시장을 두고[前朝後市], ③궁궐 왼쪽에는 종묘를, 오른쪽에는 사직단을 두며[左祖右社], ④도성 좌우에 민가를 둔다[左右民廛]는 등 네 가지 원칙이다. 이 원칙들 가운데 가장 문제가 되는 것은 궁궐과 시장의 위치다. 즉, 도성 중앙에 궁궐이 위치하고 그 후면에 시장이 들어서 있는 것이다. 이것은 전한前漢의 장안성에서 채용된 이후 위진남북조~수·당 시대의 도성을 제외하고 명대의 북경성까지 대체로 지켜져 온 원칙이다. 그런데 북위 낙양성, 수의 대흥성大興城, 당의 장안성은 이 전통적 원칙에 배치되는 파격적 형태를 띠고 있다.

그러면 그러한 형태가 어디서부터 시작되었으며, 그 원인은 어디에 있는 것일까? 이것이 학계의 쟁론 부분이다. 조위曹魏의 업성鄴城에서 그 단초를 찾는 사람도 있지만, 북위의 초기 수도 평성平城에서 시작되어 후기 수도 낙양으로, 다시 동위의 수도 업도鄴都의 남성南城을 거쳐, 수의 대흥성 및 당의 장안성에서 완성된 형태를 보인다는 것이 현재 가장 유력한 학설이다.

이러한 파격의 형태가 북위 왕조의 수도에서 최초로 완비된 형태를 보였다는 것인데, 잘 알다시피 북위 왕조는 선비족이 세운 이민족

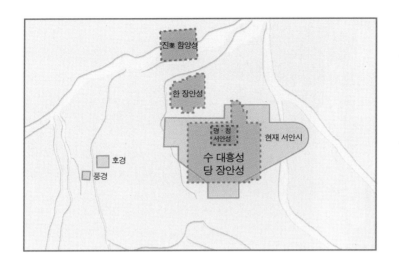

시대별로 달라지는 장안성의 규모 비교.

왕조다. 따라서 여기에 '호족 충격nomadic impact'이 작용했으리라는 것이 충분히 예상된다. 그래서 이 문제를 처음으로 제기한 일본의 한 학자〔那波利貞〕 역시 이 관점에서 그 해답을 찾았다. 즉 시장이 궁성 후면, 즉 도성 북단에 두어지는 이른바 후시後市의 형태는 주민의 일상생활의 편리도를 전혀 고려하지 않고 단지 상업을 멸시하는 유가〔儒敎〕 중심의 사고에서 나온 것인 데 반해, 후시 제도를 철폐한 북위는 호족 국가이기 때문에 전통적 원칙〔周禮〕에 구속받을 이유가 전혀 없었고 도리어 전통적 제도의 장점을 채용하고 단점을 개선하는 호족 나름의 실행성實行性:實用性이 작용했기 때문이라고 설명했다.

　　그러나 이 관점을 그대로 받아들이기에는 허전한 느낌이 드는 것은 나만이 아닐 것 같다. 중국의 저명한 한 학자〔陳寅恪〕는 특히 북위 낙양성의 건설을 주재한 이충李冲이란 자가 원래 하서河西 지역 출신이라는 점에 주목했다. 이충이 흉노가 건축한 하서의 고장성姑臧城을 모범으로 했다고 본 것이다. 고장성은 궁전이 북쪽에 있고 시장이 남쪽에 있는[宮北市南] 형식을 취하고 있다는 것이다. 특히 시장이 남쪽으로 내려온 것은 도성 남쪽에 있는 낙수洛水를 이용하여 낙양성 남쪽으로 연결되어 있는 조운로漕運路와의 관련 때문이라고 설명했다. 여기서도 '호족의 충격'이 작용했음이 부분적으로 주장되고 있다.

이외에도 궁전이 도성 북방으로 밀려 세워진 원인에 대해 천문점성天文占星 사상의 관점에서 설명하는 학자[駒井和愛]도 있고, 천제天帝 신앙과 북두성北斗星 신앙이 합체된 것으로 보는 학자[龍川政次郎]도 있다. 대체로 이와 같은 견해들은 그것이 호족 충격은 아니라 하더라도 '북궁'이 도성 경영사상 파격의 형태임을 인정하는 학설들이다. 그러나 최근에는 북궁이 중국 전통 도성 구조의 발달선상에 있는 것이지, 파격이 아니라는 주장이 제기되고 있다. 즉, 선한 장안성 이전의 도성은 궁전과 관서官署 등이 있는 소위 궁정 지구[小城]가 도성의 서남 귀퉁이[西南隅]에서 동면東面해 설치된 것이 많았다. 반면 후한 낙양성 이후에는 소성이 중앙부에 위치하면서 남면南面하게 되었다. 그 변화는 서남을 윗자리[尊位]로 하여 동면하는 예제禮制∶家禮에서부터 북부를 윗자리로 하여 남면하는 예제 군신 관계로 변화한 결과이며, 북위 낙양성 및 당의 장안성 구조도 그 연장선상에 있다고 주장하는 신설이 한 학자[楊寬]에 의해 제기되었다. 또한 요즈음에는 북궁 제도가 남조의 도성 건강의 영향을 받았다는 견해도 제시되고 있다. 이런 주장들은 중국 학자들의 고질병이라고 할 수 있는 중국 문화 요소의 외래 영향설을 철저히 부정하는 태도가 그 근저에 깔려 있음을 부정할 수 없다.

북송 신종神宗 원풍元豊 3년1080 장안에 세워진 여대방呂大防의 장안도비長安圖碑는 현존하는 가장 오래된 장안성도長安城圖이지만, 그 해설서인 「제기題記」에 "수씨隋氏는 국도[大興城]를 건설할 때 선왕의 법[先王之法 : 周禮]을 따르지 않았다"고 한 것은 매우 의미 있는 지적이다. 역대방도 장안성의 구조가 파격적인 형태를 띠고 있음을 강조한 것이기 때문이다.

물론 후한 이래 한족 국가의 도성에서도 이른바 북쪽으로 치우쳐 있는 북궁이 존재했다. 그러나 후한의 경우, 북궁은 황후의 침전寢殿이고 황제가 정치를 주재하는 주요 궁전은 남궁이었다. 위·진의 낙양성은 후한의 남북궁을 개조한 것인데, 처음에는 북궁을 주궁[正宮]으로 썼지만 후에는 남궁을 주궁으로 했다. 그런 점에서 북궁을 주궁으로 한 북위의 경우와는 다르다.

나는 북위 낙양성이 중국 도성 경영사상 파격이었다는 입장을 몇 편의 논문을 통해 피력한 바 있다. 종래의 호족 충격설이 무게를 갖지 못한 원인은 궁궐이 북쪽으로 치우친 것만 가지고 논지를 전개했을 뿐, 궁궐 밖에 있는 광활한 후원의 존재를 감안하지 않았기 때문이라고 생각한다. 따라서 나는 북위 낙양성의 최대 특징은 ①후한 이래 남북 양궁兩宮 제도가 폐지되고 단일 궁성이 건립되어 궁성 구역이 도성의 최북단으로 이동했고, ②북궁의 후방에 대규모 후원, 즉 금원이 축조되어 있다는 점이라고 생각한다. 이런 두 가지 형식이 합쳐져 하나의 구조가 되어 나타난 것이 북위에서 당까지 도성의 특징이라고 보는 것이다. 이러한 구조가 나타난 원인을 명확히 밝힐 수 있다면 북위 낙양이 중국 도성 경영사상 파격적 위치를 점유한다고 해도 문제는 없을 것으로 본다. 왜냐하면 '북궁 후원'의 형식은 북위 초기 수도 평성에서 비롯되어 낙양을 거쳐 북제 업성, 그리고 수의 대흥성과 당의 장안성에서 완성된 형태를 보이다가 북송의 도성 개봉성에서 이와 같은 형식이 폐기되고 이른바 '중앙 궁궐'의 고식이 다시 재현되기 때문이다. 그러면 이런 형식이 나타난 이유에 대한 필자의 견해를 개진해 본다.

북위를 세운 선비 탁발부는 유목 민족이다. 이동을 위주로 하는 〔遷徙爲業〕 유목민 출신과 성곽이 관계가 없음은 『사기』 「흉노열전」 등 유목민의 생활을 다룬 사서에서 누누이 지적되고 있어 누구나 익히 아는 사실이다. 그러나 목지를 떠나 정복자로서 농경민이 사는 중원 지역을 통치하게 될 때는 사정이 달라진다. 북위가 성립하기 전인 소위 '서기序紀 시대' 『魏書』 권1 「序紀」가 기록하고 있는 시대인 소성제昭成帝 초에 탁발족 내부에서 최초로 축성 문제를 두고 쟁론이 벌어졌다. 결국 당시 권력을 휘두르던 평문황후平文皇后 왕씨王氏의 반대로 성을 쌓는 일은 성사되지 못했다. 당시 축성을 반대한 평문황후의 말에 당시 탁발부가 처한 난처한 입장이 잘 개진되어 있다.

우리나라는 상세부터 천사를 전업으로 하여 왔다. 이제 국가에 변란이 있은 후라 국가의 기틀이 아직 고착되지 못하였다. 만약 성곽을 지어서 살게 되면 일단 외구가 침범해 오더라도 끝내 천동遷動하기 어렵게 될 것이다. 『魏書』 권13, 「平文皇后 王氏傳」.

즉, 성곽이란 그들이 위기에 봉착했을 때 급히 천동함으로써 모면하는 그들의 특기를 발휘하는 데 방해가 되는 장치라는 인식이다. 그렇기 때문에 평문황후는 축성을 반대했던 것이다. 그렇다면 축성하지 않을 수 없는 입장에 선 북위 국가는 어떻게 이 불리한 점을 해결할 것인가?

궁성이 성내 한가운데 있어서는 유사시 탈출하는 데 곤란할 것이고 한 귀퉁이에 위치해야 유리할 것이다. 궁정과 연이어 근위군이 주둔하는 장소가 마련되는 것은 당연한 이치다. 이것이 바로 '후원'이었다.

(상) 한위고성 성장 유지. 북위 시대 낙양성은 후한 시대 터에 새로 건설된 것이다. 사진은 성장의 일부다. 낙양시 동쪽 12km 지점에 위치해 있다.
(하) 한위고성 내성 유지. '한위 낙양성 내성 성원 유지'라는 표지판 아래 그 규모를 상세하게 기록하고 있다.

그러면 '후원'이란 무엇을 말하는가. 『위서』에서 우리는 평성의 궁성 뒤쪽에 위치한 '녹원鹿苑' 혹은 '호권虎圈' 등 광활한 목장과 북원北苑·서원西苑·동원東苑의 존재를 확인할 수 있다. 2000년 1월 대동지역을 방문했을 때 확인한 것이지만, 북위 평성의 북쪽 성벽은 서산西山에서 동쪽의 백등산白登山까지 수 킬로미터에 걸쳐 일직선으로 건설되어 있었다. 즉, 궁성 북방에서 문명태후의 능〔永固陵〕이 있는 방산方山까지 넓은 지역을 거의 목지화했던 것이다. 여기에 북위 황실의 근위군이 주둔했음은 두말할 필요가 없다.

또한 후기 수도 낙양에도 궁정 뒤편에 화림원華林園과 대하문大夏門, 동북에 광풍원光風園이 있었다. 이곳은 바로 갑사습전甲士習戰의 열무장閱武場이었다. 이것은 단순한 유락 시설이 아니라 내란이나 적의 내습시 이동의 편의를 생각하여 고안된 것임을 쉽게 짐작할 수 있다. 당대 장안의 삼원三苑:西內苑·東內苑·禁苑을 기술한 북송 정대창程大昌이 쓴 『옹록雍錄』의 당 삼원설唐 三苑說에는 다음과 같은 내용이 있다. "무릇 이 삼원은 땅이 넓고 평평하기 때문에 당나라 시절 화난禍難을 평정할 때에는 대부분 원 중에서 용병用兵하였다." 여기서 여실히 나타나고 있듯이, 북궁 후원식은 호족에게는 군사적으로 매우 유리한 도성 형태였다. 북위 낙양성의 후면에는 북망산이 연이어 있는데, 이것은 말이 산이지 실제는 산이 아니다. 낙양 시내보다 겨우 25~30m 정도 높이 차밖에 되지 않는 나지막한 언덕에 불과하다. 이것은 당대 장안성의 후면인 용수원龍水原 지역이 평평한 언덕인 것과 다를 바 없다. 당대에 외국으로 출병하는 정벌군은 바로 삼원에서 군비를 점검했고, 당나라 정치 판도를 바꾸는 대변란의 승리자는 바로 궁성 북문인 현무문玄武門과 삼원을 누가 장악하느냐에 달려 있었다. 잘 알다시피 당 태종 이세민이 형과 아우를 죽인 후, 아비를 유폐시켜 정권을 장악했던 소위 '현무문의 변'을 상기하면 궁성과 이 삼원의 긴밀한 연관성을 짐작하고도 남음이 있을 것이다.

　당나라 도성 장안성이 나타내는 보다 큰 특징은 방방정정方方正正한 도시 구획일 것이다. 대체로 이런 방형 구조는 계획 도시의 일반적인 형식이다. 이것을 석쇠형grid pattern, 혹은 바둑판형[碁盤型] 도시 구조라 하지만 북위 평성·낙양, 당대의 장안이나 낙양의 구획은 단순히 방형의 그것과는 차원이 달랐다. 장안성의 특징은 봉쇄식 방장제라는 점에 있다. 성곽과 방장을 먼저 만들어 놓고, 후에 주민들에게 그 속에 들어가 살게 한 것이다. 인민은 사방으로 외성 벽에 버금가는 두꺼운 방장에 둘러싸인 방 내에서 살아야 했고, 성밖에 사는 것은 허용되지 않았다. 한대처럼 대부분의 주택구가 성밖에 있는 것과는 다르다. 두 개 혹은 네 개의 방문을 통해 주간에만 출입할 수 있었다. 주민이 방장을 넘어 외출하면 그것을 파손한 중죄로 취급하여 태장笞杖 70회가 가해졌다. '야금夜禁'을 범했을 때에는 태타笞打 20이 내려졌다. 새벽과 저녁에 치는 북[曉鼓와 暮鼓] 소리에 따라 성문과 방문이 개폐되었으며, 수도 인민의 모든 생활은 오로지 황제가 정한 시간표에 따라 일사불란하게 움직였다. 반면 한대의 이제里制에는 야금이 없었고, 밤에 이문을 닫지도 않았다. 따라서 이 방장제는 한대의 이제와 근본적인 차이점이 있음을 쉽게 알 수 있다.

　특히 이 구조는 북조·수·당의 도시에만 설치되었다는 점이 의미가 있다. 이러한 방장제로 구분되어 있는 도시 구조를 혹자[大室幹雄]는 "가축의 우리와 같은 도시[檻獄都市]"라 말한다. 유목 민족이 농경 지역을 통치할 때 인민을 소나 말·양처럼 우리에 넣어 통치한 것이라는 해석이다. 교역 행위는 '시[東市와 西市]'라고 불리는 특정의 방 내에서만 정오에서 일몰 때까지 제한적으로 허용되었다. 이런 도시 구조의 목적은 엄격한 주민 통제에 있었다. 인민의 자유로운 활동은 통제되었던 것이다. 인민은 국가가 지정한 일에만 몰두해야 했다. 장안에 있

는 108방과 외성문의 명칭은 장락長樂·태평太平·숭현崇賢 등 황제의
덕치德治를 나타내는 미려美麗한 유교 덕목을 나타내는 이름으로 분석
되고 있었지만, 사실 인민은 황제가 설치한 감옥을 보금자리로 삼아
매일 살아가고 있었던 것이다.

그러면 이런 방장제는 어디서 기원했으며, 무슨 목적으로 만들어
진 것일까? 당대 장안성 구조의 선구가 북위 낙양성이라는 것은 누차
강조했다. 방坊이 이里 대신에 도성의 구역 단위 명칭으로 등장하게
된 것은 물론 당대 이전의 공식 명칭은 '이'다 북위 초기 수도 평성이 최초이
지만, 이것이 완성된 형태를 보인 것은 후기 수도 낙양이었다. '방'이
란 용어는 후한 초부터 나타나지만 대체로 그 벽이 높아 월장越牆이 불
가능한 하나의 구역으로, 중요한 하나 내지 두세 건물을 둘러싼 특별
구역의 명칭이었다. 이런 의미를 가진 방이 한대의 이에 상당하는 구
역마을의 명칭으로 대치된 것이다. 한대의 이벽이란 구역과 구역을 구
별하는 경계선에 불과해서 쉽게 월장할 수 있었다. 이처럼 방장과 이
장은 설치 목적 자체가 달랐다.

방을 도시 구역 단위로 일괄 배치한 목적에 대해 "간사한 도적을
방지한다[姦盜防止]"고 사서에는 설명되어 있다. 그러나 그런 주장은 석
연치 않은 점이 너무 많다. 당대 장안 외곽성의 기저基底를 보면 대부
분은 9~12m이지만, 3~5m의 것도 적지 않다고 한다. 그런데 방장
은 그 기저의 폭이 2.5~3m로 외곽성에 버금간다. 따라서 필자는 한
대의 이제를 가지고는 행할 수 없는 엄격한 인민의 분할통치divide and
rule와 할당생산제를 추진하기 위한 것이었다고 정리하고 있다. 우선
생각할 수 있는 것이 북위는 중원을 정복해 가는 과정에서 구적국민舊
敵國民들을 대량으로 수도나 경기 지방으로 강제 사민시켰다는 사실이
다. 따라서 이들에 대한 통제의 성패 여하가 바로 국가의 존망과 직결
될 수밖에 없었다. 오호십육국 전진의 부견 시대 이민족들이 경기 지

방에서 자유롭게 활동함으로써 망국을 초래했다는 사실을 모를 리 없는 북위 통치자들이라는 점에서 더욱 그러하다. 여기에다 한때 정복 과정에서 그 일익을 담당했던 옛 부락민들도 이제는 왕권 강화의 커다란 장애물로 등장했다. 이들을 보다 확실하게 통제하기 위해서는 이와 같은 분할통치 장치인 방장제의 채택이 불가피했던 것으로 보인다. 또한 국가가 필요로 하는 물적 재원을 공급하는 백공기교百工伎巧 등 특수 하층민들도 그 생산성을 높이기 위해서는 일정한 지역에 한정시켜 감독하고 통제할 필요가 있었던 것이다. 나는 균전제의 전 단계로 행해진 '계구수전計口受田'이 도성 밖 토지에서 행해진 인민과 물적 재원農産物의 확보 장악책이었다고 한다면, 방장제는 도성 내에서 행해진 같은 종류의 정책이었다고 생각한다.

그렇게 보는 이유는 다음과 같다. 첫째, 방장제가 실시된 평성의 경우에서 보듯이 난대蘭臺, 즉 어사대御史臺 산하 어사중승御史中丞이 성내사城內事를 전담하고 있다는 점이다. 이것은 당시 금군禁軍의 감찰권監察權을 전담하는 어사대로 하여금 성내사를 담당시켰고 여기에 우림군羽林軍을 유군遊軍으로 하여 여러 방항坊巷의 사찰을 담당하게 한 것으로 통상적인 성내 관리 체제라고 보기는 힘들다. 그것은 군사국가적 지배 체제軍管區的 성격을 가진의 모습이었다. 둘째, 평성 성내의 사민자는 비교적 적성敵性이 강한 자로 분류되고 있다는 점이다. 셋째, 방문坊門을 담당하는 관리로서 "각 문에는 이정里正 2인, 이吏 4인, 문사門士 8인"이 있었다고 하는 점과 당대의 경우에서 보듯 각 문에는 상당수의 수졸守卒이 존재하고 있었다는 점이다. 넷째, 수공업자들이 일반인과 격리되어 직능별로 동일한 방 내에 거주하고 있었다는 점이다. 이상과 같은 여러 사실로 볼 때, 북위 초 농업 생산의 확충, 더 나아가 농업민의 장악을 위해 실시된 '계구수전' 정책이 도성 내에서 행해진 것이 바로 이 방장제라고 보는 것이다.

중국 역사상 도시 구조의 변화에 큰 전기가 마련된 시기가 오호
십육국 시대라는 한 학자[妹尾達彦]의 주장이 최근 설득력을 얻고 있다.
유목 민족의 중원 진입은 이렇게 도시 구조를 크게 변화시켰다. 이 문
제와 관련하여 북위 낙양 천도 시기의 한인[漢人] 한현종[韓顯宗]이 효문제
에게 올린 상서를 주목할 필요가 있다. 그는 태조 도무제 시기 사서[士
庶]도 분별하여 거주시켰을 뿐만 아니라 수공업자들도 각기 업종별로
따로 집주시켰다[分別士庶 不令雜居 伎作屠沽 各有攸處]"『魏書』권60 韓麒麟傳 附
子顯宗傳는 사실을 상기시켰다. 종래 학계에서는 그의 상소가 "이후에
는 사서 간에 잡거하지 말도록 하라"는 원칙을 주장하는 것으로만 해
석하여 당시 주민 배치가 문벌 귀족주의적 원칙에 입각한 것으로만
해석했다. 다시 그의 상주를 보면 "불사와 관서를 구별하고 사민은 그
거주지를 달리해야 한다[使寺署有別 四民異居]"고 되어 있다. 관서와 사찰
의 구별과 동시에 사농공상[士農工商]의 직능별·거주지별 엄격한 구별을
강조하고 있다는 것은 명백하다.

　　'사민이거[四民異居]'란 단순히 사서 구별을 강조한 것으로 보기가
쉽다. 그러나 당시 대표적 능력주의자[賢才主義者], 요즈음 말로 하면
'학력파괴론자'였던 한현종이 문벌주의적 주민 분포 원칙을 제시했을
까닭이 없다고 본다면, 그가 제기한 '사민이거' 책이 단순한 사서 구별
책이 아니라는 점은 확실하다. 나는 그의 아버지 한기린이 태화[太和] 11
년 '계구수전'의 실시를 강력히 주장했듯이, 그도 같은 입장에서 도성
내에서의 직능별 주민 배치를 강조한 것이었다고 생각한다.

　　북위 낙양은 물리적·경제적으로 계획된 중국 최초의 도성으로
지칭되고 있다. 그러나 그 선구가 된 것은 평성이었다. 방장제는 바로
평성에서 시작된 것이기 때문이다. 낙양에는 거주 지역에 따라 차등이
있었다. 예컨대 남조에서 귀부[歸附]한 장경인[張景仁]은 처음 남조인이 귀
부하면 흔히 거주지로 배정되던 사이관[四夷館]의 하나인 금릉관[金陵館]에

살았던 것으로 짐작되는데, 후에 우림감羽林監을 배수받고 귀정리歸正里에 집을 하사받게 되었다. 그러나 그곳에 사는 것을 부끄럽게 여겨 마침내 효의리孝義里로 집을 옮겼다고 한다. 남조 항부자降附者인 소보인蕭寶寅도 금릉관－귀정리－영안리永安里 등으로 주거를 점차 옮겼는데, 특히 성내 지역에 위치한 영안리로 옮길 때에는 당시 군주인 세종世宗 선무제宣武帝의 허락을 받았다고 한다. 이상의 두 사례에서 보듯이 도성 내에는 몇 단계의 지역[坊] 간 차등이 존재했으며, 주거를 옮길 때에는 국가의 허가가 있어야 했다는 점에서 거주이전의 자유가 제한되었다는 사실을 알 수 있다. 또한 사이항부자四夷降附者의 경우에서 보듯이, 일정한 원칙에 따라 국가가 그들을 일정한 지역에 배치시키고 그 동화 정도에 따라 다시 거주지를 이동시켰다는 점도 유의해야 한다.

이런 철저한 계산 속에서 수도 낙양으로의 천도와 더불어 도성 건설의 원칙이 세워졌다. 효문제 시대의 '고조입제高祖立制'·'태화지제太和之制', 선무제 시대의 '경명지금景明之禁' 등으로 불리는 도성 구획 원칙이 세워져 시행된 것이다. 이것들을 통틀어 '도성제都城制'라 한다. 필자는 북위 낙양의 현장 기록인 『낙양가람기』와 당시의 묘지명들을 분석한 결과에서도 여전히 '도성제', 즉 '사민이거' 원칙이 실천된 현장을 쉽게 발견할 수 있었다.

업종별 배치는 당시의 신분제 전개와 밀접한 관련이 있다. 오호십육국·북조 시대의 신분제 전개 가운데 가장 두드러진 특징은 바로 예속민호隷屬民戶의 분화와 다양화다. 이것이 유목 민족이 새외에서 생활할 때의 습속의 연장이라는 것은 대개 수용되는 이론이다. 특히 북위 시대에 다양한 관부官府 예속민호가 출현했다는 것은 익히 알려진 사실이지만, 그 종류만 들어 보면 다음과 같다. 영호營戶·병호兵戶·군호軍戶·부호府戶·성민城民·진민鎭民·이호吏戶·잡호雜戶·예호隷戶·기작호伎作戶·악호樂戶·태상민太常民·염호鹽戶·금호金戶·은호銀

戶·역호驛戶·별호別戶·둔호屯戶·금은공교호金銀工巧戶·목호牧戶·잡색역예호雜色役隸戶·평제호平齊戶·사호寺戶·불도호佛圖戶·승지호僧祇戶 등이 그것이다. 방직紡織에 종사하는 사람들을 다시 능라호綾羅戶·세견호細繭戶·나곡호羅縠戶 등으로 나누고 있는 데서 그 세분 정도를 가히 짐작할 수 있다. 이런 세분화는 농경을 위주로 하는 한족 왕조에서는 보이지 않는 특징이다. 이렇게 수공업 생산자를 세분하고 세습 고정시키는 것은 두말할 필요도 없이 할당생산제의 효율을 극대화하기 위한 것이었다. 이들 수공업자를 방이라는 폐쇄적 공간 속에 가두고 지정된 상품과 할당된 수량을 생산하도록 했던 것이다.

이런 분화가 같은 시대 남조에서는 보이지 않는 현상임을 감안하면 그 의미는 명백해진다. 반면 이것은 유목 민족이 세운 원대元代의 제색호계諸色戶計와 매우 유사한 측면을 보여 주고 있다. 지금까지 확인된 원대의 색호色戶 수는 83종이다. 이들 가운데 상당수가 황제 개인에게 봉사하는 것이다. 즉, 황제 개인에게 봉사하기 위한 것이 29종이나 된다. 이런 호계 제도가 북위의 그것과 유사한 측면이 있음은 이미 학자들에 의해 지적되었다. 그러면 이러한 제도가 북조, 특히 북위 시대에만 한정되어 보인다면 유목민의 할당생산제의 관행이 중국 사회에 끼친 영향의 의미는 축소될 것이다. 즉, 이것은 후대의 세역稅役 제도와 깊은 연관성이 있을 것이라고 생각되기 때문이다. 역役을 각색各色으로 세분화한 당대의 색역色役 제도도 그 유산의 하나라는 점은 반드시 짚고 넘어가야 할 사항이다.

이런 형식의 도성 구조는 앞에서 말했듯이 북위 평성·낙양을 거쳐 동위 업성, 다시 수의 대흥성, 당의 장안성으로 이어졌다. 이들 도성은 모두 평지에 새로 건설한 '계획 도시'라는 공통점을 갖고 있다. 또한 호족 계열 왕조의 수도였다는 공통점이 있다. 그러나 송대의 수도 개봉성은 완전히 달라진다. 궁전 지구는 다시 도성 중앙에 위치하

서안의 상징인 대안탑. 서안시 남쪽 4km에 위치한 사찰 자은사慈恩寺의 불탑으로,
고종이 그의 모친의 명복을 빌기 위해 세운 것이라 하여 자은사탑이라고도 한다. 이 사찰의 주지였던 현장법사가 인도에서 가져온 불경을
이 사찰 안에 보관한 것으로 유명하다. 이 자은사 불탑을 대안탑이라 한 것은 석가가 기러기로 화신化身해서 그 몸을 굶는 사람에게 바친
고사에 근거한 것이며, 이 불탑과 쌍을 이루는 천복사薦福寺 불탑[소안탑]과 구분하기 위해 후대에 '대'자를 붙인 것이다.
9세기 말 당의 멸망 과정에서 군벌에 의해 장안성의 건축물은 괴멸적 파괴를 입었으나 대·소안탑만은 보존되어 현재에 이르고 있다.

게 되고 방장은 허물어져 철폐되며, 방제 또한 폐지되어 그 대신 도시의 구역은 상廂이라는 이름으로 변경되었다. 인민들의 주거와 주된 생활 장소는 성안이 아니라 성밖으로 바뀌었다. 상이란 주민 통제를 위한 장치가 아니라 단순한 도시 구역의 명칭이 되었다. 성곽은 외적을 방어하기 위한 것이 아닌 황제의 위엄을 보이는 상징적인 구조물로 변했다.

당대 장안에는 수많은 외국인이 '집단적'으로 살고 있었는데, 그들은 당 조정으로부터 자치를 허용받고 있었다. 즉, 당조는 외국인의 입국을 크게 제한하지 않았고 그 활동을 크게 규제하지도 않았다. 7~10세기 당시에 외국인에게 그렇게 관대한 국가가 있을 수 있느냐고 의심될 정도로 자유를 보장했다. 근대법 체제에서 비로소 나타나는 속지법주의屬地法主義와 속인법주의屬人法主義를 채택했던 당률唐律은 법제 사가들에게 매우 선진적인 법제로 받아들여졌다. 그 점이 당 왕조의 빛이라면, 그 수도 장안은 가축을 '우리(檻)'에 가두어 관리하듯 방장제를 엄격하게 채용했다는 점은 빛과 극명하게 대조되는 그늘이었다. 장안의 방은 곧 108개의 우리의 집적에 불과한 것이었다. 유목민 출신 정복자들이 약탈해 온 생구生口:포로를 우·마·양과 같이 나열하고 있는 데서 보이듯, 민중을 우리 속에 집어넣어 사육해야 하는 '위험한 동물'로 본 것이다. 방은 "뚜껑이 없는 거대한 상자"에 비유되듯 무단으로 방장 밖으로 나오는 것이 엄격하게 감시되고 규제되었다.

당의 장안성은 당시 인구를 수용할 수 있는 면적보다 훨씬 넓은 소위 '대성大城'이었다. 당 장안성의 면적84km²은 한 장안성의 2.4배였고, 현재 서안성명·청 시대에 건축된의 9.7배, 명·청 시대 도성인 북경성의 1.4배나 된다. 장안성은 당시 세계 최대 규모의 도성으로 447년에 건축된 비잔틴의 7배, 800년에 건축된 바그다드의 6.2배였다. 당대 장안 남곽南郭 부근의 방 39개는 사람이 전혀 살지 않는 소위 '한방閑坊'

으로 채소밭이었다. 이렇게 당시 인구수에 비해 훨씬 큰 도성을 건축한 것은 오호십육국 시대 이후 도성 건설의 특징 중 하나였다. 오호십육국 이래 사민徙民과 축성築城이 밀접한 관련성을 갖고 있다는 점이다. 높고 큰 우리를 100여 개나 만들어 놓고 그곳에 자의든 타의든 서울로 찾아오는 자들을 채곡채곡 채워 가는 것이 당시의 도성 구획 정책의 실상이었음을 중국 중세 세계 제국의 심장 낙양과 장안에서 확인할 수가 있다. 그러나 문제는 가엾은 민초들은 자신들을 이렇게 구속하는 것이야말로 천자가 그들에게 한없이 베푸는 관심과 은혜로만 생각하고 있었다는 점이다.

그런 규모 때문인지 현재 중국인들은 당의 장안을 가장 자랑해 마지않는 영원한 제국의 심장으로 생각하고 있다. 인구에 회자되는 '장안의 봄'은 더없이 화려했다. 내가 이 글에서 장안의 봄이 화려하지 않았다는 것을 주장하려는 것은 결코 아니다. 그 빛이 밝은 만큼 그 그늘 또한 짙은 법이다. 사실 대당제국 수도 '장안의 봄'을 노래한 자는 많았지만, 그 그늘에 주의하는 사람은 그리 많지 않았다. 사실 '장안의 봄'이 발한 그 찬란한 빛도 짙은 그늘 속에서 살아야 했던 민초들로부터 짜낸 고혈이 기름이 되었던 것이다. '장안의 봄'은 영원한 것이 아니었다. 봄보다 여름·가을·겨울이 더 길었다. '장안의 봄'이 그리 길지 않았던 것도 민초들의 얼굴에 드리워진 짙은 그늘 때문인지도 모른다.

나는 장안과 낙양을 들를 때는 대안탑·용문석굴 등 화려한 예술품을 찾기보다 지금은 황량한 벌판에 보리밭 혹은 잡초밭으로 변해 버린 도성 한 귀퉁이에 서서 화려한 위선 뒤에 가려진 한숨과 아픈 상처의 역사를 되새겨 본다.

찾아보기

ㅊ

박한제 교수의 중국 역사 기행 3

제국으로 가는 긴 여정

2003년 4월 15일 1판 1쇄
2014년 7월 31일 1판 4쇄

지은이 | 박한제

편집 | 류형식 · 강현주
디자인 | 김수미
제작 | 박흥기
마케팅 | 이병규 · 최영미 · 양현범

출력 | 한국커뮤니케이션
인쇄 | 천일문화사
제책 | 정문바인텍

펴낸이 | 강맑실
펴낸곳 | (주)사계절출판사
등록 | 제 406-2003-034호
주소 | (우)413-120 경기도 파주시 회동길 252
전화 | 031) 955-8588, 8558
전송 | 마케팅부 031) 955-8595　편집부 031) 955-8596
홈페이지 | www.sakyejul.co.kr 전자우편 | skj@sakyejul.co.kr
독자카페 | 사계절 책 향기가 나는 집 cafe.naver.com/sakyejul
페이스북 | facebook.com/sakyejul
트위터 | twitter.com/sakyejul

ⓒ 박한제, 2003

ISBN 978-89-7196-951-9 03910